本书为北京市教育科学"十三五"规划 2018 年度校本研究专项课题
《小学德育中构建服务学习课程体系的研究》课题成果
课题编号：CBIA18107

"北京市城乡一体化项目"成果

『让学习真正发生』系列丛书

精彩课程 陪伴成长

李 娟 张均师 陈 纲 主编

中国发展出版社
CHINA DEVELOPMENT PRESS

图书在版编目（CIP）数据

精彩课程　陪伴成长/李娟，张均帅，陈纲主编 . —北京：中国
发展出版社，2020. 12
　ISBN 978 - 7 - 5177 - 1209 - 1

　Ⅰ. ①精… 　Ⅱ. ①李… 　②张… 　③陈… 　Ⅲ. ①网络教学—
教学研究—小学—文集 　Ⅳ. ①G434 - 53 　②G622. 0 - 53

中国版本图书馆 CIP 数据核字（2021）第 023812 号

书　　　名：精彩课程　陪伴成长
主　　　编：李　娟　张均帅　陈　纲
出 版 发 行：中国发展出版社
联 系 地 址：北京经济技术开发区荣华中路 22 号亦城财富中心 1 号楼 8 层（100176）
标 准 书 号：ISBN 978 - 7 - 5177 - 1209 - 1
经 销 者：各地新华书店
印 刷 者：北京市密东印刷有限公司
开　　　本：710mm × 1000mm　1/16
印　　　张：20. 25
字　　　数：380 千字
版　　　次：2021 年 3 月第 1 版
印　　　次：2021 年 3 月第 1 次印刷
定　　　价：65. 00 元

联 系 电 话：(010) 68990642　68990692
购 书 热 线：(010) 68990682　68990686
网 络 订 购：http://zgfzcbs. tmall. com
网 购 电 话：(010) 68990639　88333349
本 社 网 址：http://www. develpress. com
电 子 邮 件：fazhanreader@ 163. com

本书编委会

编委会主任

王　欢　洪　伟

编委会副主任

韩巧玲　李　娟　丁雁玲　陈　燕　范汝梅　南春山　穆桂山　李文凤
张艳英

封面主编署名

李　娟　张均帅　陈　纲

副主编

万　平　高金芳　汤菁晶　刘艳红

编　委（按姓氏音序排序）

鲍　虹	曹艳昕	陈　燕	陈亚虹	褚凤华	崔　旸	崔韧楠	丁雁玲
范汝梅	冯思瑜	高李英	高雪艳	谷　莉	谷思艺	郭文雅	郭志滨
韩巧玲	金　强	金少良	景立新	李　军	李　文	李　阳	李宝莉
李大明	李冬梅	李丽霞	梁　琪	刘　霞	刘　颖	吕闽松	马　婧
马淑芳	南春山	牛东芳	乔　红	任江晶	宋　菁	汪　忱	王　丹
王　红	王　静	王　伟	王　晔	王建云	王秀鲜	王燕红	吴　斯
吴晓利	闫　欣	闫　旭	杨　京	杨　丽	张　凯	张　怡	张秀娟
赵慧霞	周　霞	朱锡昕					

参与本册编写教师名单（按姓氏音序排序）

安　敏　　鲍　彬　　蔡文菲　　陈　曲　　陈萌萌　　陈庆红　　陈玉梅　　迟　佳

崔　敏　　崔韧楠　　崔玉文　　单博文　　刁　雯　　丁芸芸　　杜欣月　　冯思瑜

付　航　　付莎莎　　高　侠　　高　莹　　高江丽　　高梦妮　　高岩华　　龚　丽

关　斌　　韩　刚　　韩　莉　　韩　旭　　韩春明　　韩丽丽　　郝　磊　　郝　瑞

郝俊英　　郝雨阳　　何美仪　　胡雅涵　　化子怡　　黄　浩　　黄呈澄　　焦　晨

金少良　　孔炳彰　　李　婕　　李　靖　　李　璐　　李　娜　　李　享　　李　雪

李　琰　　李　阳　　李　洋　　李宝莉　　李非凡　　李焕玲　　李鑫坤　　李雪莹

梁　晨　　梁　琪　　梁　潇　　刘　丹　　刘　顿　　刘　静　　刘　栋　　刘玳含

刘璐晨　　鲁志梅　　马晨雪　　马佳宁　　马克姗　　么蕴莹　　潘　锶　　乔龙佳

秦　媛　　任巨成　　沙焱琦　　时　秒　　史亚楠　　史宇佩　　宋　敏　　苏　芳

苏浩男　　孙　宁　　孙　祎　　孙彬彬　　田常亮　　田春丽　　佟　磊　　王　丹

王　红　　王　佳　　王　伟　　王　晔　　王　映　　王家庆　　王靓楠　　王坤鹏

王旭红　　王艳冰　　隗功超　　隗晶晶　　温丽丽　　吴丽梅　　吴亚松　　武　炜

谢紫微　　邢　超　　徐　虹　　徐　力　　徐雪颖　　薛晓彤　　闫仕豪　　闫瑶瑶

杨　京　　杨　明　　杨　倩　　杨华蕊　　姚　慧　　叶　楠　　苑振兴　　臧雨薇

曾亚丽　　张　辉　　张　萌　　张　冉　　张慧超　　张京利　　张景奇　　张倧然

张均帅　　张立新　　张梦娴　　张鹏静　　张淑华　　张文芳　　张昕怡　　张欣欣

张怡秋　　张振华　　赵　晶　　赵慧霞　　赵朋秋　　赵亚杰　　郑忠伟　　朱芮仪

左升鹭

前　言

让真正的学习发生在"场"上

　　一场跨年而来的新冠肺炎疫情，让学校在积极应对中加速了正在发生的教育变革。特殊时期，史家人致力于为学生居家学习创生运化一个无时不有、无处不在、无往不至的成长引力场，让学生于在"线"更在"场"的真实学习中自主创拓成长的无限可能。

一、"漫教育"——基于育人泛联的成长引力场打造

　　"漫教育"是一种基于"场"视角的教育形态构想，指所有教育因子像空气一样弥漫在学生学习行为与生命意义的引力场中，并在基于未来牵引的育人泛联中给成长无限可能。基于场域分隔与主题整合的疫期教育中已含有漫教育的重要生长因子，即成长引力场中的育人泛联。育人泛联的内在要义是，以成长主题统合线上线下的交变场景，形成泛在的引力节点，由学生主体掌握线上线下的交互工具，形成多向的学习接口，两者合力推动教育从"体"向"场"的升级跃变，让真正的学习发生在线上线下融合的成长引力场上。

　　史家教育围绕"具有家国情怀的顶天立地的中国人"的育人目标，在课程供给中按防疫阶段不断微调、持续升级，从基于"超量供给、自主选择"强化横向弥漫的和谐课程1．0，到凸显"新旧衔接、方法指导"强化纵向弥漫的成长课程2．0，再到强调"学科教学、整合综述"强化环向弥漫的发展课程3．0，努力让学生的居家学习时光弥漫着引人入胜的生命成长气息。

二、"融学习"——基于召唤结构的成长内驱力激发

　　"融学习"指学生在由不确定性形成的召唤结构中内在贯通各种成长要素、实现整体发展的创新学习样式。疫情暂时阻断了学生返校的脚步，却瞬时延展了学生成长的心路。在特殊时期的学习中，学生面对一种成长的召唤结构。接受理论认为，"召唤结构"指作品中存在意义不确定甚至空白，它们召唤读者将其与自身经验及想象世界联系起来，从而使有限文本具有意义生成的无限可能性。疫情期间，各种不确定性与返校空白恰恰为学校教育的召唤结构提供了现实素材，

也给特殊时期的学生成长创生了原来未有的可能。

在"融学习"中，史家教育努力让学生最大限度地泛联真实的成长资源，并基于多元资源获取的自适应学习，在内驱力、生长力、学习力步步形成、层层递增中真正实现志在家国、学无边界。在此过程中，学生形成了基于自觉参与的学习动机之融、基于自我管理的学习内容之融、基于自主学习的学习方法之融、基于自信表达的学习成果之融等一系列"融学习"实践样式。

三、"大先生"——着力挖潜新时代教师的角色内涵

习近平总书记说，教师不能只做传授书本知识的教书匠，而要成为塑造学生品格、品行、品味的"大先生"①。新时代教师要立志当"大先生"。疫情让许多教师成为"全面手"，"教师跨界"与"跨界教师"已经成为教育现实。

史家人倡导教师在专业、志业、德业的层递发展中做好学生生命成长中的"大先生"——跨越校社边界，在"预判"形势中引领学生遵守全民防疫的要求，正确认识社会；跨越家校边界，在"切中"痛点中判断学生成长诉求及指向差异，进行积极引导；跨越成长边界，在"贯通"成长中关注学生多要素发展、长链条发展、全方位发展；跨越课堂边界，在"重构"教学中促进学生思维发展、提高学习能力；跨越质效边界，在"优化"评价中减负线上课堂、激活线下能量。与此同时，史家人基于教师领导型治理结构，着力推动以"大先生"为内在追求的领袖教师群在"班级社区"这个疫期真实工作场景中不断贯通"漫教育"和"融学习"。

疫情如同一面镜子，让史家人更好地鉴照当下、映照未来。疫情也如同一份考卷，让史家人把教育变革的思考与实践尽心竭力地书写下来。《让学习真正发生》丛书由此成编。丛书第一册串列课程方案、新闻报道及班级社区内容，第二、三册并列基于各学科教师教学设计的优质课程，第四册统列基于观点提炼、案例点评的经验汇总，从整体构建、立体实施、集体成果三个层面对处在全场、更在前场的疫期史家教育作出了较为详实的记录。弘文励教，办学育人。人的价值就是发展的价值。就让我们在成长引力场上以更加坚定的信心、更加昂扬的斗志、更加笃实的行动，激活发展的无穷能量吧！

编者

2020 年 5 月 15 日

---

① "习近平首次点评'95 后'大学生"，人民网，2017 年 01 月 03 日（http：//cpc. people. com. cn/n1/2017/0103/c64094 - 28993285. html）。

目　录

第一章

和谐课程 1.0

家校共育

2020 年 1 月，新冠肺炎大肆流行。疫情初期，人们陷入恐慌与茫然，网络谣言、哄抬物价、囤积货物……都令平静的生活不再平静。面对疫情，史家教育集团道德与法治学科的教师们以敏锐的教育直觉、迅捷的反应速度，第一时间收集各种适宜教学的素材，在网络课程推出之前率先开始了以"生活世界"为视角的"家校共育学生课程"框架研究。

"家校共育学生课程"以史家教育集团和谐育人的理念为指导思想，划分为人与自身、人与知识、人与社会、人与自然、人与人五大板块，将学生可能经历的现实生活作为切入点，引领学生从学习场域转向生活本身。课程内容源自生活但又高于生活，以指导学生从真实的社会事件中认识社会规则、法律规范、民族大义、国家精神，并潜移默化地影响孩子，使其具有诚信为人的品行、良好生活的习惯、和谐健康的心理和一份坚定的家国情怀。课程以自主探究、价值辨析、问题解决等方式，引导学生辩证地看待社会事件，训练学生多角度地思考问题，进一步培养学生的信息整合能力、综合思辨能力、问题解决能力等的综合性发展，让他们在逆境中成长，将多难兴邦的民族精神深深刻画在他们的心中，做顶天立地的中国人。

《生态文明　促和谐》教学设计

▌人文科技部　一至六年级　杜欣月

教学目标

1. 正确认识野生动物，理解野生动物与人类和谐共生的关系。
2. 学会与野生动物和谐相处，掌握保护野生动物的方法。
3. 知道保护野生动物的相关法律法规，自觉爱护野生动物。

教学重点、难点

学会与野生动物和谐相处，掌握保护野生动物的方法，知道保护野生动物的相关法律法规。

教学过程

一、关注野生动物　珍爱生命

谈话：在我们的生活中有很多特殊的日子，母亲节就是其中之一。很多同学在母亲节这一天都会表达自己对妈妈的祝福，而母亲最大的心愿就是让自己的孩子健康平安地成长。

提问：如果动物们也有母亲节，你觉得动物妈妈最大的愿望会是什么呢？

小结：像我们的妈妈一样，动物妈妈也希望它们的孩子能够平安成长。

【设计意图】引导学生正确认识野生动物，理解人与动物之间和谐共生的关系。

二、尊重野生动物　停止伤害

谈话：老师相信在日常生活中，很多同学都把动物视为好朋友，然而有些人却把这些我们的好朋友——动物妈妈心中的宝贝，端上了餐桌。

提问：野生动物真的是美食吗？"野味"真的比家畜、家禽更美味，更有营养价值吗？"野味"是真正的绿色食品吗？

小结：其实，常规肉用动物的口味远胜于野生动物，目前也并没有研究能证明"野味"的营养价值高于家畜。野生动物生活在野外，端上餐桌前并没有经过必要的检疫。因此，野生动物不仅不绿色，甚至隐藏着众多的寄生虫等病原体，其食用风险远高于人工饲养的动物。

提问：除了食用野生动物，还有些人把野生动物制品穿在了身上、摆在了家

里，甚至我们不知不觉中做了一些侵犯动物权利的事。当你在动物园观看黑熊骑车、在海洋馆观看海豚跳圈表演时，你想过为什么驯兽师手下的动物竟如此听话吗？

小结：动物们表演各种杂耍的背后是无休止的挨巴掌、挨棍子，它们没有自由、没有尊严，有的只是一声声绝望的哀号、日复一日地痛苦，直至死亡。

【设计意图】引导学生学会与野生动物和谐相处，掌握保护野生动物的方法。

三、保护野生动物　和谐共生

提问：面对如此之多的伤害野生动物的行为，我们该如何保护野生动物呢？

小结：我国一直把保护野生动物自然资源、改善生态环境列为一项基本国策，政府不仅颁布了保护野生动物的专门法律——《中华人民共和国野生动物保护法》，在《中华人民共和国刑法》等法律中也有保护野生动物的相关规定。不仅如此，国家还建立了4600公顷的森林和451处野生动物自然保护区，使300多种国家重点保护的野生动物的种群明显增加。

总结：同学们，对野生动物最大的保护就是不打扰它们，不要走近、不要侵占生活的区域，更不要滥捕、滥食它们。保护野生动物也就是保护我们自己！

【设计意图】知道保护野生动物的相关法律法规，自觉爱护野生动物。

《最美守护"逆行者"》教学设计

▎人文科技部　一至六年级　龚　丽

教学目标

1. 知道特殊时期"逆行者"的真正含义。

2. 通过真实鲜活的案例，知道"逆行者"们用生命守护生命，用实际行动守护着人民、捍卫着国家。激发学生的社会责任感和家国情怀，并用自己的实际行动向"逆行者"致敬。

教学重点、难点

通过真实鲜活的案例，激发学生的社会责任感和家国情怀。

教学过程

一、特殊的称呼："逆行者"

提问：对于"逆行"这个词你怎么理解？

追问：他们为什么要"逆行"？"逆行"去哪儿呢？

过渡：在新型冠状病毒肺炎疫情的肆虐下，武汉的情况越来越危险，很多人选择逃离这座城市。就是在这样危险的情况下，"逆行者"们逆向而行，走进了这座城市。想象一下，"逆行者"们将会面临什么？

小结："逆行者"们为了让更多人活下来而选择逆向前行。

【设计意图】通过对"逆行"含义的解析，知道特殊时期"逆行者"们的意义。

二、"逆行者"：生命的守护者

播放视频：了解钟南山爷爷马不停蹄地奔赴疫情一线的情景。

提问：看着钟南山爷爷不顾自身安危，坚定奔赴疫情一线的背影，你有什么感受？

过渡：像钟爷爷这样不顾自身安危冲在疫情一线的人们还有许许多多，他们争先恐后地写下请战书、按下鲜红的手印，说："不计报酬，无论生死！"

追问：他们难道就不害怕吗？他们按下的只是几个手印、写下的只是几句话吗？这些手印和请战书表达的是什么呢？

小结：因为对生命的敬畏和责任，对职业的坚守和忠诚，更是对民族和国家的担当，"逆行者"们坚守在最危险的环境里，不眠不休地"战斗"，他们用无私和大爱撑起这场疫情的希望，是我们生命的守护者。

【设计意图】通过真实鲜活的案例，知道"逆行者"们用生命守护生命，逆向而行，主动请战，用实际行动守护着人民、捍卫着国家。

三、致敬最美守护"逆行者"

过渡：你们中很多人的父母、亲人也投入这场战"疫"中，我们可能记不住他们面罩下的样貌，但是他们身穿防护服奔赴前线的背影让千万人牢记在心。"逆行者"们为了千千万万个家庭，选择逆向前行，用自己的生命去救助更多人的生命。

提问：对"逆行"这个词，你现在有什么新的感想或理解呢？

追问：如果用一个词来形容他们的背影，你会选择哪个词语呢？"最美"这个词最能表达出我们对"逆行者"们的敬佩！

提问：你想用什么样的方式表达对"逆行者"们的心意呢？

总结：作为小学生的我们不能奔赴一线，我们能做的就是珍惜我们的生活，好好学习，用自己的实际行动践行对"逆行者"的敬意。

【设计意图】激发学生的社会责任感和家国情怀，并能用自己的实际行动向"逆行者"致敬。

《我的社区在行动》教学设计

▋ 人文科技部　一至六年级　金少良

教学目标

1. 知道社区是抗击疫情的重要场所。
2. 能够关注社区生活的变化，了解其背后的法律依据。
3. 激发对社区工作者的崇敬之情。

教学重点、难点

能够关注社区生活的变化，了解其背后的法律依据。

教学过程

一、我的社区是"战场"

疫情牵动着每一个同学的心。火神山、雷神山医院的落成，成为抗击疫情的重要战场，给我们很大的鼓舞。

提问：还有一个抗击病毒的重要战场就在我们身边，是哪里呢？

小结：这个重要战场就是我们生活的社区。社区是疫情联防联控的第一线，把社区这道防线守住，就能有效切断疫情扩散的渠道。

【设计意图】引导学生关注社区，理解社区在抗击疫情中的重要作用。

二、我是社区法律小顾问

提问：疫情期间你的社区生活发生了哪些改变？

有的同学感觉最大的变化就是快递小哥和外卖员不让进小区了。对这样的变化，有些人不太理解，还质问工作人员："凭什么不让快递员进小区，你们这样做有法律依据吗？"

提问：面对这样的质疑，社区的工作人员应该怎样回答呢？

出示：《中华人民共和国传染病防治法》第四十二条第一款规定：传染病暴发、流行时……封闭可能造成传染病扩散的场所。

小结：由于人员密集，我们居住的小区也属于可能造成传染病扩散的场所，所以根据法律规定，采取了封闭式的管理。这虽然给生活带来了不便，但能更好地防止病毒的扩散。

过渡：我们的社区里还有哪些变化呢？还有的同学发现，小区的门口增加了检查环节。有人从外地返京后，嫌麻烦没有到社区上报信息。这样的做法可取吗？

出示：某某返京后未主动向社区工作人员报告，造成疫情扩散，被公安机关以涉嫌危害公共安全罪立案调查。

提问：案例中的某某被立案调查的法律依据是什么？

出示：患有突发传染病或者疑似突发传染病而拒绝接受检疫、强制隔离或者治疗，过失造成传染病传播，情节严重，危害公共安全的，依照《中华人民共和国刑法》第一百一十五条第二款的规定，按照过失以危险方法危害公共安全罪定罪处罚。

小结：遵守宪法和法律是公民的基本义务，因此，请大家一定要积极配合社区工作人员，严格遵守疫情防控相关要求，积极填报自己的相关信息，切实对自己、家人和他人的生命与健康负责。

【设计意图】引导学生关注社区生活的变化，了解其背后的法律依据。

三、我来赞美社区"最美逆行者"

过渡：刚刚我们从法律的角度重新认识了社区生活的变化。其背后是哪些人在默默付出呢？我们从视频中来找找答案。

出示：视频——北京市3.8万多名社区工作者第一时间返回岗位。

小结：这些社区工作人员放弃与家人的团聚时间，第一时间投入防疫工作中，他们也是名副其实的"最美逆行者"。

为了感谢他们的付出和奉献，请你和你的家长共同写下赞美的话，通过画海报、发朋友圈的形式向他们致敬吧。

【设计意图】激发学生对社区工作者的崇敬之情。

《网络学习我有方》 教学设计

■ 人文科技部 一至六年级 李 璐

教学目标

1. 知道学习需要网络，感悟网络在日常生活中所发挥的重要作用，萌生网络学习的意识。

2. 了解网络学习的方法与路径，学会利用网络进行远程学习。

3. 懂得网络学习有约束，需要在时间管控、内容选择等方面学会自我约束。

教学重点、难点

了解网络学习的方法与路径，在学习中做到自我约束。

教学过程

一、网络学习有意义

出示：谜语"看不见来摸不着，虚拟大网联万家，世界因你变村落，人人都是村中民"。

提问：猜一猜，谜语中所描述的究竟是生活中的哪一个事物？

追问：你使用过互联网吗？你上网主要做些什么？

小结：生活中，有时我们会上网查资料、看新闻、参与各类网络课程；有时我们会通过网络与远方的朋友互致问候；有时我们还会上网购买世界各国的商品，甚至利用网络远程操控家中的电器。网络已成为人们生活中不可或缺的一部分。在新型冠状病毒肺炎疫情持续的特殊时期，我们更应发挥网络便捷、交互的特点，利用网络中丰富的信息资源，自主安排符合自身需要的网络课程，做到延期开学不停学。

【设计意图】通过参与游戏，感悟网络在生活中的作用，萌生网络

学习的意识。

二、网络学习知方法

提问：如何才能更好地实现网络学习？你有什么好方法吗？

小结：要想高效完成网络学习，实现既定的学习目标，老师建议大家做到以下三点。

第一，甄选网站明路径。在选择学习网站时，我们应首选教育部、北京市、各知名学校的官方网站。比如，国家网络云课堂、北京数字学校、史家小学"和谐课堂"等。

第二，海量内容会选择。在选择网络学习内容时，应遵循两个原则：首先，网络课程可根据自身发展需要适时、适度、适量选择。其次，网络课程可多方面选择、分层次涉猎。

第三，学习知识讲方法。在学习前，要将选定的学习内容按类别进行梳理，制定个性化的网络学习课程表。在上课时，要认真听，并将关键内容记录在笔记本上。课后，要进行每日梳理、每周总结，将所学内容系统化，真正学会、学懂。

【设计意图】通过交流思辨，了解网络学习的方法与路径，学会利用网络进行学习。

三、网络学习懂约束

提问：在网络学习中要懂得约束，想一想我们应该如何约束自己的行为？

小结：首先，严格管理学习时间。在进行网络学习时，每学习 30 分钟就要起身休息放松一次。如何才能做到？有两个建议：第一，你可以在书桌上放一个闹钟，让它每 30 分钟响一次以提醒自己。第二，你可以请家人做你的"时间监管员"，参与对你的监督，真正做到按时休息，规律作息。其次，严格把控学习内容。选择权威网站中的积极健康的学习内容，不浏览不良信息，不沉迷于网络游戏。

【设计意图】通过交流分享，懂得网络学习有约束，做到网络学习能约束。

《公共生活我有责》教学设计

▎人文科技部 一至六年级 刘 静

教学目标

1. 知道疫情当前少出门。
2. 能在公共生活中做好防护。
3. 树立公共生活的规则意识和责任意识。

教学重点、难点

树立公共生活的规则意识和责任意识。

教学过程

一、导入

提问：学习之前，做一个"找相同"的游戏。你能发现这两幅宣传海报有什么共同点？

小结：都提示我们少出门。

提问：为什么要少出门？

小结：一场突如其来的新型冠状病毒肺炎疫情，打乱了我们的生活。新型冠状病毒的主要传播途径是飞沫传播和接触传播。如果我们去公共场所，会有健康隐患。所以，我们要少出门或不出门。

【设计意图】游戏导入，激发兴趣，知道疫情当前少出门。

二、新授

（一）公共生活知特点

过渡：观察图片，思考人们在公共场所为什么会有健康隐患？

小结：在公共场所，人员密集，接触的人比较复杂；有的公共场所相对封闭，空气流动性差。一旦没做好防护，就有可能传染上病毒。

提问：为什么要少出门？我们通过一段视频来找找答案。

小结：少出门既能保护自己，也能用时间来筛查出有隐患的人。疫情当前，少出门或不出门就是爱自己、爱家、爱国的表现，也是对自己、对他人、对社会负责任的行为。

（二）公共生活会防护

提问：如果必须出门，我们应该怎样做好个人防护？

小结：外出戴口罩；随时保持手卫生，少接触公共场所的公共物品；不确定手是否清洁时，避免用手接触口、眼、鼻等。

（三）公共生活有责任

过渡：如果没做好个人防护会怎样呢？防控新冠肺炎疫情最好的办法就是人人戴口罩。但也有一些人出门不戴口罩。

出示事例，思考：你还知道哪些进出公共场所不戴口罩的事例？听到这样的事你有什么感受？

小结：疫情当前，作为国家的公民，每个人都有责任和义务做到出门戴口罩，这也是对自己生命、对他人生命的负责。

提问：有些地方比如广东，发布了这样一条规定：出入公共场所不戴口罩违法，要面临罚款。看到这样的规定，你有什么想法？

小结：平时，在公共场所不戴口罩不违法。但疫情当前，政府已下发通告出入公共场所必须佩戴口罩，如不遵守通告内容，就是违法行为。这种管制手段是合法的，也有明确的法律规定。

提问：作为公民，每个人都要做好自我防护，戴好口罩，自觉隔离。有的人不仅出门不戴口罩，还隐瞒自己的行程。你知道这样的事例吗？这样做会有什么后果？

出示生活中的真实事例，思考：你看到这样的事例有什么想法？

小结：他们的行为违反了国家有关法律法规，干扰破坏了疫情防控工作。作为公民，我们有责任、有义务做好个人防护和管理。这是对生命的尊重，也是自己为防控疫情作出的贡献。

【设计意图】探究疫情当前要少出门的原因，树立公共生活的规则意识和责任意识。

三、总结

打赢疫情防控阻击战，需要每一个公民的努力。公共生活中再小的善行也是力量。同学们，为祖国加油！从你我做起！

【设计意图】总结全课，激发情感，落实行动。

《国际关注伸援手》教学设计

■ 人文科技部　一至六年级　乔龙佳

教学目标

1. 让学生了解面对疫情世界各国对中国的关注、支持与捐助。
2. 让学生知道世界卫生组织的相关知识，了解世界卫生组织的作用。
3. 让学生能够从全球角度看防疫的重要性，正确面对人类共同的问题。

教学重点、难点

了解面对疫情世界各国对中国的关注、支持与捐助，能够从全球角度看防疫的重要性，正确面对人类共同的问题。

教学过程

谈话：刚刚迈入 2020 年，就在我们庆贺鼠年到来的同时，一种叫作新型冠状病毒肺炎的疾病也悄然来到了我们的身边，瞬间疫情成了我们最关心的话题。

一、伸援手

（一）留学生、华人华侨

出示：我们来认识一位来自苏州在英国留学的学生，他叫郭子舟，他和同学得知国内口罩急缺，便计划从英国往国内运口罩，还成立了英国华人爱心救援队，募捐善款购买医疗物资支援疫情。

提问：同学们，了解他们的事迹之后，你有什么感受？

小结：留学生、华人华侨虽然身在海外，却都心系祖国，为祖国加油！这片爱国之心值得我们每个人学习！

（二）世界各国

过渡：除了海外华人关注这次疫情之外，世界各国都在向我们伸出援助之手。近期，你是否关注了时事新闻？你都知道已经有哪些国家帮助了我们吗？

出示：韩国、日本、巴基斯坦、伊朗、以色列、俄罗斯、白俄罗斯等。

提问：看到世界各国对我们的无私帮助，你有什么想说的吗？

小结：我们应该向它们道一声"感谢"。疾病面前，不分国界。

【设计意图】本环节让学生感受疫情面前留学生、华人华侨以及世界各国对中国的关注、支持与捐助。

二、世界卫生组织

提问：疫情暴发以来，世界卫生组织也迅速派出专家组赶赴武汉。同学们，你们听说过世界卫生组织吗？

出示：世界卫生组织，英文缩写 WHO，是联合国下属的一个专门机构，总

部设在瑞士日内瓦，只有主权国家才能参加，是国际上最大的政府间卫生组织。

小结：针对新冠肺炎疫情，世界卫生组织多次召开紧急委员会会议，对中国政府应对疫情的努力和及时反应表示赞赏。世界卫生组织将和中国一起，加强国际间合作，联合控制病毒。在这样的号召之下，我们还与多家机构签署了《分享与新型冠状病毒（nCoV）暴发相关的研究数据和发现》的共识声明。

提问：同学们，你们认为加强国际间的合作重要吗？

总结：疫情暴发以来，不仅仅是中国，很多国家也相继出现了确诊病人。面对人类共同的敌人，我们愿意加强国际间的合作，本着对生命的尊重和负责任的态度，愿意与世界各国分享研究数据和成果，这才是负责任大国的担当和作为。而只有加强合作和分享，共同携手，我们才能更快地战胜疫情。

【设计意图】本环节帮助学生认识世界卫生组织，能够从全球角度看防疫的重要性，正确面对人类共同的问题。

《古人战"疫"有方法》教学设计

█ 人文科技部　一至六年级　佟 磊

教学目标

1. 学生通过了解古人战"疫"的方法，感受祖先的智慧，增强战胜疫情的信心。
2. 学生通过观察相关图片和文字资料，提高分析和解决问题的能力。
3. 学生通过学习知道中国古人战胜疫情的各种方法。

教学重点、难点

通过了解古人战"疫"的方法，感受祖先的智慧，增强战胜疫情的信心。

教学过程

一、导入环节

提问：在中国有文字记录的 3500 多年的疾病历史中，疫病流传、暴发过成百上千种。面对疾疫，古人是怎么应对的呢？

小结：今天我们就来学习古人战"疫"的方法。

【设计意图】通过教师讲述和提出问题，引导学生进入本节课的学习主题。

二、新授环节

出示：火神山医院建设工地图片。

提问：同学们，你们猜猜这是哪里？

小结：这是建设中的火神山医院。中国古代医家提出防止相互感染的重要环节是"避其毒气"。这方面的主要措施就是隔离。据史书记载，我国在汉朝的时候就已经出现了临时传染病医院。

过渡：除了隔离，还有什么方法可以防止病毒的传播呢？你可以和家长讨论一下。我们可以戴口罩，用酒精消毒等。但古人没有这些条件，怎么办？

提问：同学们，这是明代女医为瘟疫中的病患医治时的场景，大家看她戴的是什么？

小结：纱巾。据文献记载，元朝时就已经出现了简易口罩——绢巾。

出示：甑的图片。

提问：古人是如何消毒的呢？同学们猜猜这是什么？

这个是甑。它是做什么用的呢？

小结：甑就是我们今天所使用的蒸锅。古人的消毒，一般是针对病人用过的所有衣物，大多用蒸煮的方法，进行高温灭菌。李时珍的《本草纲目》中就有相关记载。

此外，古人也会加强个人和环境卫生管理。

唐代《千金要方》中就要求人们不可随地吐痰。另据文献记载，中国很早就使用痰盂。

为了加强环境卫生，古人也想出了办法——"翻车渴乌"，就像我们今天城市道路上的洒水车。在东汉时期，人们就制作出翻车渴乌来洒扫道路。

抵御传染病对于人们的侵害，饮食方面也非常重要。中国古代先民早就知道了"病从口入"的道理，因而强调应保持饮食的洁净。

在饮水方面，至少在商代，中国已广泛使用水井，甲骨文里便有了"井"字。在周代，已用砖块垒井壁，并在井口周围设井栏，上有井盖以避免污染井水。

【设计意图】通过展示相关图片和文字资料，学生了解了中国古人战胜疫情的方法，感受祖先的智慧，增强战胜疫情的信心。

三、总结环节

过渡：同学们，当瘟疫来临时，古人想出了许多办法——隔离、戴绢巾、高温消毒等。千百年来的战"疫"实践证明这些方法是行之有效的。

小结：今天，在抗击新冠肺炎疫情的过程中，我们祖先的方法仍在被借鉴使用。因此，我们应该对战胜疫情充满信心，我们一定能够打赢这场没有硝烟的战争！

【设计意图】总结本课学习的知识，下定战胜疫情的决心。

《关注信息守法律》教学设计

▎人文科技部　一至六年级　王　丹

教学目标

1. 管理好自媒体，不传谣，不信谣。
2. 以案例分析为切入点引发思考，认识谣言带来的危害及影响。
3. 参与网络活动，要遵守相关法律，树立法治意识。

教学重点、难点

以案例分析为切入点引发思考，认识谣言带来的危害及影响。

教学过程

一、"火眼金睛"辨信息

疫情牵动着每一个国人的心，看着感染人数日渐增加，人们的恐慌情绪越来越严重。恐慌之下，各种谣言开始流传，弄得人心惶惶。下面这些说法，你听过吗？

喝高度酒可以抵抗病毒，抽烟能预防病毒，普通人外出需要戴多层口罩……

这些说法，你认同吗？专家又是怎么说的？

原来这些都是谣言，甚至有人借着这些言论鼓励人们抽烟喝酒。

【设计意图】引导学生对一些说法进行思考，引出本课学习的主题——"谣言"。

二、虚假信息危害大

（一）"网络谣言"的定义

什么是网络谣言？出示其定义。

在诸多领域中，食品安全领域成为网络谣言的"重灾区"，曾经流传的"塑料大米""棉花肉松""打针西瓜"等事件，轻则扰乱民众正常的饮食，重则引发消费恐慌，严重扰乱社会秩序。

（二）案例分析

1. 有网民发布"刚从武汉回来，头晕咳嗽，还去看电影"的言论，引发关注。经查，该网民在网络发布不实言论，扰乱公共秩序，被公安机关处以行政拘留处罚。

2. 还有人发布"三天后超市、药店全部关门"的言论，造成市民涌入超市抢菜，造成民众恐慌心理。后政府发布物资保障紧急声明。

（三）危害

网络谣言既有针对公民个人的诽谤，也有针对公共事件的捏造。小而言之，它败坏个人名誉；大而言之，它影响社会稳定，给正常的社会秩序带来现实或潜在的威胁，甚至损害国家形象。

【设计意图】通过真实的、典型的社会新闻案例，了解谣言带来的危害。

三、关注信息守法律

（一）具体做法

俗话说"谣言止于智者"，我们应该如何应对呢？可以从以下方面着手。

1. 注意自己的言行。不捏造事实，不传播没有事实根据的流言蜚语，是每一个有责任感的公民应尽的义务。

2. 理性面对网络谣言。在接触新的事物时，大胆质疑，追问真相，关注官方消息，把你经常关注的信息渠道列举出来。

3. 运用法律抵制谣言。民事责任：散布谣言侵犯公民个人名誉权的，依据我国《中华人民共和国民法典》，要停止侵害、赔礼道歉或赔偿。行政责任：如散布谣言扰乱公共秩序的，依据《中华人民共和国治安管理处罚法》规定，给予拘留、罚款等行政处罚。刑事责任：如散布谣言构成犯罪的，要依据《中华人民共和国刑法》追究刑事责任。

（二）责任与义务

抗击疫情，就是一场战争。一句谣言，有着比火炮更大的杀伤力，对此，我们能做什么？

相信科学，遵守法律，不传谣，这是每个公民应尽的义务！

【设计意图】结合案例，了解相关法律法规，引导学生提高法治意识。

《万众一心齐战"疫"》教学设计

■ 人文科技部 一至六年级 王艳冰

教学目标

1. 知道在抗击新冠肺炎疫情的特殊时期有许多工作者作出了巨大贡献。
2. 体会一线工作者冒着生命危险守护人民，加深共鸣感。
3. 了解战"疫"真实事例，激发对生命的敬畏之情以及对社会的责任感。

教学重点、难点

知道在抗击疫情的特殊时期，有许多不同岗位的工作者作出了巨大贡献；了解战"疫"中的真实事例，激发对生命的敬畏以及对社会的责任感。

教学过程

一、特殊时期共坚守

展示图片并提问：图片中人们的职业是什么？他们之间有联系吗？

小结：他们的工作并无联系，但是在今年这个特殊时期，共同抗击新冠肺炎疫情将他们凝聚在了一起。

【设计意图】学生初步了解在特殊时期依旧有许多人坚守在岗位上为社会服务。

二、战"疫"卫士保护我

过渡：人影稀疏的公共交通、纷纷停业的服务行业、空荡寂寥的街头小巷，都成为战"疫"生活的缩影。

（一）医务人员心存大爱

出示图片：剪掉长发的女护士；勒伤皮肤的医生；被侵蚀了的双手。

提问：他们为什么会作出这样的牺牲？

小结：医务人员心存大爱，保护人民生命安全。

（二）环卫工人清扫医院

出示新闻：110 名环卫工人从 18 时到 24 时连续进行清理工作，将会展中心改造为方舱医院。

计算活动：为了将会展中心改造成医院，环卫工人们工作了多少个小时？

追问：这么长时间的连续工作，难道他们不累吗？引发学生思考。

小结：环卫工人们长时间高效率工作，体现了家国责任。

（三）记者工人齐上阵

播放视频：记者采访后脱下防护服衣服拧水。

小结：记者们连续多日采访拍摄，目的是让群众及时得到疫情的真实信息。

出示图片并提问：漫画中的"基建狂魔"指的是什么？

小结："基建狂魔"指的是工人们不分昼夜建造起火神山医院和雷神山医院。

（四）政府坚定抗疫

联勤保障部队号召全体官兵坚定扛起救治感染群众、保障医疗物资等艰巨任务。国家领导人亲自考察指导疫情防控工作，实地察看情况并慰问一线工作人员。

（五）众志成城，勠力同心

过渡：社会中不断涌现出众多志愿者、捐款捐物的普通民众，甚至还有为疫区雪中送炭的外国友人等。他们每一个人都是普通人，但他们的爱不普通。

播放视频：年轻人到警察局捐口罩，山东农民送蔬菜。

小结：全国上下众志成城、共同战"疫"。

【设计意图】通过全国人民的工作照片和视频，让学生了解疫情面前人们心存社会、心存国家，激发学生对生命的敬畏与对社会的责任感。

三、万众一心齐战"疫"

当疫情来临时，各行各业的人们坚守在自己的工作岗位上为社会服务。上到国家领导人，下到一线医务人员，再到每一位普通群众，人们都为战"疫"作了力所能及的贡献，这就是万众一心。

【设计意图】总结全课，再次让学生体会到虽然人们的职业不同，来自不同地区、不同国籍，但在特殊时期人们自动团结在一起，共同奋战，深刻感受命运共同体。

《关注心态会调节》教学设计

▌ 人文科技部　一至六年级　吴丽梅

教学目标

1. 了解当前疫情形势下可能出现的心理问题，对自己和周围人的身心反应有所觉察。

2. 看到积极面，以乐观的心态面对困境。

3. 尝试学习更多调节身心反应的方法。

教学重点、难点

觉察情绪，学习调节身心反应的方法，以积极乐观的心态面对困境。

教学过程

一、觉察情绪我打分

出示："手指打分"活动。

提问：你的心情如何呢？如果用手指给自己的心情打分，10 个是满分，拳头表示 0 分，你会伸出几个手指呢？说一说你的理由。

【设计意图】游戏导入，增强互动，激发兴趣，初步觉察自己当下的情绪状态。

二、调整心态有方法

过渡：部分同学的分数低，可能是因为这个寒假实在让人不开心。突如其来的疫情让我们不能出门玩耍，各种负面消息扑面而来。有的同学的家长是医护人员、警察、社区工作者，每天战斗在一线，令人感到不安……

提问：老师最近就感到焦虑、害怕，有没有同学和我一样呢？

小结：疫情期间出现负面情绪是正常的。但过度担心、焦虑会影响人的心理健康，所以我们需要调整心态，管理情绪。

（一）接纳情绪，主动倾诉

出示："白熊游戏"。

游戏规则：请你闭上眼睛，在脑海中重复命令自己，不要想白熊，不要想白熊……

提问：你想到白熊了吗？

小结：情绪就像白熊，你越是想回避、否认某种情绪，它就越会出现。疫情突发，所有人都在承受压力，回避只能让这种压力更加凸显。所以，当你有负面情绪时，你可以向家人表达你的担忧，倾诉所思所想，这有利于缓解不良情绪。如果出现吃不好、睡不好的情况，说明焦虑已经很明显，建议你拨打专业心理服务热线，如北京师范大学心理学部的心理支持热线、北京青少年心理与法律服务热线。

（二）自我关爱，积极应对

提问：除了接纳情绪，主动倾诉，你们还有什么方法吗？

小结：我们不要过度地寻求关于疫情的信息，要保证自己的生活正常有序，找些有趣的事情转移注意力，例如做手工、画画、看课外书。

活动：艺术疗法——绘画（一切都会变好）。

活动规则：首先，觉察一下你最想解决的情绪。例如，想象害怕是什么样子，可以用什么颜色把它画下来。然后拿出第二张纸，想象一切都变好了是什么样子呢，也画下来。接下来我们把第一张画处理掉，你想怎么处理都行——揉成一团或者撕成碎片；把第二张画挂在我们的床头。

小结：你们现在的情绪好点了吗？在这特殊的时期，我们需要自我关爱，积极应对。

【设计意图】通过觉察自己的心态，关注疫情期间可能出现的应激状态，学习倾诉、转移注意力等方式，主动调整心态。

三、积极面对有信心

总结：我们积极面对疫情，做自己能做的，对做不到的，要主动寻求帮助。请相信，全国上下万众一心，科学防控，我们一定可以战胜疫情。

【设计意图】总结全课，提升信心。

《芽牙得益——口腔基础知识》教学设计

■ 德育部 一年级 刘 丹

教学目标

1. 了解乳牙和恒牙、牙齿的结构、牙齿的作用和健康牙齿的标准。

2. 引导学生关注自己的牙齿，关注牙齿健康，从小树立爱牙护牙的意识。

教学重点、难点

初步了解乳牙和恒牙、牙齿的结构、牙齿的作用和健康牙齿的标准。

教学过程

一、课前导入，激发兴趣

疫情期间，身体健康第一位，但口腔健康也不容忽视。口腔中谁最重要？对，是牙齿。让我们一起了解一下吧。

【设计意图】疫情期间，全社会的关注点都放在防治新冠肺炎上，容易忽视对口腔保健的重视。因此，激发起学生对健康的关注，先从牙齿入手。

二、了解口腔基本知识

（一）乳牙与恒牙

同学们，你们知道吗？我们从出生到长大成人会有两副牙齿。乳牙是人的第一副牙齿，共20颗。从出生后6个月左右开始萌出，到3岁时基本长齐。到了6岁左右乳牙开始逐渐脱落，恒牙开始萌出，取代乳牙。恒牙是人

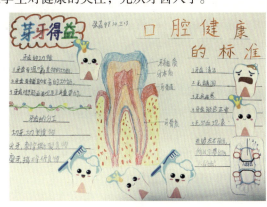

的第二副牙齿，共32颗。你们看，在正中间的两颗牙叫门牙，也叫中切牙。6～8岁正是门牙顶出来的时候，这时候，你们千万别害怕，这可是长大的标志。门牙旁边的两颗牙叫侧切牙。一般在6岁半至9岁的时候更换。与侧切牙挨着的这个尖尖的牙齿叫尖牙，俗称虎牙。虎牙一般在8岁半至12岁时重新长出来。离虎牙最近的这些都是磨牙，它们会在8～13岁时换掉，长出新的牙齿来。一般情况下，12岁左右恒牙就全都长出来了。而第三磨牙，我们通常叫智齿，它们会

在18～30岁萌出。当然，也有的人不长智齿，或长出一部分。恒牙是人的最后一副牙齿，一旦脱落，将不再有牙齿萌生。

（二）牙齿的结构

同学们，认识了乳牙和恒牙，接下来，请牙牙精灵来给我们讲一讲牙齿的结构。（放视频）

（三）牙齿的作用

食物进到我们的口腔里时，牙齿就开始工作啦，让我们来试着连一连。（连线）牙齿除了能帮助我们咀嚼食物，让我们享受美味以外，还能辅助发音、使人笑口常开。

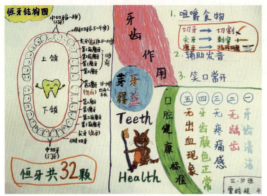

（四）健康牙齿的标准

世界卫生组织规定的口腔健康的标准是：牙齿清洁，无龋洞，无疼痛感，牙齿颜色正常，无出血现象。快来对照这个标准，检查自己的牙齿是否健康。如果出现了一些小问题，要赶快去口腔医院，让牙科医生帮助你。

【设计意图】从乳牙与恒牙的名称、数量、更换的时间、牙齿的结构和作用、健康牙齿的标准这些角度介绍牙齿，引导学生关注牙齿健康，从小树立爱牙护牙的意识。

三、介绍《芽牙得益》图书

不知不觉，我们了解了这么多牙齿的小知识。今天我讲的这些小知识都在学校给大家编著的《芽牙得益》这本书中，我讲的内容是这本书的第一章，如果大家感兴趣，可以找来读一读。

【设计意图】告知学生本课知识的出处，激发学生继续阅读和学习的兴趣，也为下节课的学习做好铺垫。

《口腔的自我保健——芽牙得益》教学设计

■ 德育部　二年级　化子怡

教学目标

1. 使学生意识到保护牙齿的重要性，并了解影响口腔健康的危害物——牙菌斑。

2. 对学生进行牙齿保护方面的教育，帮助学生学习正确的刷牙方法及牙齿保健的相关注意事项。

3. 逐步养成良好的卫生习惯。

教学重点、难点

1. 意识到保护牙齿的重要性。

2. 掌握正确的刷牙方法及牙齿保健的相关知识。

教学过程

一、保护牙齿的重要性

（一）保护牙齿的原因

播放视频，认识保护牙齿的重要性。

师：看完视频后，同学们一定知道我们为什么要保护牙齿了吧？俗话说得好："牙疼不是病，疼起来真要命。"牙齿一旦被蛀虫侵犯，那受罪的可是我们自己。

（二）牙菌斑的相关知识

师：你们知道牙齿最大的敌人是谁吗？其实口腔里有很多脏东西，如食物

残渣、牙垢、牙面色素、牙菌斑、牙结石等，而牙菌斑是牙齿最大的敌人，它经常会在牙齿表面或牙齿之间形成无色的、黏黏的薄膜，是导致蛀牙和许多牙龈疾病的罪魁祸首。

师：同学们别害怕，牙菌斑虽然不能通过简单的漱口把它洗掉，但很容易被牙刷刷去。所以，刷牙是去除牙菌斑的好方法。刷牙也是预防牙龈炎和牙周炎的

最基本、最有效的方法。

【设计意图】健康是人生的第一财富，是教育的基本标准，是教育的底线。《芽牙得益》一书图文并茂地介绍了口腔健康和牙齿的相关知识，提高了学生对口腔健康重要性的认识，引导学生从小爱护牙齿并养成良好的口腔卫生习惯。

二、刷牙的正确方法

师：那怎样刷牙才能把牙齿周围的脏东西都清除掉呢？2018 年，我们学校四（16）班的刘家萱同学发起了"BASS 刷牙法"的服务学习项目，让我们一起跟他们学习起来吧！（播放视频）

师：同学们，你学会了吗？那就让我们从今天起正确刷牙吧！

师：对了，老师还有几条温馨提示。

1. 每天早、中、晚刷牙各一次，每次刷牙时间为 3 ~ 5 分钟。在校期间午饭后可以用漱口代替，在家要严格地刷三次，特别是晚上睡觉前必须刷牙，这对预防龋齿和牙周炎十分重要。

2. 选择儿童专用牙刷。

注意刷头要小，便于牙刷在口腔中转动；刷毛要柔软。

3. 选用含氟牙膏。

师：对于小学生来说，我们的乳牙钙化程度低，新长出来的恒牙窝沟较深，含氟牙膏中含有氟化物，可以增强牙齿的硬度，从而增强牙齿的抗酸能力，达到预防龋齿的目的。

师：说到预防龋齿，同学们应该知道，学校每年都会给同学们进行体检，特别是会给 1 ~ 3 年级的学生开展窝沟封闭治疗。因为窝沟封闭是一种预防龋齿的重要方法，所以同学们一定要重视，牙齿出现问题一定不要错过最佳的治疗时间。

【设计意图】通过介绍学生身边的服务学习项目"BASS 刷牙法"，以及学校带领学生进行窝沟封闭的事件，渗透正确刷牙的方法，使学生意识到正确刷牙的重要性，再次对学生进行保护牙齿的教育，使他们能养成良好的卫生习惯。

《口腔疾病预防》教学设计

▌ 德育部　三年级　隗功超

教学目标

1. 了解诱发龋齿的因素，了解预防龋齿的好方法——窝沟封闭。

2. 了解处理牙齿外伤的方法。

教学重点、难点

了解窝沟封闭并学会牙齿外伤处理方法。

教学过程

一、复习导入

前两节课我们一起学习了口腔基础知识和口腔自我保健，你还记得吗？我们通过一个小游戏复习一下吧！选择正确的内容，你答对了吗？

【设计意图】复习上节课《口腔的自我保健》中的知识，通过游戏的方式激发学生的学习兴趣。

二、了解龋齿及引起龋齿的因素

（一）学习关于口腔疫病防治的小知识

最常见的口腔疾病就是龋齿。龋齿俗称虫牙或蛀牙，很多同学认为是虫子把牙齿蛀坏的，其实龋洞里并没有虫子。

同学们，你们知道龋齿是如何形成的吗？快按下"暂停键"思考一下吧。想好了吗？让我们一起来看一段小视频。

（二）教师总结引起龋齿的因素

【设计意图】关注学生的学习体验，选用动画视频讲解，老师总结的方法使学生在充满学习兴趣的前提下正确认识龋齿并了解引起龋齿的因素。

三、预防龋齿的方法

结合上节课《口腔的自我保

健》的知识和引起龋齿的因素，联系生活，思考预防龋齿的好方法。

下面老师向大家介绍一个预防龋齿的好方法——窝沟封闭。每一个儿童到了六七岁都要进行窝沟封闭，这是为什么呢？（视频图解）

同学们，这回你知道窝沟封闭的重要性了吧，到了年龄按时就医保护口腔，可以避免龋齿这种口腔疾病的发生。

【设计意图】通过结合上节课《口腔的自我保健》的知识和引起龋齿的因素，思考预防龋齿的好方法，可以帮助学生复习已经学过的知识并引起学生的思考。通过视频讲解的方式帮助学生了解窝沟封闭并认识到六七岁及时做窝沟封闭的重要性。

四、牙齿外伤的处理方法

（一）创设情境，设问引入

口腔疾病除了龋齿这样的"内伤"，还有可能发生牙齿外伤。假如你和同学玩游戏的过程中不小心摔倒把牙齿磕掉了，你会怎么处理呢？

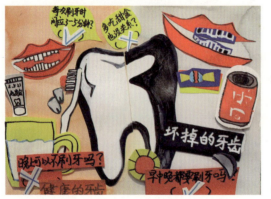

（二）牙齿外伤的处理方法

如果你的牙齿不小心被磕掉了，请你一定不要惊慌！特别是在口腔内出血的情况下，要先用干净的纸巾捂住嘴，防止继续流血。

如果磕掉的牙齿是已经换过的牙齿，也就是我们前面学过的恒牙，我们要尽快找到磕掉的牙齿并把它放进生理盐水或者牛奶中清洗，清洗时不可以反复揉搓牙根，否则会损伤牙髓和牙周膜组织的活性。冲洗后再放回牙槽中，因为牙槽窝是最佳的牙齿保护场所。如果不能即刻复位，可以将脱落的牙齿放于舌下或口腔前庭处，也可放在生理盐水或牛奶中。这样处理断牙，是为了争取能够成功再植。接下来要马上到口腔科就医。

【设计意图】通过图示的方法介绍处理牙齿外伤的步骤，帮助学生学习处理牙齿外伤的方法。

《人类眼睛的结构》教学设计

■ 德育部　四年级　马佳宁

教学目标

1. 了解人类眼睛的重要组成部分，学生初步感知眼睛的重要性、复杂性和脆弱性。

2. 初步探究近视形成的原因，培养学生自主观察、主动探究的意识，养成科学用眼、正确护眼的好习惯。

3. 激发学生自觉护眼的意识，学会爱护眼睛、保护自己。

教学重点、难点

初步探究近视形成的原因，养成科学用眼、正确护眼的好习惯；了解人类眼睛的重要组成部分，学生初步感知眼睛的重要性、复杂性和脆弱性。

教学过程

一、激趣导入，点明主题

师：眼睛是心灵的"窗户"，它能够带我们认识丰富多彩的世界，但是当我们用眼时间长了，眼睛就会酸胀、干涩，这时爸爸妈妈总会提醒我们："歇一会儿，让眼睛休息一下。"听了家人的劝告，同学们或极目远眺，或闭起双眼，或做一做眼保健操。那么这些做法有没有科学依据呢？要回答这个问题，我们得先来认识一下眼睛。

【设计意图】通过父母的叮嘱以及学生熟知的护眼方法导入本课内容，激发学生的学习兴趣。

二、了解眼睛的基本结构，感知眼睛的复杂、脆弱

（一）出示图例，了解眼睛的基本结构

1. 出示眼睛结构图，了解其由眼球和眼的附属器官组成。

2. 出示眼球构造图，介绍眼球结构形态和主要组成部分。

师：自己来读一读，看看你能不能记住它们。

（二）联系生活，认识眼球各部位功能

1. 了解角膜的结构，感受角膜的脆弱，养成不揉眼睛的习惯。

2. 观察人的眼睛的颜色，认识虹膜的功能。

3. 联系猫的瞳孔变化，了解瞳孔的作用。

4. 对比放大镜镜片，观看睫状肌和晶状体随物体远近变化的动画，了解两者的作用。

5. 通过图示，了解视网膜成像功能。

【设计意图】联系学生熟悉的眼睛常识，使陌生的眼球结构变得可感可知，初步培养学生观察、交流、探究的意识，激发学生的学习热情，感受眼球的重要性、复杂性和脆弱性。

三、自主探究近视的成因，养成科学用眼好习惯

1. 思考问题。出示眼球结构图。

师：聪明的你能不能猜到近视是因为眼睛中哪个部位出现了问题？

2. 验证答案。出示近视成因动画。

小结：引导学生重视定时远眺和眼保健操。

【设计意图】引导学生深入思考，自主探究近视成因，进而养成自觉爱眼护眼的习惯。

四、特殊时期常护眼、勤洗手，不随意触碰眼睛

出示相关图片。

师：这段时间如果你认真观察就会发现，在一线抗疫的医生都会戴护目镜，这是为了防止病毒趁机而入。为了保护眼睛、保护身体，我们同样要做到不随意触碰眼睛，尤其是做眼保健操之前，一定要用七步洗手法认真洗手，这样更健康、更卫生。快行动起来吧，让我们一起保护眼睛，预防近视，做一个耳聪目明的孩子！

【设计意图】疫情期间，眼部卫生尤为重要，通过联系一线抗疫医生佩戴护目镜的做法，引导学生重视眼部健康与卫生。

《影响视力的因素》教学设计

■ 德育部　五年级　李　婕

教学目标

1 了解眼睛的基本功能，知道有哪些影响视力的因素。

2. 提高学生认识，使其重视眼睛保护。

教学重点、难点

知道影响视力的因素；提高学生认识，使其重视眼睛保护。

教学过程

一、激趣导入，了解眼睛的基本功能

（一）导语

亲爱的同学们，大家好，很高兴和大家在"晶睛视界"中相见。

（二）激发兴趣，初步了解眼睛的基本功能

出示图片：说出图中的数字是"291"。这是眼睛的颜色分辨功能帮了我们。

出示照片：观察旅行时拍的照片，能看出照片中的拍摄效果，这是由眼睛的空间分辨功能决定的。

设置情景：清晨醒来，猛然拉开窗帘，你们会不会觉得阳光格外刺眼呢？那是因为我们的眼睛还有光亮分辨的功能。

（三）小结，引出新课

眼睛对我们来说太重要了，我们一定要好好保护它。一旦眼睛出了问题，会给我们的生活带来很多不便。

【设计意图】通过游戏、看有趣图片的形式，让学生初步了解眼睛的基本功能。

二、探究新知，了解影响视力的因素

（一）导语

同学们，你身边有没有戴近视眼镜的人呢？其实，近视就是眼睛出现的常见问题之一。那么，哪些原因会造成视力下降呢？

（二）先天因素

父母遗传。学龄前儿童的近视大多数源于遗传。这是不可逆转的因素。

（三）后天因素

这是由于自己的坏习惯造成的，主要有以下几种。

1. 长时间用眼。例如，在室内外光线反差过大的情况下长时间近距离盯着屏幕，在摇晃的车上看书等。这都会造成用眼疲劳，导致视力下降。

2. 长时间看书写作业。长时间地连续近距离用眼，致使眼睛始终处于高度调节状态，很容易发生视觉疲劳。

3. 看书写字和握笔姿势不正确。如躺在床上看书、不正确的书写和握笔姿势，不但会影响脊椎骨骼的发育，也会造成视力下降，严重者还有可能造成斜视。

4. 营养摄入不均衡。如吃饭挑食、糖分摄入过多，也会造成视力下降，同时还会损害我们的牙齿。

5. 运动量不足，作息不规律。熬夜、宅在家中不运动等，都是影响视力的重要因素。

【设计意图】对影响视力的因素进行归类整理，让学生有初步的了解，从而提高学生对影响视力因素的认识。

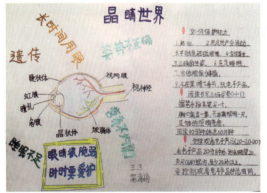

三、总结

（一）总结提示

我们知道了影响视力的因素很多，为了保护眼睛，一定要尽快调整不良习惯。

（二）护眼小建议

1. 用眼 40 分钟后休息 10 分钟。

2. 在窗前、阳台远眺 5 分钟。

3. 做眼保健操，充分缓解视疲劳。

4. 适当运动。

【设计意图】将影响视力的因素再次呈现，提醒学生调整不良习惯，重视视力保护，做到健康用眼。

《爱护眼睛的方法》教学设计

■ 德育部 六年级 王 映

教学目标

1. 了解眼睛健康对自己未来职业的重要意义，提高学生科学用眼的意识。

2. 了解保护眼睛的方法，明白"20 – 20 – 20""40""1 – 1 – 1"数字的含义，学习护眼"米"字眼球操。

3. 了解眼睛受伤后的急救方法。

教学重点、难点

了解科学用眼的方法，提高学生科学用眼的意识和能力；认识眼睛健康对自己未来职业、对国家发展战略的重要意义。

教学过程

一、导入

（一）保护眼睛的重要意义

教师：我们每个人都有自己的梦想，未来也许你想驾驶飞机飞翔在天空，也许想扬帆远航，也许想为祖国获得一枚金牌……我们发奋读书学习本领，当我们可以选择的时候，但一个你忽视的问题让这些梦想全部破灭了——你的眼睛健康状态不合格！可见，眼睛健康不仅关乎自身的身体健康，也是你未来职业选择的必要条件，更关乎国家未来的发展。因为国家需要的高精尖人才，很多都对眼睛有着非常高的要求。

【设计意图】将德育课程与健康课程融合，在了解健康知识的同时，理解其教育目的，提升学生的责任感、使命感。教师提出眼睛和学生未来的职业、祖国未来的发展关系，让学生意识到保护眼睛的重要性，提高对眼睛保护的重视程度。

（二）复习保护眼睛的方法

教师：爱护眼睛的方法有很多，你知道哪些呢？

学生：远眺，充足的户外活动，不在黑暗光线下看书、玩电子产品，保证充足的睡眠……

教师：有的同学说："我也是这么做的，可是天天在家，近距离用眼特别多，眼睛好累，感觉看远处视力有点模糊了。"今天我们就来了解一下疫情在家期间如何护眼的方法。

【设计意图】通过头脑风暴的方式，让学生从自我认知和经验方面总结保护眼睛的方法，同时针对疫情期间特殊问题，向同学们提出挑战。

二、新知呈现

（一）科学用眼，数字我知道

通过视频了解"20 – 20 – 20""40""1 – 1 – 1"数字的含义。

（二）"米"字眼球操

通过动态图片，学习"米"字眼球操，了解学校的服务学习相关项目。

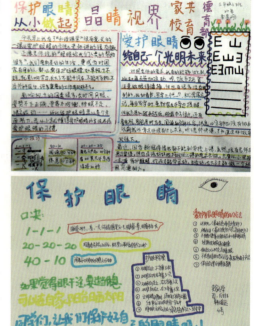

（三）居家护眼小窍门

通过图片了解居家护眼小妙招。

（四）眼睛受伤后的急救方法

通过图片解说了解眼睛受伤后的急救方法。

【设计意图】本环节通过4个方面的学习，全面了解科学的用眼知识和方法，能够直接地帮助学生保护眼睛。针对最容易出现的眼部意外情况，教师设计了直观清晰的图片，以免真的发生意外时，不正确的处理方法使眼睛受到更大的伤害。

三、活动倡议

教师倡议发起班级"护眼小达人"活动，邀请同学们积极参与。并将"晶晴视界"丛书分享给同学们，引导学生自主阅读学习。

【设计意图】本环节将课上内容延展到课下，将德育课程融入学生的实际生活、阅读中。

漫步国博

"博物＋"课程以文物为载体，与学生一起探究文物背后的中国文化与中华文明。课程以史家教育集团多年来探索的"博悟学习路径"为引领，鼓励学生在摹写、观察、猜想、溯源、类比、模拟等多种学习情境中深入思考，全面分析，不断品悟每一件文物中所凝聚的中华民族的理想与信仰，润物无声地带领学生在历史的积淀中增长文化自信与大国底气。学生学习的不仅仅是历史知识，更是博物馆的学习方法以及积极正向的人生观、价值观、世界观。

课程以历史文物为起点，以探寻文物内涵为增长点，以对当今的影响为思考点，紧扣时代脉搏，让学生能够学以致用，能够以史鉴今。以历史经验作为当前社会现象的评判标准，并能够用发展的眼光看待我们的未来，即让传统照亮未来。

面对疫情灾难，无数的逆行者奔赴战"疫"的前线，与病魔争抢生命。这是对中华优秀传统文化的发扬与传承。这样优秀的民族精神源自哪里？为此，我们精选了高度凝结着民族精神、民族信仰的历史文物，以此为切入点开启了疫情期间的"博物＋"网络课程，真正让学生从历史中感受中国精神、品味文化自信，而这些又与疫情紧密结合，让教育回归到现实生活中。

《酿酒蒸馏》教学设计

█ 人文科技部 二年级 崔玉文

教学目标

1. 知道古人酿酒蒸馏的故事和方法，激发对传统文化的兴趣。

2. 感受古人的聪明才智，感悟发酵和蒸馏技术对生活的影响，激发民族自豪感。

3. 养成不饮酒的好习惯，劝说身边爱喝酒的人适度饮酒。

教学重点、难点

知道古人有关酿酒和发酵技术的故事与方法，体会劳动人民的智慧，激发民族自豪感。

教学过程

一、导入环节

提问：国家博物馆有这样一块画像砖，仔细观察，画了哪些内容？

追问：这块砖上面有人生产酒、有人卖酒，所以名字叫"酿酒画像砖"，它再现了两千年前中国古人就已经酿酒，你觉得古人聪明吗？

小结：古人很聪明，他们的生活很丰富。今天我们学习"酿酒蒸馏"。

【设计意图】通过对酿酒画像砖画面的学习，知道古人的酿酒生活，初步感受古人的聪明才智。

二、新授环节

（一）听酿酒故事

提问：酿酒有很多年历史，你知道它的有关故事吗？让我们一起听故事《杜康造酒》。

出示：音频《杜康造酒》。

提问：通过《杜康造酒》的故事，你发现了什么？

小结：古人是偶然发现粮食可以造酒的，这说明他们善于观察生活。

（二）了解酿酒材料

提问：屏幕上哪些材料能够酿酒？

追问：粮食、水果一般可以成为酿酒的原料。它们的共同特点是什么？

小结：粮食和水果中都含有糖，在有益细菌酵母菌的帮助下，糖会变成酒精，形成美酒，这就叫发酵。人们最早做的酒就是发酵而成的。

（三）寻找发酵食品

提问：生活中还有哪些食物与发酵有关？

出示：发酵食品图片。

小结：发酵食物很多，科学家说多吃发酵食品对身体有好处。发酵太重要了！

（四）了解蒸馏

提问：除了发酵酒，还有蒸馏酒。什么是蒸馏呢？先来看个实验。

出示：视频《蒸馏》。

小结：这些小水滴就是蒸馏产生的。利用蒸馏的技术，酿酒时水分就会蒸发，酒精度数就会越来越高。

提问：家里的白酒一般都是蒸馏酒。疫情期间，有人说白酒能杀毒，是这样吗？

小结：只有浓度为 75% 的酒才有杀菌作用，家里的酒度数没这么高，不能起杀菌作用。

提问：小朋友能否喝酒？

小结：小朋友身体没有发育好，酒会影响健康，所以不可以喝酒。即使是大人，酒喝多了也不好。我们要记得提醒大人适度饮酒！

【设计意图】通过听酿酒故事、讨论酿酒材料、寻找发酵食品，了解发酵和蒸馏技术对生活的影响，感受其重要作用。

三、总结和拓展

总结：古人发现的蒸馏和发酵技术，逐渐改变了人们的生活，使大家的生活更加丰富多彩。我们的生活中有一种食物跟酿酒有些类似，叫醪糟，你吃过吗？回家可以按照老师提供的材料和制作步骤与大人一起试一试。

【设计意图】总结全课，通过拓展实践，激发学生继续学习、探究的兴趣。

《众志成城》教学设计

■ 人文科技部 一至六年级 梁 晨

教学目标

1. 了解"非典"疫情，知道抗击"非典"和新冠肺炎的事迹。
2. 感受抗击"非典"精神，知道要继承并发扬这种精神。
3. 坚信我们能取得抗击新冠肺炎的最终胜利。

教学重点、难点

知道要继承并发扬抗击"非典"精神，坚信我们能取得抗击新冠肺炎的最终胜利。

教学过程

一、导入部分

出示：《国家博物馆 2003 年医护人员抗击"非典"请战书》和《抗击新冠肺炎请战书》图片。

提问：对比两篇"请战书"，说说它们的不同点和相同点分别是什么？

小结：面对的疫情不同，但都体现了医护人员舍生忘死的精神品质。

【设计意图】通过对比不同时期的"请战书"，感受医护人员舍生忘死的精神品质，导入课题。

二、新授部分

（一）"非典"疫情

提问：采访家人，了解"非典"时他们面对的是怎样一种严峻的状况？

小结："非典"，又叫 SARS，是"严重急性呼吸系统综合征"的英文缩写，2003 年暴发，许多人被感染甚至失去了生命。全中国同心协力抗击了 8 个月，终于打赢了这场"硬仗"。

【设计意图】通过采访的方式，了解"非典"时期人们的经历和感受，产生共情。

（二）众志成城抗击"非典"

出示：钟南山爷爷事迹。

提问：你还知道哪些医护人员的英勇事迹呢？

过渡：据统计，战斗在一线的医护人员成为中国"非典"疫情的最大牺牲者，占死亡人数的1/3。

提问：听了医护人员的事迹，你有什么样的感受？

小结：他们筑起了一道抗击"非典"的钢铁长城，让人感动！除了医护工作者，更有党和国家的坚强领导。国家及时成立了防治"非典"指挥部，统一领导；迅速建立公开透明的疫情报告制度和信息发布制度，拨出巨额专款设立"非典"防治基金……

提问：我们还采取了什么措施抗击"非典"呢？

出示：各地医护人员驰援北京；各地紧急调配防治物资送到北京；社会各界捐款；小学生用手工作品表达对医护人员的敬意。

小结：各行各业都在为抗击"非典"默默奉献。

【设计意图】了解不同群体为抗击"非典"作出的大量贡献。

（三）抗击"非典"精神

提问：从抗击"非典"事例中你发现中华民族具有什么样的精神品质？

小结："万众一心、众志成城，团结互助、和衷共济，迎难而上、敢于胜利"，这就是伟大的"抗击'非典'精神"。

提问：在抗击新冠肺炎的今天，我们该如何看待"抗击'非典'精神"？

出示：视频《众志成城抗击新冠肺炎》。

小结：我们要继承并充分发扬"抗击'非典'精神"，实际上，我们也是这么做的。

【设计意图】知道要继承、发扬"抗击'非典'精神"。

三、总结部分

提问：抗击"非典"和新冠肺炎，我们都拥有伟大的精神，也都采取了强有力的应对措施，这预示着最终结果也会是相同的吗？

小结：结果也会是相同的。相信我们一定能取得抗击新冠肺炎疫情的最终胜利！

【设计意图】总结全课，坚信我们一定能战胜新冠肺炎疫情。

《矢志不渝》教学设计

▍人文科技部 一至六年级 张鹏静

教学目标

1. 理解愚公精神之勇敢担当、矢志不渝的真谛。
2. 了解《愚公移山图》的创作背景，深入体会愚公精神的伟大。
3. 知道抗击新型冠状病毒肺炎疫情中的"愚公"事迹，践行愚公精神。

教学重点、难点

理解愚公精神之勇于担当、矢志不渝的真谛，能够在生活中践行愚公精神。

教学过程

一、玩游戏，感受移山困难

出示：小活动"可能不可能"。

规则：老师依次出示条件，让学生根据自己的经验判断可能不可能将山移走。

"有人为了出门方便，想把比世界最高峰还要高的山移走。"

"移山使用的是原始的箕、耙等工具。"

"运送一趟土石需要一年的时间。"

小结：你是不是觉得不可能？两千多年前，哲学家列子写出了《愚公移山》的故事。在这个故事中，一切都变成了可能。

【设计意图】引出本课的主题，引导学生初步感受移山的艰难。

二、深入学习，探究愚公精神

（一）研究困难，感悟精神

提问：读《愚公移山》的故事，说说移山会遇到什么困难？

小结：通过讨论，我们了解到移走两座大山是个看似不可能完成的任务，但愚公不顾自己的生活会受到严重影响，主动承担起这个任务，并朝着目标不懈努力，说明他是一个勇于担当、矢志不渝的人。这种精神就是愚公精神。

（二）解读作品，体会伟大

出示：国家博物馆巨幅雕塑图片《愚公移山》。

提问：仔细观察，这里面的人物都在干什么？试着模仿一下里面人物的动作，并思考哪个人物是愚公？你觉得他在说什么？

小结：画面中，背对着观众、手倚锄头的老者就是愚公。他的右边是紧张的前线，几个男子憋足了力气将手中的钉耙奋力砸向山石；左边是坚定的后方。愚公正向下一代讲述着自己的愿望和信心。

（三）了解背景，感受激励

提问：这幅雕塑是由当代雕塑家根据著名画家徐悲鸿的《愚公移山图》雕刻的。这幅作品是什么时候创作的？画家为什么要创作《愚公移山》呢？

小结：在抗日战争最危急的时刻，徐悲鸿创作了《愚公移山图》，激励中国人发扬愚公精神，争取最后的胜利。

【设计意图】通过探究移山困难，了解《愚公移山图》的创作背景，深入体会愚公主动担当、矢志不渝、持之以恒的精神。

三、发扬愚公精神，共同战胜疫情

提问：随着新冠肺炎疫情的蔓延，防控工作越来越艰巨，面临的问题也越来越严峻，这是摆在中国人面前的又一座大山。在这次抗击新冠肺炎的战役中，谁是你心目中的"愚公"？

总结：在抗击新冠肺炎的战役中，一个个"愚公"挺身而出，他们是争分夺秒奔跑在救治病人第一线的白衣天使，他们是风餐露宿鏖战在火神山、雷神山医院施工现场的建筑工人，他们是主动请缨加班赶制防护用具的缝纫工人，他们是积极响应号召主动留守家中的每一个人。

【设计意图】结合抗击新冠肺炎疫情中的真实事件，引导学生发现身边的"愚公"，践行愚公精神。

我心中的愚公

我心中的愚公是那些在一线的医护人员，他们冒着被感染的风险，一批又一批地到前线"奋战"。而现在石角汤的患者又很多，且还在不断增长，这些医护人员就非常忙碌。医生们首先给患者问诊，然后让患者拍胸片、采血，等医生拿到结果后，给出治疗方案。由于他们得的是严重的传染病，所以他们需要被隔离，医生们除了要照顾他们的衣食起居。他们矢志不渝，把自己的那份信念坚持到底，他们就是我心中的愚公。

三.（3）王婉宇 32

艺术集萃

　　在这场疫情"大考"中，疫情是出卷人，教师是答卷人，学生和家长就是阅卷人。在"加长版"寒假中，我们鼓励学生以乐观向上的态度认真生活，以高度的责任感严格自律，用兴趣、热爱激发学生的创造力。我们乐观、向上的态度会带给他们力量，使学生自觉、自律做有意义的事。

　　"艺术集萃"课程设置，是在学校无边界理念下的整体构建，培养学生发现生活中的艺术之美，发挥音乐、美术、书法、戏曲等艺术门类的创造性和审美性等功能，将传统艺术与现代艺术进行有机融合，以趣味性的综合艺术课程，通过学生亲身实践、动手制作简单有趣的内容，让艺术点亮生活，让艺术陶冶心灵，让艺术带来快乐。

《材"剧"志大 返"本"还源》教学设计

▌艺术与生活部 五年级 梁 潇

教学目标

1. 初步认识创作剧本的三要素。

2. 通过欣赏作品，分析剧本，提升学生创作剧本的兴趣，自主探究并尝试编写剧本，激发其想象力和创造力。

3. 引导学生注意观察和记录生活中的美好事物，培养严谨认真的生活态度以及百折不挠的品质。

教学重点、难点

剧本创作的三要素：矛盾冲突、语言设计和舞台说明；了解故事和剧本的区别。

教学过程

一、动画欣赏

视频：黏土动画《生日》。

师：这是我们学校六年级的同学们自己创作的黏土动画作品，你一定好奇它是如何创作出来的。不妨跟我来一探究竟。

出示课题：材"剧"志大。

【设计意图】观看原创动画，激发学生创作动画剧本的欲望，为开展教学做好铺垫。

二、剧本分析

（一）剧本要素

1. 视频：孙怿昕讲述创作历程。

剧本雏形：点子＋创意＝完整故事。

2. 分析：《生日》剧本的三要素。

（1）矛盾冲突。

师：发生→发展→高潮（重头戏）→结尾。

师：你能总结一下这个故事要表达的中心是什么吗？

小结：《生日》的矛盾冲突就是同学们要给我过生日，但这是个惊喜，不能让我提前知道。所有的场景、人物、语言都是为这个中心设计、服务的。

（2）语言设计。

师：台词，就是剧中人物所说的话。请同学们试读一下《生日》剧本中的台词。

师：这样的台词给你什么感受？

小结：剧本主要通过台词推动情节发展，表现人物性格、身份和思想感情，要通俗、简明、口语化。

（3）舞台说明。

师：舞台说明包括剧中人物表，剧情发生的时间、地点、服装、道具、布景，以及人物的表情、动作、上下场等。请看《生日》剧本中的舞台说明，说一说它的作用。

（二）剧本格式

师：剧本的内容要遵循规范的格式，它的环境、角色、台词等都有固定的位置。

学习资料 1：剧本格式范本。

【设计意图】通过细致分析《生日》剧本，学生更加直观地认识到如何将小故事的矛盾冲突、语言设计和舞台说明写完整。层层递进地讲解了剧本的三要素，让学生更容易接受和掌握，知道小故事与剧本的区别所在，突破教学重点与难点。按规定格式书写，更符合创作剧本的要求，帮助学生写出更加规范的剧本。

三、经典赏析

师：在拍摄动画片的时候，我们要最大限度地尊重剧本，做到返"本"还源，才能让最终的作品有灵魂。

课题：返"本"还源。

1. 视频片段《哪吒闹海》。

2. 学习资料 2：《哪吒闹海》剧本。

小结：《哪吒闹海》的剧本具有很高的文学水平，人物生动，细节表现得淋漓尽致，段落明晰，情节因果合理，时空结构严整。此外，剧本非常适合阅读，主题的表达也非常容易让读者接受。

【设计意图】通过读其他优秀剧本，让学生了解如何将自己剧本的矛盾冲突、人物语言和舞台说明写得更加完善，为创编剧本打下良好基础。

四、小试身手

尝试把一篇 100 字左右的小故事改写成小剧本。

《经典的旋律》教学设计

■ 艺术与生活部 四年级 李 琰

教学目标

1. 通过欣赏，学生进一步了解进行曲的风格特点，感受进行曲独特的感染力。

2. 聆听并演唱乐曲主题旋律，对比感受不同主题的不同特点，主动参与到音乐表演中来，体会乐曲丰富的情绪和独特的感染力。

3. 能较为熟练地模唱第一主题。

教学重点、难点

能够模唱主题旋律，随音乐主题的变化用律动表现音乐形象；感受乐曲不同主题的音乐形象。

教学过程

一、感性认知，初识作品

导语：听一听这首乐曲，给你带来什么样的感受？

（学生感受出精神振奋、欢快轻松、让人很愉悦等情绪。）

出示课题：《拉德茨基进行曲》。教师简单介绍乐曲的由来。

师生探讨：进行曲可用于多种情境，比如国歌《义勇军进行曲》表现催人奋进、鼓舞人心的气氛，而这首《拉德茨基进行曲》表现将士凯旋，人们欢呼的热烈场面。

【设计意图】通过对整首乐曲的初步聆听、感受，引出课题并了解写作背景。

二、审美感知，品味音乐

（一）欣赏第一部分

1. 导语：听一听乐曲的演奏形式是什么？音乐的速度和情绪是怎样的？

2. 第二遍聆听，这一段音乐让你联想到一个怎样的画面？

（威风凛凛的拉德茨基将军骑在马上，威武的士兵们手持步枪迈着整齐的步伐向我们走来……）

3. 出示第一部分第一主题乐谱，教师范唱。

导语：老师给大家唱一唱这段主题旋律，你们认真听，看看谁能模仿老师也来唱唱。（教师慢速用"da"模唱）

4. 教师分句教唱。

教师两小节一组分句教唱，并逐渐加快速度。

5. 第三遍聆听第一部分，听一听第一主题出现了几次，从而引出第二主题。

6. 第四遍欣赏，加入动作表现音乐形象。

（第一主题模仿骑兵骑马，第二主题模仿步兵拿着步枪踏步。）

（二）欣赏第二部分

1. 第一遍聆听，听一听和第一部分相比在情绪与节奏上有什么特点？

2. 第二遍聆听，这段音乐又给你带来一个什么样的画面？

（人们向将军和他的战士们献花、热烈欢呼，将军和战士们向人们敬礼、致意……）

3. 第三遍聆听，请学生跟随老师一起用律动表现音乐形象。

（三）欣赏第三部分

导语：听一听这段音乐和你所听到的哪一段音乐相同？

【设计意图】通过分段欣赏，学生能够较为熟练地模唱第一主题旋律，能够在教师的引导下听辨出不同的主题旋律所表现的音乐形象，并能够用律动表现。

三、参与体验，拓展提升

视频播放维也纳新年音乐会，学生跟随指挥和现场观众一起拍手欣赏全曲。

【设计意图】通过观看维也纳音乐会现场视频，感受《拉德茨基进行曲》的感染力，了解当代艺术大师。

四、理解文化，致敬经典

学生了解奥地利作曲家老约翰·施特劳斯及其创作的经典音乐作品。

【设计意图】认识奥地利作曲家老约翰·施特劳斯的生平及其代表作。

《动听的卡林巴》教学设计

▋ 艺术与生活部　三年级　闫瑶瑶

教学目标

1. 通过学习卡林巴，拓宽学生的艺术视野，对世界各国的民族乐器产生浓厚兴趣。

2. 视频法初识乐器及演奏方式；听辨法了解其音色特点及不同的技巧性演奏；对比法学习哇音与滑音的演奏。

3. 认识并了解卡林巴这种非洲民族弹拨乐器；能够听辨卡林巴的音色特点，了解其乐器结构；认识琴谱，掌握调音方法，学会不同的演奏技巧；提高学生的音乐鉴赏能力。

教学重点、难点

认识卡林巴；哇音与滑音的听辨。

教学过程

一、导入

初步认识：学生欣赏用卡林巴演奏的《闪烁的小星》，知道乐器——卡林巴。

【设计意图】欣赏教师用卡林巴弹奏的《闪烁的小星》，学生初步认识这种乐器，激发其学习兴趣。

二、认识乐器——卡林巴

（一）初识卡林巴

学生通过观看演奏视频，听辨音色特点，大致了解演奏方式，认识卡林巴这一乐器。

（二）了解卡林巴

通过图片，学生了解卡林巴的乐器类型及发展过程。

（三）听辨卡林巴的音色特点

学生通过与八音盒的音色对比，发现卡林巴的音色更加空灵、清澈、通透。

（四）了解卡林巴的结构

1. 卡林巴的分类：按箱体分为箱式卡林巴与板式卡林巴；按音键数量分为

10 音、15 音、17 音。

2. 认识 17 音箱式卡林巴各部分的结构。

【设计意图】通过认识卡林巴，了解其发展过程，听辨其音色特点，认识其不同位置的结构名称，让学生初步了解卡林巴这一乐器，拓宽学生的音乐视野。

三、卡林巴的演奏

（一）认识卡林巴琴谱

（二）通过音键图了解卡林巴的两种记谱方式

（三）学习卡林巴的演奏方法

1. 一般演奏方法。

2. 技巧性演奏方法。

（1）演奏哇音：教师分别示范如何通过卡林巴的主音孔及副音孔演奏哇音，并进行讲解。

（2）演奏滑音：教师示范滑音的演奏并进行讲解。

3. 欣赏卡林巴演奏的乐曲《梁祝》，判断其演奏方法。

（四）了解卡林巴如何调音

1. 调音的重要性及调音工具。

教师介绍调准音高对于所有乐器的重要性。为卡林巴调音所需的工具：调音锤和调音器。

2. 如何为卡林巴进行调音。

教师示范如何为卡林巴进行调音。

（五）欣赏卡林巴二重奏《卡农》

欣赏卡林巴二重奏《卡农》，思考在演奏时两个卡林巴是如何配合的，以及演奏者用到了哪些演奏技巧。

【设计意图】通过看、听、辨等多种方式学习卡林巴的多种演奏方法，加深对卡林巴的认识，从而更加喜爱这种乐器。

《与古为友：兰亭雅集》教学设计

▌艺术与生活部　三年级　蔡文菲

教学目标

1. 通过《兰亭序》，了解文人雅集的内容。
2. 通过对历史的溯源及文本解读，知道《兰亭序》的文学价值和书法特点。
3. 在理解的基础上进行书写临摹与集字创作。

教学重点、难点

了解《兰亭序》的书写背景及内容，知道其在中国书法史上的地位；分析《兰亭序》的书法特点，并临摹创作。

教学过程

一、情境导入

提到春天，我们总会想到万物生发、踏青郊游。

农历三月初三是我国传统节日上巳节。在这一天，人们会去河畔沐浴，祈福消灾。魏晋后多为曲水流觞，迎春赏游。"兰亭雅集"就是魏晋时期一次最有名的春日曲水流觞活动。

【设计意图】结合学生上课时所学的节日知识，从古人习俗出发，引出"兰亭雅集"由来，激发学生兴趣。

二、新知讲授

（一）兰亭雅集

出示明代书画家文徵明的《兰亭修禊图》，由图知意，了解"兰亭雅集"盛况。

（二）创作过程

1. 集诗作序。

"兰亭雅集"共得诗 37 首，王羲之将其整理成册，并作序一篇。这篇序文就是《兰亭集序》。

《兰亭序》手稿共 28 行，324 字，遒媚飘逸，气韵完美，出于天然。据说，当时王羲之已醉，下笔如有神助，醒后连自己也感到诧异。由于是醉酒所写，文中有些涂改。王羲之本想再写一篇作为正本，但写了很多遍都不如当时的原稿。

2. 流传情况。

唐太宗非常喜欢王羲之的书法，不仅将其奉为"书圣"，还称《兰亭序》为"天下第一行书"。他命内阁大臣钩摹数本，赠予王公贵臣，真迹则作为殉葬品，埋入昭陵。因此，我们现在看到的《兰亭序》，是藏于故宫博物院的冯承素摹本。

【设计意图】由古人之画引入，更直观地感受"兰亭雅集"。从创作背景到作品流传情况，让学生充分感知《兰亭序》在中国书法史上的地位。

三、技法赏析

（一）美在变化

单字形态各异，绝无重字。比如：全篇20多个"之"字。

（二）美在自然

一气呵成，手写我心。字里行间大小错落，笔法灵动。

（三）美在情深

作者从明朗的风景到热闹的雅集，又转而开始惆怅，从人生谈到死亡，悲喜交集。

【设计意图】进一步从书法的角度分析为何这件作品能称为"天下第一行书"，从作品中找答案、寻美感，能让学生更加深入地理解作品。

四、临摹集字

（一）材料准备

1. 软笔：笔、墨、纸、砚。

2. 硬笔：卡纸制作小书签。

3. 内容：选择文中经典词语，如惠风和畅、天朗气清、察时观世等。

（二）创作步骤

1. 临摹单字，掌握特点。

2. 确定单字位置，注意章法完整。

（三）教师示范

【设计意图】学以致用。通过集字创作，让学生用较短的时间，积累好词、好句，体验兰亭笔法，丰富艺术感知。

《溯源练笔：共渡难关》教学设计

■ 艺术与生活部 六年级 陈庆红

教学目标

1. 联系时事，从汉字文化的角度了解汉字的演变并理解词义，增强抗疫的信心。

2. 观察字帖，从书写的角度掌握每个字的书写要点。

3. 指导书写，从作品角度了解有关斗方形制的相关内容。

教学重点、难点

从笔法、字法、章法多角度掌握"共渡难关"四字；从汉字文化的角度理解"共渡难关"四字字源。

教学过程

一、追根溯源

（一）出示"共"字的字体演变过程图片

1. 观察"共"字的金文，表示双手供设器皿，应该是"供"的初文。

2.《说文解字》：共，同也。

（二）出示"渡"字的字体演变过程图片

1. "渡"字属形声字，从水，度声，本义是渡过、过水的意思。

2.《说文解字》：渡，济也。

（三）出示"难"字的字体演变过程图片

1. 观察"难"字，它的右边是一个"隹"字，即短尾巴鸟的意思，有不少用"隹"做偏旁的字都与鸟有关。

2.《说文解字》未收入该字。

（四）出示"关"字的字体演变过程图片

1. 观察"关"字的金文，像门里用撑木或竹竿将门顶住的样子。

2.《说文解字》：关，以木横持门户也。

（五）"共渡难关"的意思是：比喻共同面对不容易克服的困难或不易度过的时期。

【设计意图】通过追溯"共渡难关"四字的字源，使学生在了解祖先的造字方法和字形演变的同时，理解词义，增强"安心居家，战胜疫情"的信心。

二、观察读帖

（一）"共"

1. 独体字结构，中横伸展，收笔重顿。

2. 长短横平行，左低右高。

3. 两竖画上开下合，与下方的八字点呈相反之势。

（二）"渡"

1. 颜体《多宝塔碑》中没有该字，可以借用"氵"和"度"拼字练习。

2. "共度"和"共渡"的区别。

（1）从词性上看，前者是延续性动词，后者是短暂性动词。

（2）从表述对象上看，前者针对时间，后者针对空间。

（3）从表达的意思上看，前者是一种荣辱与共、相互分担的态度，后者是一个走出困境、结束灾难的志愿。

根据以上对比，后者"希望尽快度过难关"的意思更恰当。

3. 半包围结构中的左上包右下结构类型，一般情况下，被包围部分应向右略宽于、向下略长于包围部分。

4. "又"上紧下松，撇捺舒展。

5. 首笔点方，棱角分明。

（三）"难"

1. 繁体字，左右结构，右略宽略高于左。

2. 横画多，横间距均匀，长短变化。

3. "隹"的上点写成短横撇状，单人旁的竖画向下伸展，长出右边末横一个横间距。

（四）"关"

1. 繁体字，三面包围结构中的上包下结构类型。

2. 门字框左短右长，左轻右重。

3. 被包围部分笔画多，密集处理。

【设计意图】通过指导学生观察，读懂每个字的字形结构，部件搭配，笔画粗细、长短、方圆、曲直、角度等特点，以便书写到位。

三、书写练习

1. 利用视频逐字指导"共渡难关"四字的书写，边示范边强调要领。学生可以跟着临写。

2. 章法要求：

（1）斗方形制边长相等，一尺见方。

（2）从右至左、从上至下书写"共渡难关"四字。

（3）在正文左侧留出的窄长空白处居中偏上位置开始写名字，字形小，上下对齐，称为落款。

【设计意图】通过书写练习，掌握每个字的笔法和字法，初步了解章法的相关内容。

《戴口罩的自画像》教学设计

■ 艺术与生活部　三年级　陈　曲

教学目标

1. 知识与技能：认识口罩及其作用，了解病毒的传播途径，能够运用漫画的形式绘制戴口罩的自画像。

2. 过程与方法：从生活中常见的事物入手，通过学生喜欢的漫画形式引发其兴趣，并展开教学，使学生通过观察与模仿，学会创作有特定主题的自画像。

3. 情感、态度和价值观：从疫情期间必不可少的防疫物品入手，增强学生的安全卫生意识，以漫画的形式培养学生对绘画的兴趣，引导学生养成认真观察生活、描绘生活的习惯。

教学重点、难点

了解口罩及其作用，通过观察画出自己佩戴口罩的样子；通过抓特点、加配饰等方法，突出自己的外貌特征。

教学过程

一、导入

介绍当前疫情形势，为奋战在一线的各行各业工作者们加油助威。

引出问题：

1. 作为普通人的我们，面对疫情又该如何进行自我防护？

2. 防疫"三法宝"都有哪些？（口罩、酒精和防护服）

【设计意图】通过创设情境，引导学生关注疫情、关注奋战在一线的"逆行者"，培养学生的家国情怀，并使其联系自身生活，切入本课主题。

二、探究新知

引导学生探究口罩的奥秘：

1. 引发思考：为什么我们要佩戴口罩？

2. 解答问题：口罩是如何保护我们的？

3. 介绍新型冠状病毒肺炎的传播途径。

4. 介绍关于口罩的小知识。

引出问题：大家都戴上了口罩，遮住了脸，这样是不是就不漂亮了呢？

【设计意图】科普口罩的防护功能与病毒传播的相关知识，加强学生的自我防护意识，并联系学生生活中遇到的实际问题和困惑加以解答。

三、结合本课复习旧知

（一）复习旧知

在过去的美术课上，我们学过《画自己》和《肖像漫画》，学会了通过观察一个人的发型、脸型、五官特点来绘制人物肖像。

（二）结合本课介绍技法

1. 运用"夸张""变形"等美术手法表现自己的外貌特征。

2. 小窍门：创作中可以着重表现眼睛和发型的特点。

【设计意图】巩固旧知，引导学生运用适合本课的技法进行创作。

（三）教师示范

通过完整的绘画过程示范，配以详细的讲解，进行绘画技巧的演示。

【设计意图】使学生体会从起稿到上色的绘画步骤，巩固本课内容，并引导学生观察生活、自主探究。

（四）总结

创作自画像之前一定要认真观察自己的外貌特点，除了重点表现发型和眼睛以外，添加个人常用的配饰，也可以使自画像更加生动。

（五）拓展提高

1. 除了佩戴口罩以外，还要注意个人卫生，这样才能做好全面的自我防护。

2. 除了自画像，还可以尝试把家人也用漫画的形式画出来。

（六）结语

让我们记住这段特殊的日子，一起盼望着摘掉口罩的那一天，期待早日在校园中重聚。

（七）小彩蛋

戴口罩的卡通人物视频。

【设计意图】拓展学生的创作思路。

《戏曲身段小口诀》 教学设计

▌艺术与生活部 二年级 丁芸芸

教学目标

1. 通过戏曲"顺风旗"的学习，体验戏曲表演"四功"（唱、念、做、打）中的"做"功，用小口诀的形式使学生简单快速掌握"顺风旗"的内容，并在音乐的伴奏下完成"顺风旗"小组合。

2. 教师通过游戏、引导、讲解、示范等环节，帮助学生体验本课所学"顺风旗"小组合。

3. 通过本课的学习，使学生掌握戏曲元素的同时，提高对传统文化的兴趣，进而培养对国粹艺术的审美鉴赏能力和喜爱之情。

教学重点、难点

学习戏曲动作"顺风旗"；手、眼、身、法、步的协调配合及精气神的运用。

教学过程

一、导入

以游戏"对号入座"的形式，让学生在游戏中感受戏曲"五法"（手、眼、身、法、步）中"手"功的魅力。

【设计意图】本环节设计在吸引学生注意力的同时，提高学生的兴趣点，为本课新授内容做好铺垫。

二、新授

（一）手势语汇学一学

掌握戏曲手势"兰花掌""武生掌"及其手势语汇的内涵。

1. 象形模仿。请学生根据图片分别做出象形手势。

2. 语意解析。解析"兰花掌""武生拳"的语汇意思及语汇用途。

3. 观看"手势舞"小视频。播放教师自编手势舞小视频，让学生找出所学手势。

【设计意图】通过象形模仿、语意解析、"手势舞"等学习，使学生轻松愉悦地掌握所学戏曲手势，并了解其中的内涵，加深印象和巩固学习。

（二）身段动作猜一猜

通过猜名字、找渊源、填口诀等环节，掌握身段动作"顺风旗"的来历、动作要领及小口诀。

1. 猜名字。根据教师的身段动作图和提示线索图猜出此动作的名字叫"顺风旗"，并发现其中的"兰花掌"和"武生掌"——本节课新学知识。

2. 品内涵。了解身段动作"顺风旗"的内涵。

3. 填口诀。通过观看教师的示范视频，学生完成身段动作"顺风旗"小口诀的填空。

【设计意图】通过本环节引发学生思考，让学生了解戏曲身段动作的内涵，激发学生学习的热情。

（三）居家学习练一练

1. 教师示范。教师从站姿开始，逐步讲解手指的方向、手心的朝向、脚位的变换直到眼睛所看的位置。

2. 学生模仿。学生根据教师示范动作和小口诀来完成"顺风旗"的学习体验。

3. 加入伴奏音乐。在优美的古诗词旋律伴奏下，教师带领学生完成"顺风旗"小组合。

【设计意图】此环节将前后内容横竖贯通、交汇进行，通过多个环节的渗透，使学生在熟练动作的同时巩固规范要求，最终做到一招一式、神形兼备的整套组合动作。

三、结束

（一）拓展练习

学生将之前所学戏曲步伐（如小射燕、弓箭步等）与本课新授"顺风旗"组合，完成新旧知识的联结与融合。

（二）教师总结

教师总结本课所学内容。

《大嘴怪兽》教学设计

■ 艺术与生活部 二年级 李 阳

教学目标

1. 了解纸造型"大嘴怪兽"的变化奥秘和制作原理，掌握制作和绘制方法。

2. 进行有创意的绘画创作，使纸造型在折展中产生变化，形成意想不到的创意效果。

3. 在宅家防疫的日子里，既给学生增添生活乐趣，又能培养学生的设计意识和创造性。

教学重点、难点

了解纸造型的制作原理，学习"大嘴怪兽"的制作和绘制方法；在制作规律中寻求变化与创意，设计制作出富有趣味的纸造型。

教学过程

一、激趣导入

导语：这是一节有趣又好玩的美术课，希望给同学们的宅家生活增添乐趣。

激发兴趣：播放迪士尼动画片《兔八哥遇上大嘴怪》片段。

导入新课：引导学生观察思考大嘴怪的外形特征。

【设计意图】通过播放迪士尼动画片《兔八哥遇上大嘴怪》片段，引出同学们熟悉的"大嘴怪"形象，吸引学生的兴趣，引导学生观察并思考大嘴怪的外形特点，引入本课主题。

二、文化理解

创设情境：（出示图片）一起来看看中国的"大嘴怪"。

追根溯源：简介饕餮纹的由来与寓意。

【设计意图】通过认识饕餮纹，引导学生了解中国古代传统纹饰的美以及传统文化渊源，增强民族自信。

三、探究新知

（一）探究奥秘与原理

1. 引发兴趣：今天我们设计制作一个会"动"的大嘴怪！（播放"大嘴怪"折展的变化效果）

2. 引发思考：（出示"大嘴怪"结构图）大嘴怪分为上、中、下三部分，中间部分有什么惊喜？

3. 引发探究：

（1）交流讨论：如果你明白了其中的奥秘，来给大家说说，哪些形象适合做"大嘴怪"呢？

（2）观察发现：（出示图片）你们发现了吗？这些形象都有一张大嘴巴。

4. 教师示范大嘴怪鱼的制作和绘制过程，学习以动物为元素进行创作的方式。

（二）激发想象与创意

1. 自主探究：大嘴怪只能做有"大嘴巴"的形象吗？

2. 发散思维：生活中许多事物都能用来进行创作。（出示图片）这些形象适合做"大嘴怪"吗？

3. 教师示范大嘴汉堡的制作和绘制过程，发散思维，引导学生展开想象，挖掘生活中可以创作的其他多种形象。

4. 激发创意：（出示图片）这些图片能给你带来启发吗？你有什么好想法吗？

【设计意图】通过创设问题情境，一步步引导学生深入思考、分层探究会"动"的纸造型的制作方法与创意空间，在掌握技法的同时，培养学生敢于打破固定思维，充分展开想象的创造性思维模式。

四、创作实践

自主实践：你还有更好的想法吗？快用今天学到的方法做一做吧！

小结：创意源于会发现、肯动脑，惊喜无处不在！

【设计意图】在启发和探究下激发创作欲望。

《我们一起画手账》教学设计

▎艺术与生活部　二年级　黄　浩

教学目标

1. 了解手账的特点以及构成元素。
2. 提高学生整理归纳资源、独立设计、不断创新的能力，并能够学以致用。
3. 培养学生热爱美术、热爱生活的美好情感。

教学重点、难点

了解手账的特点以及构成元素；学习设计手账、版式设计的方法，提高审美体验。

教学过程

一、导入新知

（一）创设情境，表达感受：教师将事先准备的作品进行展示，点明本单元学习内容。要完成一幅完整的手账作品，应找到对应的文字和图形，按要素进行设计、编辑，达到需要的效果。

（二）引导欣赏，强化感受：出示课件中的作品，结合手账作品了解手账的组成元素。

【设计意图】通过创设情境，引发学生关注手账、了解手账，切入本课主题。

二、新授知识

（一）材料准备

小贴纸：颜色搭配是非常重要的，贴纸的主题成套作品比较一致，颜色的纯度和明度搭配也很有讲究，不同的贴纸有不同的效果。

字体：文字会让版面显得工整，可以起到美化装饰作用。字体有很多种，如花体、斜体等，每种字体都有不同的装饰效果。

（二）传授知识，激发创作欲望

怎样对手账进行设计，设计时有什么需要注意的事项呢？什么样的颜色搭配好看？哪些作品能让你一目了然，为什么？

（三）欣赏优秀的作品

通过欣赏优秀作品，知道如何运用新授的方式进行品析。

【设计意图】通过本环节了解手账的相关知识，进一步理解手账的绘制，加强体验感。

三、教师示范

（一）勾勒主体，绘制主题

在画面中心绘制，把握构图，注意完整性。

（二）装饰搭配

配合主体进行创作，完整画面内容。

（三）颜色配置

对用什么颜色比较和谐、搭配好看进行讲解示范。

（四）画面微调

对已有画面进行细微调整，达到整体和谐的目的。

【设计意图】教师通过示范创作，让学生直观感受手账的创作步骤与细致入微的表现手法，使学生能够快速地掌握创作的方式方法。

四、学生创作并总结拓展

（一）根据教师示范及讲解内容的理解进行有的放矢的创作。

（二）让学生欣赏大量的优秀作品，进一步拓展学生的视野，为下一步创作做准备。

【设计意图】通过优秀作品欣赏，使学生提升认知，加深印象，获得更多的收获。

《"纸"爱春天》教学设计

▌艺术与生活部　六年级　梁　琪

教学目标

1. 初探黏土动画的拍摄方法，体验黏土动画环环相扣的五个环节。

2. 寻找与春天有关的诗词，了解诗词所表达的含义，确定角色和场景，学习拍摄黏土动画的方法。

3. 通过拍摄，不断体会"发现→寻找方法→验证方法"的过程，提高拍摄技巧。

教学重点、难点

学习拍摄黏土动画的方法；理解动画原理并进行后期制作。

教学过程

一、活动萌发

（一）全面介绍黏土动画

黏土动画是定格动画的一种，手工制作决定了黏土动画具有自然、立体、色彩丰富的艺术特点。

（二）介绍拍摄场景和人员分工

明确玩偶和场景的制作要求。

【设计意图】通过对黏土动画的定义、艺术特点等的介绍，通过观看《小羊肖恩》的拍摄花絮，了解黏土动画的人员分工、职责以及拍摄的过程和难度等。

二、方案构思与准备

（一）黏土动画的制作步骤

黏土动画有脚本创意、角色设定和制作、道具场景的制作、逐帧拍摄、后期配音合成等步骤。

（二）举例分析

以"春风得意马蹄疾，一日看尽长安花"为例，动画的角色是马和花，场景是长安城。这句诗用太阳、花朵的变化体现诗人愉快的心情。

【设计意图】通过视频讲解，知道制作黏土动画的步骤。教师以诗词为例，指导学生选定诗词，确定拍摄角色，制作场景和道具。

三、主题设计与实施

（一）明确概念

1. 角色的运动规律。

优秀动画作品的特征之一就是动作细节刻画得真实、生动。

以"春风得意马蹄疾"为例，我们要确定"马"的运动规律，可以上网搜索，模仿马跑的运动轨迹。还要依据场景对动作进行深度改造，表现欢快的心情，则动作快；表现悲伤的心情，则动作慢等。

调整物体运动的速度可以采用的方法是：运动物体的间距大，动作速度就快；间距小，则动作速度慢。

2. 动画拍摄原理。

动画片中的物体运动是利用视觉暂留原理，以每秒钟24帧的速度连续放映，给人造成物体活动的感觉。

以"春风得意马蹄疾，一日看尽长安花"为例，我们只需要拍摄太阳睁眼和笑眯眯各一张照片，然后连续起来不断重复，就变成了太阳欢快的动画。而太阳眨眼的速度，取决于睁眼和闭眼照片出现的频率。

【设计意图】学生通过观看视频教程，了解"定格动画工作室"这个软件，懂得场景的设置需要合理地摆放灯光，了解软件中"洋葱皮"的重要功能，为后期制作做好准备。

（二）作品展示与交流

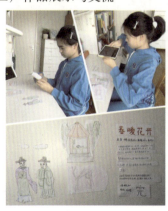 

将自己拍摄的动画片，与同学和老师分享、讨论，更新拍摄技能并提升技巧，有兴趣的话可以重新拍摄。

【设计意图】与别人分享的过程就是自我反思的过程，在分享时，可以取长补短，不断完善自己的作品。

《正月十五闹花灯》教学设计

■ 艺术与生活部　五年级　孔炳彰

教学目标

1. 了解元宵节的相关知识，学习简单的花灯的设计制作方法。

2. 进行有创意的花灯制作，培养学生的设计能力以及动手操作能力。

3. 疫情期间，结合农历正月元宵节，引导学生利用身边现有的材料，进行巧妙的设计与创作，培养学生善于发现、勇于探索、热爱生活、热爱民族传统文化的情感。

教学重点、难点

探究骨架的组合和固定方法，培养利用多种材料进行骨架设计的能力；自主设计制作美观、新颖、牢固、实用的花灯作品。

教学过程

一、设问导入

设问导入：观察图片，猜一猜这是什么节日？

教师讲述：介绍正月十五元宵节的知识与习俗。

【设计意图】防疫初期恰逢农历正月，在这个特殊的传统节日，将国家课程与学校特色进行有效整合，让学生了解中华民族传统文化。

二、讲授新知

（一）如何制作有骨架的花灯

1. 教师讲解。

（1）骨架材质的选择：我们可以将一次性筷子作为花灯骨架。

（2）花灯骨架的绑扎：教师示范、讲解，用线进行三角形花灯骨架的绑扎。

2. 学生探究。

（1）利用多种材质制作花灯骨架，例如铁丝、吸管等。

（2）出示步骤图，引导学生探究花灯骨架的绑扎方法，例如用皮筋、胶带绑扎。

（3）引导学生探究花灯骨架的不同造型，例如方形、六边形。

3. 示范演示。

（1）教师演示灯面的粘贴方法。

（2）教师演示灯面的设计装饰：结合学生已有的知识，利用刻纸的方法进行装饰。

（3）教师演示灯穗的制作方法。

4. 进一步探究。

（1）设计问题情境，思考如何对灯面进行有创意的装饰设计。

（2）出示图片，引导学生运用多种形式对花灯进行装饰，例如剪纸、贴画、绘画、剪贴等。

（3）学生实践探究灯穗的多种制作方法。

（二）无骨架的花灯如何制作

1. 创设问题情境：家中没有制作花灯骨架的材料，我们该怎么办？

2. 解决问题：我们可以用纸来制作花灯。

3. 教师演示，纸质花灯的制作方法。

【设计意图】将课内知识与课程新知有效结合，通过动手实践，探究花灯不同的制作方法和装饰方法，培养学生创新的设计理念。

三、艺术探究

（一）引发探究

1. 问题思考：除了用彩纸制作，我们能不能用春节期间收到的红包来制作花灯呢？

2. 教师示范：出示利用红包制作的花灯过程图片。

（二）激发想象

1. 引发思考：我们还能利用身边的其他材质来进行花灯的制作吗？

2. 激发创意：发散思维，出示多种材质制作的花灯，例如纸杯、皱纹纸、饮料瓶等。

【设计意图】将学生的课程学习与居家生活进行有效整合，利用身边现有的多种材料进行花灯的设计与制作。

四、创意实践

利用身边的材料，大胆创新，自主设计一件美观、新颖、有趣的花灯作品。

《黄河颂》教学设计

▊ 艺术与生活部　六年级　李　娜

教学目标

1. 通过欣赏，感受黄河作为中华民族母亲河的伟大，感受乐曲壮阔而深切的激情，激发学生的爱国主义情感。

2. 听辨乐曲四个主题，加深学生对主题的感知并命名。

3. 听辨并记忆第一主题，知道主奏乐器。

教学重点、难点

乐曲第一主题的听辨、记忆及哼唱；在欣赏过程中，感知乐曲速度、力度、音高的变化对整体情绪的影响。

教学过程

一、谈话导入，创设意境

（一）聆听引子部分，听辨演奏乐器

师：黄河，是我们中华民族的母亲河。主奏乐器是大提琴，深邃的大提琴奏出缓慢庄严的旋律，这是对中华民族悠久历史的追溯。

（二）讲解：钢琴协奏曲

师：在欣赏这首作品之前，我们先要了解一下什么是钢琴协奏曲。它是由钢琴和管弦乐队组成的一种乐曲体裁，两者协作贯穿整个作品。钢琴与乐队在旋律的发展过程中互相作用，以展示钢琴的技巧和与管弦乐队的合奏交相辉映的特色。

【设计意图】通过谈话与讲解，学生初步了解本作品的演奏形式。

二、分段赏析，剖析情感

（一）初听主题一，学生感受

师：大提琴的声音渐渐远去，钢琴奏出相同的旋律。虽然它们演奏的是同一段旋律，但是呈现出不一样的画面，你感受到了吗？

（二）视唱主题一，学生体会

师：大家边唱第一句边跟着老师画一画，体会旋律所表现的画面。

（三）初听主题二、三，学生感知

1. 播放音乐，学生感知情绪的变化。

2. 看乐谱进行分析：

（1）拍号：从 3/4 到 4/4。

（2）节奏：从紧凑到舒展。

（3）音区：从高到更高。

师：这两个主题体现了"颂"，对黄河的赞美，对中华民族的歌颂，展现了黄河作为中华民族母亲河的伟大，同时也反映了中华民族从源头上就具有的团结一致、共赴国难的民族精神。

（四）聆听主题四，学生想象

听辨：音乐的速度和力度有什么变化？

【设计意图】通过分段欣赏，学生能够听辨出乐曲的四个主题，并感受每个主题所表达的情感。

三、完整欣赏，整体感受

欣赏郎朗与德国爱乐交响乐团演奏的钢琴协奏曲《黄河颂》。

师：《黄河》是第一部以人民战争为主题的钢琴协奏曲，由四个乐章（《黄河船夫曲》《黄河颂》《黄河愤》《保卫黄河》）组成。我们今天所欣赏的《黄河颂》是其第二乐章，它是别具特色的中西结合式交响曲。这部协奏曲的诞生，是集体智慧的结晶。该作品虽然是特定历史时期的产物，但具有鲜明的民族性，有一种震撼人心的"民族魂"在里面，因此它的意义已远远超出了普通艺术形式所具有的内涵。同学们可以在课下继续欣赏该协奏曲的其他三个乐章。

【设计意图】通过完整地欣赏乐曲，学生感受乐曲所表达的意境，理解它要传达给听者的内涵。

《解密汉字：趣味甲骨（一）》教学设计

■ 艺术与生活部　一年级　李雪莹

教学目标

1. 了解发现甲骨文的过程，以及文字学和书法艺术层面的一些常识。
2. 了解一些简单有趣的甲骨文的释读。
3. 激发学生从文字学的角度去探究文字奥秘的兴趣。

教学重点、难点

了解甲骨文的发现；甲骨文的释读。

教学过程

一、导入

出示三个甲骨文的文字图片，提问：看到这几个既像画又像字的图片，你能猜一猜它们分别表示什么吗？

"云"飘在蓝蓝的天空中；"火"带给我们光和热；一个人累了，靠在大树上，他在"休"息。这就是"云""火""休"三个字最早的写法了。其实这是一种象形文字，它是通过对事物抽象的描绘来表达含义的。

【设计意图】通过三个简单的甲骨文，让学生们直观感受甲骨文是象形的表意文字。

二、甲骨文的发现

（一）甲骨文的重要历史地位

我们现在所使用的汉字就是由这种表意的象形文字——甲骨文逐渐演变而来。汉字是世界上唯一一种仍在使用的高度发达的表意文字。

在 121 年前，也就是 1899 年，我们才知道这种古文字的存在。这让有据可考的历史提前了 1000 年，也让中国的文字历史提前到了 3600 年前。

（二）甲骨文的发现

那么，是谁这么厉害，发现了如此重要的文字呢？这里还有个有意思的小故事呢！我们一起来看看吧！播放小故事视频（约 1 分钟）。发现甲骨文的人叫王懿荣，他是清朝的一位国子监祭酒，也是中国近代金石学家、鉴藏家和书法家，他是在翻看药渣时偶然发现并开始研究甲骨文的。

（三）甲骨文的得名

出示博物馆中甲骨残片的照片。甲骨文因刻在"龟甲"和"兽骨"上得名。龟甲一般为龟的腹甲，兽骨则多为牛的肩胛骨或大腿骨。

【设计意图】通过讲解小故事和出示甲骨残片的照片，让学生全方位地了解甲骨文及其发现过程。

三、甲骨文的释读

（一）相似甲骨文的释读

甲骨文可不都像前面猜的那三个字那么简单、易懂。这个是"大"字的甲骨文，这些呢？一些细微的差别对应的是不同的汉字。

出示 7 个与"大"字的甲骨文很相似的甲骨文（"立""天""辛""芐""夭""文""夫"），先让学生们观察，再讲解每个甲骨文的含义。

（二）释读的困难性

直到现在，古文字学家们仍在研究甲骨文。发现甲骨文的 121 年来，整理出来的甲骨文单字约 4500 个，但其中被释读、能与现在使用的汉字相对应的不到 1500 字。感兴趣的同学们可以通过相关的书籍和网站进行学习并仿写。

【设计意图】激发学生自主探究古文字、了解甲骨文的兴趣。

四、挑战游戏

播放甲骨文字小动画。

你能发现动画片中出现了多少个甲骨文吗？它们分别对应了哪些汉字？可以利用网络查一查，了解这些甲骨文的含义和演变过程。

【设计意图】利用有意思的小动画，继续让学生猜这些甲骨文，同时让他们尽可能利用老师推荐的网站和书籍进行自主学习，提高学习古文字的积极性。

《交响童话〈彼得与狼〉欣赏》教学设计

■ 艺术与生活部　二年级　刘　頔

教学目标

1. 通过讲故事、介绍乐器、观看舞剧视频片段，让学生们了解故事背景及故事内容，掌握乐器演奏所扮演的角色和用肢体语言表现各种角色的动作特点。

2. 通过游戏、提问、引导、讲解、欣赏视频片段等环节，让学生们了解故事，同时分清每个角色和所对应的乐器，并懂得用肢体语言表达不同的角色特征。

3. 学生通过欣赏舞蹈片段，感受剧中不同角色的性格特征，从而培养学生运用多种艺术表现手法的能力。

教学重点、难点

分辨不同乐器塑造的不同角色；会欣赏用乐器、戏剧、舞蹈不同艺术表现手法的艺术效果。

教学过程

一、导入

（一）猜一猜

通过"猜一猜"小游戏使学生初步了解《彼得与狼》这部剧中部分乐器分别代表的角色（弦乐组——彼得、圆号——狼）。

（二）引导词

先竖起你的小耳朵，发挥你的想象力，猜一猜下面出现的乐器会是什么？它们演奏出来的旋律，你觉得可以表现哪种角色？

（角色一：彼得——弦乐组）

（角色二：狼——圆号）

【设计意图】通过游戏导入新授内容，初步了解剧中的角色。聆听《彼得与狼》视频中的音乐，了解音乐旋律中的情绪所对应的角色。

二、新授

（一）介绍作者及故事内容

1. 作者：苏联作曲家普罗科菲耶夫。

2. 故事梗概：彼得与他的好朋友小鸟、小鸭子还有猫咪生活在一起。有一天，森林里的大灰狼抓了小鸭子。彼得为了救小鸭子，和小鸟、猫咪一起利用智慧，最终抓住了大灰狼并把它送进了动物园，救出了小鸭子。

（二）介绍乐器

介绍剧中其余 9 个角色——鸟、鸭子、猫、爷爷、枪声、猎人，以及它们所对应的乐器，激发学生的学习兴趣。

（三）欣赏不同乐器表现故事中的不同角色

这个故事中有 11 个角色，每个角色由一种乐器演奏。长笛发出的声音清脆悦耳，代表了剧中轻盈跃动的小鸟；双簧管代表了慢悠悠的小鸭子；单簧管发出的旋律正好符合调皮的小猫气质；音色又慢又低的巴松最适合剧中老爷爷的形象；定音鼓一响，森林里的小动物就会紧张起来，因为那是猎人的枪声。最后不要忘记我们开场猜的弦乐组和圆号，它们分别代表的是主人公彼得和那只可怕的狼。

肖紫涵的学习体会：

我觉得乐器太神奇了，可以发出各种不同的音色和音调。

我觉得金帆舞蹈团的大姐姐们太棒了，模仿的小动物们又可爱又形象。我也想学一学。

我还想问问老师，是不是等我们上二年级就可以学习这个舞蹈基本功了呢？

李宇晴的学习体会：

我观看交响童话《彼得与狼》，使我感受到了剧中美妙的音乐，各种乐器塑造了那么多可爱的角色。每一个动物形象与音乐融为一体，让人产生无限的想象力。我也感受到了剧中优美的舞姿，通过小猫、小鸭子等角色的个性表现，进一步加深了我对舞蹈艺术的热爱和理解。最让我感受深刻的是金帆舞蹈团大哥哥和大姐姐们的精彩表演，我能成为金帆舞蹈团的一员，感到非常荣幸。今后一定要像大哥哥大姐姐们一样，努力学习、刻苦训练，做一名优秀的舞蹈小演员。

（四）欣赏史家小学金帆舞蹈团表演的《彼得与狼》片段

【设计意图】通过欣赏本校舞蹈团学生表演的舞蹈片段，引导学生欣赏用乐器、戏剧、舞蹈、声乐等不同艺术表现形式对角色的塑造和对情节的推动，从而激发学生对艺术的兴趣。

三、小结

这个故事你喜欢吗？你喜欢里面的哪些角色呢？如果有兴趣，你可以提前了解整个故事，以丰富你的想象力，帮助你塑造出喜欢的角色。

《漫画抗疫英雄联盟》教学设计

▎艺术与生活部　三年级　刘玳含

教学目标

1. 使学生了解漫画的特点，初步掌握夸张、变形、拟人等绘画手法。

2. 通过介绍各行各业的抗疫英雄，引起学生对社会问题和现象的关注，重新审视和平年代"英雄人物"的定义。

3. 在艺术创作的过程中，培养学生正确的情感价值观和爱国主义精神。

教学重点、难点

用夸张、变形、拟人等绘画手法表现"特殊时期"的"抗疫"工作者们；运用漫画的手法，创作一幅生动有趣的人物漫画。

教学过程

一、教学导入

了解时事，引发思考。

1. 介绍疫情。导言中，以通俗易懂的语言向孩子们介绍疫情以及社会各界对疫情的应对方式，如抗疫的进展、病毒的特征、安全防护方法等。

2. 引发思考。创设问题情境："病毒这么可怕，我们都躲起来了，你知道谁在和病毒战斗吗?"引发学生思考，并展示相关资料。

【设计意图】引导学生理解医护人员和坚守岗位的工作者们勇于逆行、不畏牺牲的精神，使学生树立正确的情感价值观和爱国主义精神。

二、探究新知

（一）探究

通过资料展示，让学生了解除医护人员外，其他各行各业的"抗疫"英雄；引导学生选择自己的创作对象，并思考如何进行表现。

（二）演示

1. 表现形式：动漫。

2. 设计构思：运用拟人、夸张、变形等手法，结合有趣的动物形象，绘画出"抗疫"英雄们的故事。

3. 小窍门：利用具有代表性的服装和道具，如护士帽、警徽等，体现所创作人物的职业特征或特色。

4. 教师示范（一）：播放小动物版英雄联盟的绘制过程。

5. 教师示范（二）：播放动漫版病毒的绘制过程。

【设计意图】学生已经学过《漫画欣赏》《肖像漫画》等课程，欣赏过人物、动物类型的漫画，对夸张、变形、拟人等绘画手法有所了解。本节课复习了这些知识与技巧，配以完整的视频演示，以可爱的小动物为创作原型，既符合学生的年龄发展水平，又生动直观地展示了绘画的步骤和方法。

三、实践提示

（一）实践要求

运用漫画的创作手法，画出自己心中的"战疫"英雄。

（二）提示

展示一些人物组合的动漫作品，鼓励同学之间相互联系，进行合作，将设计的英雄形象组合成一套"英雄联盟"。

【设计意图】鼓励学生运用已知的美术技法表现当下的所见所闻、所思所想。在自己的作品创作完成后，还可以和小伙伴联系，将一些漫画形象"远程"组合，形成"抗疫英雄联盟"，鼓励他们在宅家的日子里通过网络与他人交流分享学习成果。在学生作品中可以看到，孩子们满怀热情，发挥想象，将白衣天使、社区工作者、民警等抗疫一线的"逆行者"用漫画的形式表现在自己的画作中，体现出对他们的敬仰之情。

《生机勃勃的植物》教学设计

▌艺术与生活部　四年级　王　丹

教学目标

1. 了解并观察感兴趣的植物，认知植物的生长规律，学习用线条表现植物特征，学会用线造型的方法表现植物。

2. 通过观看各种植物的图片分析其形态特征，了解叶片的不同姿态。教师演示、分析植物形态与叶片生长规律，学习用线造型的方法表现植物。

3. 通过观察、表现植物，培养学生的审美能力，体会植物的美好，了解植物与人类的密切关系。

教学重点、难点

植物的生长规律、形态特征及表现方法；植物叶片的不同姿态，翻转、穿插、遮挡关系的表现。

教学过程

一、导入新课

全世界有 140 万种生物，植物有 30 万种。

热唇草：一般生长在特立尼达和多巴哥、哥斯达黎加的热带丛林中。有意思的是，这种植物的花朵一般会长在两片"嘴唇"之间。

生石花：生活在非洲南部的沙漠地区，它的颜色、形状与卵石的样子很像。它喜欢与沙砾乱石为伴。它的这种外形也是为了鱼目混珠，蒙骗动物，避免被吃掉。

【设计意图】从全世界的奇花异草到身边的植物，从有趣的植物造型到植物的生长需求导入本课主题，激发学生认知植物、观察植物的兴趣。

二、观察植物，掌握形态特征

（一）观察、认识身边的植物

看图片，了解身边各种各样的植物，有的美化环境，有的净化空气，有的可以食用，有的可以药用……它们为我们的生活添姿增彩。

（二）掌握植物的形态

出示形态不同的植物图片，观察叶片的形状、生长方向、叶脉走向……

1. 演示：叶片的绘画。

了解不同形态叶子的表现方法，认识植物的形态特征。

2. 介绍绘画工具。

3. 用线表现不同形态的植物，总结方法，突破难点。

表现大叶片的植物，注意整体形态和叶脉。表现长叶片的植物，注意叶片方向，有转折。表现叶片厚的植物，要观察叶片的排列顺序。表现叶片密集的植物，要有取舍，叶片穿插要清晰。

4. 演示：完整的植物绘画，解决构图问题，表现整体与局部。

【设计意图】通过大量的图片，观察不同的植物形态。通过教师的演示，掌握用线表现植物的形态特征。通过分析不同的植物形态，掌握合理使用线条表现的方法，学会用线条表现植物。

三、培养学生爱植物，爱生活

生活中的植物与我们的生活息息相关。家中的植物，你们了解吗？（网上收集资料）

多观察，多质疑，做生活的有心人。给家中的植物分分类，科学种植。

【设计意图】借助认识植物的生长、表现植物的形态，感受植物的生命。建立用心对待植物的意识，科学去种植，搜集科学种植方法，让家中的植物生机勃勃。

四、创意实践

要求：线造型（可上色）或不同的表现方法。

搜集植物种植资料。

【设计意图】通过前面的学习，引导学生用多种方法表现自己喜欢的植物，了解植物的习性。

五、我的分享

把自己的作品拿给爸爸、妈妈、同学和朋友们看，给他们讲讲你对植物的了解。

【设计意图】培养学生热爱生活的意识，学会用绘画语言讲述自己的作品，在绘画中不断积累生活经验，提高审美情操。

《有趣的变奏曲》教学设计

▋ 艺术与生活部　四年级　高　侠

教学目标

1. 通过对钢琴曲《乒乓变奏曲》主题旋律、主题变奏的感知，感受节奏、音符变化所表现的不同场景，以及乐曲欢快活泼的情绪。

2. 了解变奏曲的概念及《乒乓变奏曲》中的主要变奏方法。

3. 能够模仿《乒乓变奏曲》中的变奏方法为《小星星》创编主题变奏。

教学重点、难点

欣赏钢琴独奏曲《乒乓变奏曲》，了解变奏曲的概念及变奏方法；模仿作品《乒乓变奏曲》中的变奏方法，为《小星星》创编主题变奏。

教学过程

一、欣赏导入

初听乐曲，听辨演奏乐器及情绪。

教师出示乐曲曲名，引导学生针对曲名提出自己的问题。

教师归纳学生提出的问题，并带着问题一同走进音乐作品。

【设计意图】欣赏钢琴独奏曲《乒乓变奏曲》，导入本课课题——有趣的变奏曲。

二、主题旋律的熟悉与记忆

复听全曲，寻找主题旋律。

随音乐律动，进一步熟悉主题旋律。

视唱主题旋律曲谱。

为主题旋律填词，并演唱。

【设计意图】借助听辨、律动、视唱、加入歌词演唱等方法，让学生熟悉、记忆主题旋律，为听辨主题变奏打下基础。

三、主题变奏的听辨与分析

（一）主题变奏一

1. 欣赏主题变奏一。

2. 听辨并分析主题变奏一的变奏方法。

3. 总结：作曲家采用加入新旋律的方法进行变奏，表现出打乒乓球的激烈场面和球场上球员们的娴熟技术。

（二）主题变奏二

1. 欣赏主题变奏二。

2. 听辨并分析主题变奏二的变奏方法。

3. 总结：作曲家将主旋律的音区下移一个八度，采用变化音区的方法进行变奏。

（三）主题变奏三

1. 欣赏主题变奏三。

2. 听辨并分析主题变奏三的变奏方法。

3. 总结：作曲家采用改变节奏的创作方法进行变奏，紧密的十六分音符表现出紧张而激烈的场面。

（四）主题变奏四

1. 欣赏主题变奏四。

2. 听辨并分析主题变奏四的变奏方法。

3. 总结：作曲家通过加入下行音阶与上行琶音的变奏方法，表现乒乓球在小球手的你推我挡之下一来一去的场景，以及乒乓球在球台上欢快跳跃的音乐形象。

小结：《乒乓变奏曲》中作曲家主要采用的变奏方法。

【设计意图】借助听辨、对比等方式，分析、探究作曲家所采用的变奏方法，为独立创作《小星星变奏曲》提供方法思路与知识储备。

四、创作《小星星变奏曲》

（一）识读《小星星》乐谱

引导学生视唱曲谱，熟悉主题旋律。

（二）创作《小星星变奏曲》

引导学生模仿《乒乓变奏曲》的变奏方法，创作《小星星变奏曲》。

（三）学生作品展示

展示几位同学的作品，共同探讨其采用的变奏方法，再一次固化主题变奏的方法。

【设计意图】引导学生模仿作曲家主题变奏的方法，进行音乐实践活动。将所学运用于实践，提升学生的音乐创新能力。

《三只小猪》教学设计

▌ 艺术与生活部　二年级　孙彬彬

教学目标

1. 聆听《三只小猪》，感受乐曲欢快、活泼的情绪，学习小猪爱劳动、踏实做事的好品质。

2. 以《三只小猪》的故事为主线，通过模仿、律动、视频动画、歌词创编等方式聆听感受乐曲。

3. 在音乐情境中演唱"小猪盖房子"的主题旋律，完成音乐表演活动。

教学重点、难点

感受音乐欢快、活泼的情绪，并记忆主题旋律；主题旋律的听辨。

教学过程

一、情境导入

欢迎同学们来到音乐童话世界，小动物们想邀请我们跳支舞呢，让我们一起快乐地跳起来吧！

【设计意图】制造良好的课堂气氛，促进师生情感的交流，感受音乐中小猪的可爱形象。

二、新课教授

（一）分享故事

1. 在迪士尼动画中有个非常有趣的故事叫《三只小猪》，你们一定会非常喜欢！今天老师跟大家分享一下这个有趣的音乐故事。

2. 播放《三只小猪》的动画。

【设计意图】从孩子们最喜欢的童话故事入手，创设童话情境，拉近音乐与孩子们之间的距离。

（二）聆听乐曲

1. 初步感知。

（1）聆听全曲，感受乐曲的情绪特点。

（2）再次聆听，哼唱乐曲中最喜欢的乐句。

2. 听辨主题。

（1）听辨小猪盖房子的音乐是哪个乐段。

（2）听辨小猪盖房子的乐段在乐曲中出现了几次。

【设计意图】带着问题聆听，能吸引学生的注意力。

（三）学唱主题

1. 哼唱主题旋律。

（1）用"lu"随琴哼唱主题旋律。

（2）边画旋律线，边哼唱主题旋律。

2. 为主题创编歌词。

（1）加入盖"草房""木房""砖房"三段歌词。

（2）分段学习演唱。

（3）完整演唱三段歌词。

【设计意图】在创编歌词的过程中培养孩子的创新能力，进一步巩固对乐曲主题的记忆。

（四）完整表现

1. 尝试创编盖房子的情境，设计盖房子的手势动作。

2. 聆听完整乐曲，在主题旋律出现时边演唱边做盖房子动作。

【设计意图】孩子们边唱边表演，再现《三只小猪》故事情境，在活动中再次加深对音乐的理解。

三、知识拓展

想一想，会发生什么故事？

1. 当三只小猪盖完房子后，有一天大灰狼来了，你们觉得会发生什么呢？

2. 如果你是小猪，你会选择盖什么样的房子？为什么？

【设计意图】通过思考，孩子们逐渐体会故事内涵，潜移默化中感受和学习热爱劳动、互相帮助、不向困难妥协的良好品质。

四、小结

《三只小猪》的故事告诉我们做事一定要勤劳、踏实，不能急于求成。同学们，让我们像快乐的小猪一样，用自己勤劳的双手去创造属于我们的幸福生活吧！

《书法学习的"软硬兼施"》教学设计

▎艺术与生活部　五年级　王坤鹏

教学目标

1. 明确硬笔书法和软笔书法是书法学习必须同时予以关注的内容。
2. 了解硬笔书法和软笔书法的相同点与不同点。

教学重点、难点

明确硬笔书法和软笔书法是书法学习同时关注的内容；了解硬笔书法和软笔书法的相同点与不同点。

教学过程

一、导入

提问："同学们，你们知道题目中的'软硬兼施'是什么意思吗？书法学习中为什么要'软硬兼施'呢？"

【设计意图】让孩子们带着问题思考，并尽快进入上课状态。

二、新授

（一）解释"软"和"硬"

"软"和"硬"分别指的是软笔书法和硬笔书法。

（二）软笔书法和硬笔书法的共同点

首先，出示故宫博物院和爱晚亭的门匾图片，让学生体会这两幅软笔书法作品既有提示地名的实用价值，又有给观众带来美感的艺术价值。再讲解硬笔书法的实用性与艺术性。以语文课举例，我们学习生字首先要写正确，在正确的基础上再努力写美观。软笔书法与硬笔书法的第一个相同点：兼具实用性与艺术性。

其次，讲解书法中的三要素——笔法、字法和章法。笔法是用笔的方法，或者叫笔画的写法，字法指的是字结构的写法，章法则是篇章布局的安排。这三"法"是从小到大、环环相扣的关系。软笔书法和硬笔书法的第二个相同点：具备这三个要素。

总之，软笔书法与硬笔书法的相同点在于兼具实用性与艺术性，而且都具备笔法、字法和章法。

（三）软笔书法和硬笔书法的不同点

软笔书法和硬笔书法有没有不同点呢？毫无疑问是有的，它们的名称就体现了在工具上的差异——软笔和硬笔。正是因为工具的差异，造成了以下两点不同。

首先，笔画粗细变化的程度不同。硬笔书法笔画粗细变化程度小，而软笔书法笔画粗细变化程度大。通过签字笔粗细参数的设置、蔡邕的书论和米芾书法的例字，让学生自行体会。

其次，在行笔路径方面，软笔书法的行笔路径复杂而内隐，而硬笔书法的行笔路径简单而外显。列出孙过庭的《书谱》和吴昌硕篆书中"横"字的写法，再让学生联想自己平时书写的经验，从而得出这样的结论。

【设计意图】这一部分用图片展示和讲解说明等方法，让孩子们结合自身的书写经验，思考并得出结论，锻炼他们的思考能力，让他们对软笔书法和硬笔书法有更深的认识。

三、总结

总结本节课所学的内容：软笔书法和硬笔书法的相同点和不同点。

【设计意图】通过总结，让学生对本堂课学到的知识加以回顾，及时复习，从而形成长久记忆。

《清远瑶寨　民族神韵》教学设计

■ 艺术与生活部　五年级　温丽丽

教学目标

1. 了解瑶族的风土人情，感受乐曲的丰富表现力，培养学生的爱国情怀。

2. 在聆听与模唱中体会音乐情绪、节奏、速度的变化。

3. 哼唱乐曲的主题旋律。

教学重点、难点

感受音乐中情绪、节奏、速度的变化；哼唱乐曲第一部分第一主题旋律。

教学过程

一、情景导入

（一）民俗风情

瑶族服饰：瑶族是中国最古老的民族之一。瑶族的服装以大红色为主、各色花纹相间而成。

瑶族长鼓舞：长鼓舞是瑶族的民族舞蹈，多用于瑶族的传统节日，也用于庆祝丰收、乔迁或是婚礼喜庆。如今，瑶族长鼓舞已经成为群众性的文娱活动。

（二）导入新课

引导学生认真聆听乐曲的音乐要素。

【设计意图】通过介绍瑶族的服饰和民族舞蹈，让学生感受瑶族的风土人情，激发学生学习歌曲的兴趣。

二、乐曲新授

（一）聆听乐曲的第一部分

聆听乐曲第一部分的第一主题，说一说是怎样的情绪、节奏和速度（音频）。

情绪：优美抒情。

节奏：舒缓。

速度：中速。

（二）熟悉、哼唱乐曲的主题旋律

1. 看乐谱，听钢琴，熟悉第一主题的旋律。

2. 看乐谱，跟着钢琴哼唱第一主题的旋律。

3. 听一听在乐曲第一部分的第一主题，主题旋律共出现了几次？

第一主题共演奏了三遍，第一遍由小提琴主奏，第二遍由木管乐器主奏，第三遍由弦乐器主奏。这一主题表现了少女翩翩起舞的形象。

（三）对比两个主题在情绪、节奏和速度方面的不同

1. 聆听第二主题，与第一主题对比，其情绪、节奏和速度发生了怎样的变化？

情绪：欢快活泼。

节奏：紧凑。

速度：快速。

2. 听一听第二主题旋律共出现了几次？

第二主题演奏了两遍，由第一主题变化而来。第一遍由大管主奏，第二遍由木管组、圆号、小号主奏。

3. 想象一下，第二主题描绘了怎样的场景？

第二主题粗狂而热烈，好像一群小伙子闯进姑娘们的舞群，表现了人们在欢声笑语中尽情舞蹈的场面。

4. 第二主题旋律表现了人们怎样的心情？

人们的心情激动而欢快，情绪越来越高涨。

5. 完整聆听《瑶族舞曲》的第一部分。

【设计意图】通过聆听和哼唱，感受、对比乐曲第一部分音乐要素的变化，培养学生听辨音乐、分析音乐的能力。

三、回顾总结

乐曲通过不同情绪、节奏、速度的变化，刻画了不同的情景。

《瑶族舞曲》的旋律取材于民族舞蹈音乐，是描写瑶族人民在喜庆日子欢乐舞蹈场面的管弦乐作品，具有独特的民族韵味。

【设计意图】总结第一部分的音乐特点，感受民族音乐的特色。

《我的画会动》教学设计

▌艺术与生活部　三年级　鲁志梅

教学目标

1. 初步了解定格动画，引导学生用画、剪、摆、拍等方式尝试拍摄一部短小的定格动画。

2. 引导学生自主探究，激发学生的学习兴趣，培养学生的想象力、创造力等。

3. 通过欣赏定格动画，让学生进一步了解我国优秀的定格动画影片并喜爱民族传统手工艺。

教学重点、难点

初步了解定格动画片，知道定格动画片的种类，尝试拍摄一部短小的定格动画；用画、剪、摆、拍等方式制作定格动画。

教学过程

一、激趣导入

导入：疫情期间许多同学在家画了各行各业人们战"疫"的绘画作品，每幅作品都包含着创作者的想法。

激趣：教师出示一幅绘画作品并告诉大家，有一种神奇的"魔法"可以让这幅画"动起来"。

播放定格动画《战胜病毒！武汉加油！》。

【设计意图】让学生从熟悉的内容入手学习新的知识，直观的教学手段能很好地激发学生的学习兴趣，激发学生的好奇心，为后面的教学做好铺垫。

二、初识新知

（一）初识定格动画

播放关联帧和 GIF 图，让学生直观地了解定格动画的原理。

（二）简单了解中国的定格动画

播放二十世纪四五十年代上海美术电影制片厂出品的定格动画片段，初识"剪纸定格动画"。

【设计意图】让学生初步知道什么是定格动画，了解中国定格动画的辉煌历史；知道有着上千年历史的剪纸工艺也能拍出动画片，引起学生的民族文化自豪感。

三、探究新知

（一）定格动画制作的基本步骤

1. 播放剪纸定格动画短片《爱护植物》，了解拍摄定格动画需要以下几个步骤：创编剧本→绘制分镜头→人偶与道具制作→拍摄→后期制作。

2. 引导学生将画里的故事作为"剧本"，画里的人物作为"小演员"，来拍摄定格动画。

（二）教师示范讲解

1. 播放讲解视频。

2. 小结：绘画作品通过画、剪、摆、拍，最后加上音效就能变成生动有趣的定格动画。

（三）拍摄软件的介绍和注意事项

1. 可以使用软件"YOYI"拍摄，用软件"剪映"后期制作。当然，还有很多软件可以使用，学生可以自行选择。

2. 强调拍摄工具固定的必要性。如果拍摄工具不能固定，拍出来的画面将会晃来晃去。

【设计意图】通过视频讲解让学生了解拍摄定格动画所需要的基本工具和基本步骤，解决教学重点和难点。

四、知识拓展、艺术实践

（一）定格动画的种类

1. 用木偶制作的定格动画，也叫木偶片，如《阿凡提的故事》《神笔马良》等。

2. 用折纸制作的折纸定格动画，也叫折纸片，如《聪明的鸭子》《小鸭呷呷》等。

3. 用黏土制作的黏土定格动画，如《小羊肖恩》《小鸡快跑》等。

（二）特点

定格动画里的人偶和道具都是手工制作的，每一件都是精美的手工艺品。这也是定格动画有别于其他形式的动画片的魅力之处。

（三）学生实践

【设计意图】丰富学生对定格动画相关知识的认知，了解其制作材料的丰富性和特点，让学生根据自己的兴趣体验定格动画的拍摄乐趣。

《小道具　大学问》教学设计

▌ 艺术与生活部　四年级　徐雪颖

教学目标

1. 了解道具是一种个性化的视觉标志，优秀的道具制作使动画片形象丰富、立体、更具感染力。

2. 通过欣赏优秀作品和学习道具制作的技法，制作出符合剧本要求的道具。

3. 在疫情居家期间，引导学生注意观察并制作身边的有趣造型，提升道具制作能力。

教学重点、难点

学习道具制作的技法，引导学生利用身边的材料制作道具；利用身边的材料制作出符合剧本要求的道具。

教学过程

一、动画欣赏，激发兴趣

导语：这是一节不一样的制作课，希望它能让你拍摄的动画片更加精彩。

激发兴趣：播放原创动画片《黑孩子》。

导入新课：引导学生发现道具在动画片的氛围、角色、情节中都有相互的关联和影响。

【设计意图】通过观看动画片《黑孩子》，引发学生对道具的整体风格、制作材料、制作方法等产生浓厚兴趣。

二、分析道具，学习技法

（一）通过观看视频，了解道具的作用

引导观察：你发现动画片中的道具对整部动画片的故事背景、人物特点以及动画效果起到了怎样的作用吗？

小结：成功的道具设计，不仅是一部动画作品中简单的视觉陪衬，更多时候超越了角色本身而成为一种个性化的视觉标志。

（二）创设情境，突破难点，完善道具制作的过程和方法

1. 通过 PPT 展示《黑孩子》的道具制作清单、设计图和道具成品，介绍道具制作过程，加深了解。

2. 实践操作，发现问题。

（1）出示道具的成品图片。请同学们看一看，这些道具在整体风格、比例、材质匹配等方面有没有不合适的地方？

（2）教师预设学生可能会挑出的问题，例如：比例不合适、材质不匹配、与图纸不符等。

（3）小结：道具的制作必须是按照前期剧本设计完成的，在制作时不能随意改动，否则就会出现整部动画片风格不统一的情况。

【设计意图】与角色和谐的道具相对比，能够辅助学生理解角色，加深印象，更好地为作品服务。

三、创作实践，加深理解

请同学们用今天学到的知识做一做你写的剧本中的小道具吧。

【设计意图】通过制作，加深理解，巩固收获。

四、知识拓展，发现创新

1. 今天我们选用木质材料和黏土完成了道具制作，也可以选用其他的材料制作道具。

2. 教师演示：播放针法视频（平针、锁针、回针等），用这些针法完成道具作品。

3. 用不同的材料制作出的道具，其表现风格也各不相同，关键在于巧妙利用，恰到好处就会使动画片更加精彩。

【设计意图】发现道具制作的更多创新方法，在创作中不断学习。

《"玩"转五线谱》教学设计

■ 艺术与生活部　一年级　杨　明

教学目标

1. 通过本节课的学习，提高学生对五线谱的学习兴趣，并借助五线谱游戏增进亲子情谊。

2. 通过生生、师生等隔空互动，复习音阶顺序、节奏、线间关系，识读五线谱。

3. 通过自制五线谱游戏，巩固学生对五线谱线间位置的熟悉进而提升识读五线谱的能力。

教学重点、难点

复习识读五线谱基础知识；提升识读五线谱的能力。

教学过程

一、复习音阶顺序，唤起情感记忆

导语：同学们，请让我们和视频里的伙伴们一起复习一下《身体音阶歌》吧。

【设计意图】在延期开学的第一节音乐课上借助《身体音阶歌》，与之前随堂课中录制的版本隔空同步律动，既让学生复习了音阶顺序，同时又让学生仿佛回到了学校的音乐教室中，唤起学生的情感记忆。

二、复习基本节奏，唤起知识记忆

首先，学生依次看节奏图片，分别说出四分音符、两个八分音符和二分音符的名称。

其次，学生在老师的引导下，划拍朗读单一节奏。

再次，学生在复习单一节奏的基础上，划拍朗读由三种节奏材料组合的两小节节奏片段。

最后，学生通过按节奏读儿歌的形式，提升对节奏的掌握和应用能力。

【设计意图】通过看、辨、读等多种实践活动，复习基本节奏的同时，唤起学生的知识记忆。

三、复习线间关系，引导自主学习

（一）师生互动，"手指五线谱"

1. 通过师生隔空"手指五线谱"问答的游戏，复习线间位置。

游戏举例：

老师：（左手手心冲脸，右手食指指左手五指）用节奏问"这是什么位置"。

学生：（学生模仿教师相同的节奏）回答"这是第三线"。

2. 教师通过"你能当小老师，给爸爸妈妈教教这个游戏吗"这样的话语，引导学生自主学习的意识，增强学习五线谱的自信心。

（二）从"一线"到"五线"，复习"do""mi""sol"的位置

1. 从一条线到五条线，逐一复习"do""mi""sol"在线间的位置，总结出：在一个八度内，"do"在线上时，"mi""sol"也在线上；反之，也如此。

2. 在歌曲《小青蛙找家》结束两个小节中，检验学生"do""mi""sol"的识谱能力。

【设计意图】通过师生隔空问答游戏，复习线间关系，引导学生自主学习的意识。

四、自制趣味游戏，增进亲子情谊

首先，介绍"抛骰子，找音符"的游戏，引导学生自己动手制作，提升学生自主学习的能力，同时渗透乐学善学的素养。

其次，介绍游戏规则。

第一步：请你抛出骰子（以"3"这一面为例）；

第二步：由"裁判"给出"do"的位置，由"裁判"说出向上或者向下行走；

第三步：也是游戏最关键的一步，游戏人拿另一个颜色的磁力扣，无论向上还是向下，第一步都要求原地踏步，随后找出所代表的音。

最后，邀请父母共同游戏，在增进亲子关系的同时为家校协同做好辅助工作。

【设计意图】通过五线谱趣味游戏，加深学生对五线谱学习的兴趣，引导学生动手制作游戏，亲子互动，增进亲子情谊。

《彩色装饰瓶》教学设计

▌艺术与生活部　一年级　张景奇

教学目标

1. 利用瓶子的外形进行联想，使学生了解并初步掌握适形设计的本领。

2. 利用彩纸和彩泥，运用相关技法把瓶子装饰成一件有趣的作品。

3. 树立学生的创新意识，体验探究、发现和制作的愉悦，激发学生学习美术的兴趣。

教学重点、难点

学习运用彩泥、彩纸等多种材料对瓶子进行装饰的方法；巧妙利用瓶子的外形特点进行适形设计。

教学过程

一、导入

收集家中废旧的瓶瓶罐罐。（提示学生：玻璃瓶子易碎，谨慎选择）

让我们利用这些废旧物品，变废为宝。

【设计意图】引发学生的学习兴趣，并使这种兴趣转化为持久的情感态度。

二、新授

今天用到的材料除了这些废旧的瓶子罐子，还需要用到上学期学习使用过的彩泥、超轻黏土、软陶。咱们曾经学习过如何用小手对彩泥进行揉、捏、搓、压等技法，把它们变成"点、线、面"的造型（出示图片）。"点、线、面"是艺术作品中非常重要的三个组成元素，不光在泥塑作品中，在绘画作品也是一样的。下面，咱们就一起来看一看通过"点、线、面"的装饰，怎样可以得到漂亮的瓶子。

教师示范，学生仔细观察。视频中教师边讲解制作细节，边装饰瓶子，比如揉—点、搓—线、压—面，线的交叉、盘、缠绕，都是一些很好的装饰手法。作品内容也比较丰富，风景、人物等都是可以表现的主题。

出示优秀作品，引导学生观看更多类型（造型、材质）的作品，比如用彩绳、皱纹纸、彩笔等完成的作品，或者不同外形瓶子巧妙结合的作品。

学生通过欣赏，感受到作品带来的美感，激发学生设计出美观、有新意的作

品。提示学生，在联想的基础上，设计立意是关键，激发学生的创新思维意识。

【设计意图】感受瓶子的造型美感，使学生设计出美观、有新意的作品。

三、艺术实践

实践要求：请同学们结合家中的各种材料，和爸爸妈妈一起创作出属于你们的彩色装饰瓶，来美化我们的生活吧。

【设计意图】引导学生初步体验瓶子被装饰后的美感，提高学生的艺术实践能力。

四、评价与小结

拓展：看，老师不但在瓶子外表上做了装饰，还在瓶子里加了些有颜色的水，看起来是不是很像汪洋大海上波涛翻滚的海浪，沙滩上的小螃蟹与之对比显得更加悠闲自在？赶紧动起手来，让自己的瓶子看起来更有趣味吧！

疫情期间，我们在网络上建立了班级社区，学生们可以上传自己的作品，老师和同学们对其作品进行评价。同时，学生们也会通过班级社区的展示谈一谈自己的收获，或发散思维，分享自己更多小创意。

【设计意图】进一步巩固学生对"适形设计"的认识，提高学生的艺术实践能力和审美能力。

《乃哟乃》教学设计

■ 艺术与生活部　二年级　张　冉

教学目标

1. 了解土家族风情，感受土家族音乐的特点。

2. 用情境法创设语言情境，烘托气氛；用听唱法听唱歌曲的主题旋律；用律动法感受土家族的歌舞特点。

3. 能用活泼优美的声音演唱歌曲《乃哟乃》；认唱音符"do""mi""sol"。

教学重点、难点

感受歌曲欢快活泼的特点和爱表达的情绪；唱准主题旋律"do""mi""sol"。

教学过程

一、导入

导语：同学们，音乐能带给我们快乐，请听音乐，感受歌曲情绪。

引发学生思考：通过教师提问，引出土家族文化。

导入新课：通过教师讲解，学生初步了解土家族的相关文化（居住地、服饰、舞蹈等）。

【设计意图】通过播放音乐，让学生感受音乐的情绪，激发他们的学习兴趣，引入本课主题。

二、学唱歌曲

（一）节奏

1. 学生通过聆听音乐，感受 2/4 拍的强弱规律。

2. 教师示范节奏型。

请同学们观察老师脚下的动作，听一听是什么节奏？

3. 学生通过聆听拍出节奏型。

4. 师生合作，通过脚下步伐表现节奏型。

5. 教师出示歌谱，学生观察歌谱并找出相同的节奏型。

【设计意图】通过摆手舞创设情境，烘托气氛，学习节奏型。

（二）学习歌词

1. 引发兴趣：请同学们猜一猜，歌词是什么意思？

2. 引发思考：学生默读歌词并思考歌词的含义。

3. 引发探究：学生分组交流谈论，理解土家族的语言文化。

4. 师生合作，用"接龙"的方式朗读歌词。

【设计意图】了解土家族的语言文化。

（三）认唱音符"sol""mi""do"

1. 通过游戏"找邻居"，学生了解"sol""mi""do"三个音在五线谱中的位置。

2. 听唱法唱准主题旋律。

3. 学生学唱歌谱，教师指导音准。

【设计意图】解决教学难点，唱准主题旋律。

（四）演唱歌曲

1. 学生填歌词演唱歌曲。

2. 师生合作"接龙"演唱歌曲。

3. 学生完整地演唱歌曲。

三、表现歌曲

（一）学生分组演唱歌曲。

（二）师生合作，表现歌曲。

（三）生生合作，通过律动表现歌曲。

【设计意图】通过师生合作、生生合作的方式表现歌曲，激发学生的学习兴趣。

《愿闻〈春晓〉》教学设计

■ 艺术与生活部　一年级　左升鹭

教学目标

1. 感受音乐与古诗的完美结合，体会中华优秀传统文化的魅力，使学生乐于参与到音乐的演唱和编创活动中来。

2. 唱准并背唱歌曲，学习四分休止符和连线。了解歌词咬字归韵对诗词意境和音乐表现所产生的作用。

3. 引导学生树立积极乐观的生活态度，培养学生的文化自信和音乐创造力。

教学重点、难点

四分休止符和连线的正确演唱；引导学生用轻柔的声音表现音乐中的诗词意境。

教学过程

一、趣味导入

激发兴趣：播放唐诗《春晓》视频。

导入新课：同学们都会背诵唐诗《春晓》，大家知道吗？唐诗还能唱哟，让我们一起学唱歌曲《春晓》吧！

【设计意图】通过观看视频，复习唐诗《春晓》，为学生创设熟悉的学习环境，在会背唐诗的基础上激发"唱唐诗"的学习兴趣。

二、学唱歌曲

（一）初听歌曲

观看歌曲《春晓》视频，思考歌曲的情绪是怎样的？

学生听辨出：这是一首欢快活泼的歌曲。

（二）复听歌曲

出示歌曲五线谱，聆听全曲，思考诗中描绘了哪些景物，比如听到了什么，看到了什么。

学生感受到了小鸟的叫声、风雨声，看到了春天的晨景和雨后的落花。

（三）唱准歌曲

1. 按节奏读歌词，学习四分休止符。

2. 边看五线谱边听范唱。

3. 学生跟随琴声逐句学唱歌曲旋律。

4. 学生跟随伴奏完整演唱全曲。

（四）唱好歌曲

1. 教师范唱"春眠不觉晓"句，注意句尾"晓"字要咬字清晰，归韵口型为圆形。

2. 教师范唱"处处闻啼鸟"句，注意两处连线内的音要连贯圆滑地演唱。

3. 教师范唱"夜来风雨声"句，"来"字为一字多音，注意要迅速地归韵，发力点在"ai"音上。

4. 教师范唱"花落知多少"句，"花"字要轻而快地唱出，同时体会弱唱"落"字所带来的惜花之情。

5. 学生跟随伴奏完整地演唱歌曲。

【设计意图】通过初听和复听两个环节，帮助学生熟悉歌曲的旋律、体会诗词所描绘的春季晨景，为学唱歌曲做准备。学唱歌曲阶段，在帮助学生基本正确完整演唱全曲的基础上，逐句解析音乐要素并范唱，使学生对歌曲的学习更全面、演唱更优秀。

三、拓展练习

请同学们开动脑筋，另选一首符合歌曲旋律意境的五言古诗，进行演唱练习。例如，将《静夜思》的词唱入歌曲《春晓》的旋律中。

【设计意图】发挥学生的主观能动性，增加学习"唱唐诗"的趣味性。通过拓展练习，在巩固音乐学习成果的基础上，感受音乐与唐诗结合的魅力，激发学生的音乐创造力，引导学生主动学习并传承中华优秀传统文化。

四、课程小结

1. 学唱歌曲《春晓》。

2. 学习四分休止符和连线。

3. 体会旋律中的诗词意境，尝试用歌声表现大自然充满生机的春天景色。

【设计意图】归纳本课知识点，培养学生良好的学习习惯。鼓励学生珍惜大好春光，合理安排居家学习生活，为成为更优秀的自己努力！

创意生活

　　怎样让孩子们不浪费"宅"家时光？老师们结合正在编写的劳动实践手册，聚焦劳动能力，关注综合实践，将"创意生活"课程内容设计为日常劳动、设计制作、考察探究三个版块。本课程以"三生教育"为根本，指导学生正确使用劳动工具、掌握日常劳动技能，让孩子们拥有生存的能力；以居家生活为背景，引导学生在家务劳动实践中感悟"美好的生活要靠劳动创造"的道理，培养学生的劳动意识，让孩子们拥有创造生活的情趣；以新冠疫情为契机，围绕相关问题进行实践探究，培养学生辩证看待客观事物的能力，养成良好的劳动习惯，拥有感悟生命的力量。让孩子们在掌握劳动技能、形成劳动意识、养成劳动习惯的同时，更懂得身为家庭成员为他人服务的责任和义务，综合培养学生价值认同、责任担当、问题解决、创意物化等方面的意识和能力，让孩子们在"有知、有践、有研、有趣"的"创意生活"课程中度过一段充实而有意义的时光。

《会"叫"的杯子》教学设计

▍人文科技部　三、四年级　黄呈澄

教学目标

1. 通过制作"会叫的杯子"培养学生的动手能力。
2. 初步了解纸杯是怎样发出声音的。
3. 认识到声音大小与物体振动之间的关系。

教学重点、难点

通过对比棉线蘸水前与蘸水后，涂护手霜后，杯子"叫声"的不同，认识声音大小与物体振动之间的关系。

教学过程

一、导入

在日常生活中，我们会听到各种各样的声音，但是你听过杯子的"叫"声吗？让我们用纸杯做一个神奇的会"叫"的杯子。

【设计意图】用杯子的"叫声"引发学生的学习兴趣，引入本课主题。

二、制作会"叫"的杯子

（一）制作过程。

材料：纸杯、棉线（30 厘米左右）、牙签、水。

在纸杯底部中间用牙签戳一个小洞，将棉线穿过小洞。穿过洞的棉线缠在牙签上，打一个结，将牙签的两端折断，置于杯底。一只手拿着纸杯，另一只手的大拇指和食指捏住棉线，从上往下滑动着拉棉线，听听杯子发出的声音。用大拇指和食指蘸点水，将棉线打湿，再拉一拉棉线，这次杯子发出了响亮的"吱吱"的声音。

（二）提问：为什么用手拉动棉线，杯子会发出声音呢？用水蘸湿棉线后，为什么声音变得更加响亮了呢？

【设计意图】利用家中常见的材料做实验，锻炼学生的动手能力，培养学生的学习兴趣。

三、研究会"叫"的杯子

（一）使用干棉线，多拉动几次，观察杯子的内部、棉线有什么现象。

提问：如何让实验现象更加明显？

小结：在科学实验中，通常使用一些细小的物体使不易观察的现象变得明显。往杯子内部撒一些小米，再观察现象。

提问：为什么会有这种现象？这种现象与声音产生有什么关系？

小结：小米跳动，说明杯子内部发生了振动。棉线上有很多凹凸不平的轮纹，手指掐住线拉动时，振动顺着棉线传播，经过牙签传递给纸杯，引起纸杯底部振动，便发出了声音。

（二）将棉线打湿，拉动棉线，观察现象。

提问：为什么会产生这种现象？

小结：这次小米跳动得更剧烈，发出的声音也更大，这是因为湿的手指更容易产生摩擦力，而摩擦力会让棉线产生更剧烈的振动，振动顺着棉线传播，经过牙签传递给纸杯，纸杯也随之振动起来，整个纸杯相当于一个扩音器，把底部振动产生的声音放大，就发出了奇怪的"叫声"。

（三）用护手霜或者食用油涂抹棉线，拉动棉线，观察现象。

提问：为什么会产生这种现象？

小结：护手霜使棉线变得光滑，摩擦力变小，所以拉动棉线时产生的振动也变弱了，声音也就变小了。

【设计意图】用不同方式处理棉线，层层递进，认识到声音的产生与振动有关。

四、比较不同大小的纸杯发生的声音

提问：用杯底大小不同的纸杯来制作会"叫"的杯子，它们发出的声音会有什么不同？

小结：杯底最小的纸杯发出的声音比较尖锐，而杯底越大的纸杯发出的声音越低沉，这就是平时所说的音调。

【设计意图】改变杯子大小，体会杯底大小对音调产生的影响。

《一个喷嚏的威力》教学设计

■ 人文科技部 五、六年级 郝 磊

教学目标

1. 了解"喷嚏"名称的由来。
2. 知道打喷嚏的作用和给他人带来的危害。
3. 学习正确打喷嚏的方法和打完喷嚏后该如何处理。

教学重点、难点

知道打喷嚏的作用和给他人带来的危害；改掉不良习惯，掌握正确打喷嚏的方法。

教学过程

一、引出主题

谈话：同学们，我们都打过喷嚏，但是有没有想过人们为什么把这种身体反应叫作"喷嚏"，人为什么要打喷嚏，它会喷出什么物质，以及打完喷嚏后如何做好个人卫生呢？

【设计意图】通过提问的方式引起学生的好奇心，引出本节课所要学习的内容。

二、知识讲授

（一）喷嚏名称的由来

提问：请思考一下我们为什么要把这种身体反应叫作喷嚏呢？它有什么典故吗？

小结：古代人把喷嚏称为"错喉"，唐朝以后才叫喷嚏。相传，有一次宁王李宪在与其弟唐玄宗一起进餐时，突然打了个错喉，宁王急忙伏地请罪。这时，在旁伺候的乐师黄幡绰唯恐玄宗发火，便机灵地打圆场："刚才宁王不是错喉，而是'喷帝'，是在赞美皇上啊！"一句话，把玄宗给逗乐了。据说，"喷嚏"就是由"喷帝"一词演化而来。

（二）打喷嚏的作用

提问：我们为什么要打喷嚏？打喷嚏对我们来说有什么作用呢？

小结：打喷嚏主要是因为鼻腔黏膜受到某种刺激，而引起的急剧呼吸喷气的

现象。对于正常人来说，当鼻腔内堆积过多的垃圾时，就会以这种方式进行清除垃圾。当你感冒时，感冒病原体对于鼻黏膜的刺激也会引起打喷嚏症状。

过渡：可以发现其实打喷嚏是我们的身体对自身的一种保护和清理垃圾的过程。

（三）打喷嚏喷出的物质

提问：喷嚏会喷出什么物质？它们能飞多远？请同学们说一说。

过渡：下面我们通过一个视频来揭晓答案。（看视频）

小结：除了唾液中的飞沫和异物，最糟糕的是会喷出身体内的细菌和病毒，尤其在新冠肺炎疫情下，平时感冒发烧的人打喷嚏会传染其他的人，更不用说传染能力非常强的新冠病毒了。

（四）打喷嚏的正确方法

提问：既然喷嚏的威力这么大，我们又不能控制，你觉得在想打喷嚏的时候怎么做才能既安全又不失礼貌呢？请和你的同学讨论讨论。

小结：下面就让医生告诉我们。（看视频）

过渡：现在你知道如何正确地打喷嚏了吗？希望下次打喷嚏时用正确的方法来保护自己和他人，做一名有素质的小学生。

（五）打完喷嚏后如何处理

提问：打完喷嚏后我们应该怎么做？互相交流一下。

小结：同学们说得都非常好，打完喷嚏后我们应该按照老师教给我们正确的洗手方法，把手上的细菌和病毒都清洗干净。当然，在洗手之前尽量避免接触他人和物体，以免传播病菌。

【设计意图】通过学生更容易理解的教学方式让学生快速掌握有关打喷嚏的知识。

三、总结和拓展延伸

小结：今天我们一起学习了打喷嚏的一些知识，新冠肺炎疫情期间，我们还应该怎样做才能更好地阻挡住喷嚏带来的危害呢？和你们的同学、家长一起讨论一下吧。

【设计意图】课外知识的扩展，让学生知道生活中还有很多地方需要提高自我防护意识。

《正确观察野生动物的方式》 教学设计

■ 人文科技部　五、六年级　王　红

教学目标

1. 知道什么是野生动物，了解在野外正确观察野生动物的方式。
2. 了解野生动物给人类带来了哪些问题，学会理性看待问题。
3. 了解对待野生动物还是要以保护为主。

教学重点、难点

知道什么是野生动物，了解在野外正确观察野生动物的方式；野生动物给人类带来了哪些问题，学会理性看待问题。

教学过程

一、导入

导语：野生动物是人类的朋友，那么，什么是野生动物？

学生活动：看图片，指出哪几种是野生动物。

小结：雪豹和松鼠。

【设计意图】利用图片来判断谁是野生动物，了解学生对野生动物概念的前认知，引出学习主题。

二、新授

（一）什么是野生动物

谈话：野生动物一般指生活于自然环境下非经人工饲养的状态下的各种动物。

（二）观察野生动物的方式

思考：在野外，应如何观察野生动物？

讨论交流：对与人类关系较近的四类动物的观察方法。

1. 像老虎、猴子、松鼠这样的兽类，你准备怎么观察？说说理由。

小结：与野生兽类保持距离；不去触摸、不亲吻野生兽类；不追赶任何野生兽类。

2. 你会用什么方法观察鸟类？为什么这样观察？

小结：与野生鸟类保持一定距离，主要以望远镜观察为主；不触摸野生鸟类；不要使用不当方法引诱其现身；不可追逐野生鸟类。

3. 对爬行类动物该怎样观察？观察时应注意什么？

小结：与野生爬行类动物保持一定距离；不触摸野生爬行类动物。

4. 对于两栖类动物，你会怎么观察？想一想。

小结：两栖类动物本身比较脆弱，如果不做研究，单纯的观察即可；如果做研究，要轻拿轻放两栖类动物。

思考：看图片，为什么不能投喂野生动物？

小结：投喂野生动物会让它们放弃自己去觅食的习性，容易引起与人类之间的矛盾。

（三）野外观察的前期准备

思考：去野外观察时，要做哪些必要的准备工作呢？

小结：了解野生动物的生活习性、分布范围，以及可能会对人类产生的威胁。在野外考察采集动物粪便、毛发，要戴口罩和防护手套。

（四）野生动物对人类的影响

思考：人类为什么要去研究野生动物？它们对人类有什么影响？

小结：动物自身的价值；科研需求；资源持续利用。

思考：对于野生动物，人类可以没有限制地去亲近吗？它会带给我们哪些问题？

看图片，了解野生动物身上携带的寄生虫和病毒；播放视频，了解野生动物是怎么把病毒传染给人的。

【设计意图】通过问题引发学生观察、思考，培养学生的科学思维能力，让他们了解观察野生动物的方式以及正确看待人类与野生动物之间的关系。

三、总结

野生动物是人类的朋友，保护它们就是保护人类自己。让我们共同努力，保护野生动物，构建一个人与自然和谐相处的社会。

【设计意图】明确对待野生动物还是以保护为主。

《口罩的区别》教学设计

▌人文科技部 一、二年级 高梦妮

教学目标

1. 了解病毒的传播途径，知道常见口罩的区别及其防御能力。
2. 通过了解、对比，知道预防病毒应选择医用口罩或 N95 口罩。
3. 提高学生保护自己、保护他人的意识，树立社会责任感。

教学重点、难点

常见口罩的区别及其防御能力。

教学过程

一、猜谜导入

谈话：同学们，请看图片，一起猜个谜语吧。

提问：你知道为什么要戴口罩吗？

小结：口罩能帮助我们阻挡病毒的传播。

【设计意图】以谜语导入，激发学生的学习兴趣。

二、新授知识

（一）了解病毒传播的方式

谈话：咱们先来看视频，了解病毒是怎样传播的。

小结：病毒的传播途径中最普遍的就是飞沫传播，所以我们要戴好口罩，保护好自己。

（二）了解口罩的基本种类

提问：口罩的种类很多，最常见的口罩有哪几种？

小结：今天我们主要介绍五种口罩，分别是棉布口罩、普通一次性口罩、医用外科口罩、医用防护口罩和 N95 口罩。

（三）了解口罩的结构和用途

1. 不同种类口罩的结构和用途。

谈话：我们先来看看这些口罩的结构吧。

棉布口罩靠一层层棉布阻隔实现过滤功能，只能阻挡发丝粗细的颗粒物，并不能阻挡病毒和细菌的侵入，只能用来保暖防寒。

一次性口罩用两层无纺布面料制作，透气、舒适，尤其适合电子类工厂、日常生活使用。

医用外科口罩分为三层，分别有过滤、阻水、透气三种功能。可用于预防流感、呼吸系统等传染疾病的传播，还可以避免患者将病毒传染给他人。用于公共交通司乘人员、出租车司机、环卫工人等在岗期间佩戴。

医用防护口罩是可以过滤空气中的微粒，阻隔飞沫、血液、体液、分泌物等。可用于发热门诊、隔离病房医护人员等佩戴。

N95 口罩是 NIOSH 认证的 9 种颗粒物防护口罩中的一种。N95 口罩预防流感、结核等微生物空气传播性疾病。一般现场调查、采样和检测人员使用。

2. 一次性口罩和医用口罩的区别。

提问：普通一次性口罩和医用外科口罩有什么区别？

小结：它们的结构、适用场景和作用都不同。普通一次性口罩是两层无纺布，中间是一层起过滤作用的溶喷布，能在一定程度上预防呼吸道感染，可并不能防病毒；医用外科口罩由非造布材料制造而成，可用于预防流感和呼吸道疾病。

（四）口罩的处理方法

谈话：使用后的口罩属于医用垃圾，容易滋生病菌，需要特殊处理。同学们看图片，了解一下处理方法吧！

【设计意图】通过自主学习了解口罩的种类，知道它们的结构和用途。

三、巩固知识

（一）排一排

提问：这几种口罩中，哪种口罩的防护能力更强，你能给它们按照由强到弱排个序吗？

小结：它们的防护能力由强到弱依次是 N95 口罩、医用防护口罩、医用外科口罩、普通一次性口罩、棉布口罩。

过渡：预防新冠肺炎，我们要选择医用外科口罩和 N95 口罩，它们都能阻挡部分沾在飞沫上的病毒。

（二）连一连

学生活动：了解了这些口罩的用途，根据图片帮不同的人物选择合适的口罩并连线。

谈话：除了佩戴口罩以外，我们还要勤洗手、多饮水、注意休息，尽量减少外出。

【设计意图】了解了常见口罩的结构，通过对比知道口罩防御能力的差别，在生活中能够选择合适的口罩进行佩戴。

《纸桥》教学设计

▌ 课程资源部 四、五、六年级 张憬然

教学目标

1. 了解桥梁的种类和基本结构。
2. 尝试设计和制作梁式纸桥。
3. 引导学生学习桥梁结构中体现的力学知识。

教学重点、难点

设计和制作纸桥；引导学生学习桥梁结构中体现的力学知识。

教学过程

一、武汉的地理特点和武汉的桥

武汉地处长江中游，素有"九省通衢"之称。长江与其最大支流汉江在城中交汇，形成江河纵横、湖港交织的地形特点，因此也有"江城"之名。

武汉长江大桥全长 1670 米，主桥长 1156 米，上层桥面为双向 4 车道城市主干道，下层为双线铁轨。

【设计意图】结合武汉地理特点导入课程，让学生了解桥梁的作用及其重要性。

二、设计制作纸桥

建造桥梁常用木、石、砖、钢等坚固的材料，你想过用又薄又软的纸来做桥吗？纸做的桥能承受重量吗？今天我们就一起来研究如何用纸制作一座能受力的桥。

（一）设计纸桥

1. 首先我们要画一张设计图。梁式桥的基本结构是桥墩和桥面，并且要在设计图上标注出每部分的精确尺寸：桥的跨度在 15~20 厘米，桥面宽度在 5 厘米以内，高度在 5~10 厘米。同学们也可以参照一座你喜欢的桥梁绘制设计图。

2. 在设计的时候就要考虑到如何增加纸桥的稳定性，可以在桥面和桥墩中间增加三角形结构。

（二）制作纸桥

1. 用纸制作纸卷。

2. 对照设计图的尺寸裁切好纸卷。记得每一部分的两边分别预留出 1 厘米，用来制作后面的连接接口。

3. 按照设计图的造型黏结纸卷。

4. 制作完成后尝试在桥面上增加重物，测试纸桥的承重能力。思考：如何改进设计使纸桥的承重能力更强？

（三）纸桥的承重

你知道为什么纸做的桥能够负重吗？秘密在于它的结构。纸制的桥梁通过将一张纸卷成筒状或折成"W"形，改变了纸张原本的造型，增加了自身的承重力。比如我们非常熟悉的瓦楞纸的结构，"WWW"形垂直摆放，力学性质很稳定，因此常用来制作纸箱。

【设计意图】学生通过自主设计和制作纸桥，学习纸桥的结构以及承重力。

三、中国举世瞩目的桥

例如港珠澳大桥和贵州平塘特大桥。

通过今天的学习，你对桥梁的哪些内容最感兴趣？你可以开展不同方面的学习，如研究性学习。你可以选择一座自己最感兴趣的桥，或者桥的建筑材料、建筑结构、施工过程。通过查阅文字资料、视频资料等，用绘画、思维导图、研究报告等形式展示。

【设计意图】鼓励学生拓展相关内容的课后学习。

《DIY 黏土飞机建造师》 教学设计

■ 课程资源部　一、二、三年级　李　雪

教学目标

1. 通过观察飞机模型，至少列举民用飞机的 3 个主要部件。

2. 在画飞机造型的过程中，建立飞机各部件的模型。

3. 通过制作黏土飞机，初步感受机身与机翼的大小关系。

4. 在装饰飞机的过程中，提升创新能力和艺术素养。

教学重点、难点

设计并制作黏土飞机；初步理解机翼与机身的大小关系及其作用。

教学过程

一、说一说飞机的基本结构及其作用

（一）飞机的种类

1. 出示图片。

2. 介绍飞机的种类。

小结：飞机按用途分类，可分为民用飞机和军用飞机。

（二）民用飞机的基本结构和各部件的作用

1. 观察模型，说说民用飞机的 5 个主要部件。

小结：机翼、机身、尾翼、起落架和发动机。

2. 介绍飞机各部件的作用。

演示模型，教师介绍。

飞机除这 5 个主要部件外，还装有各种仪表、通信、领航等其他设备。

【设计意图】先介绍飞机的种类，再展示飞机模型，并对照模型一边演示，一边介绍飞机的基本组成及 5 个主要部件的名称及作用。

二、画一画我喜欢的飞机造型

（一）初步理解机翼与机身的大小关系

1. 教师提问：刚刚我们得知，飞机的机翼能支持飞机在空中飞行，那么与机身相比，机翼应该多大合适呢？飞机的机翼那么薄，为什么能承受住上百吨的重量呢？

2. 教师播放视频，学生小结。

3. 教师小结：看来，飞机的机翼要比机身小得多。机翼那么薄，能承受巨大的重量，是机翼的结构和产生的升力共同作用的结果。

（二）简要画出飞机的造型

学生画飞机造型。

【设计意图】低年级学生以形象思维为主，在了解了飞机 5 个部件的基础上，学生通过画飞机造型的过程，建立飞机的整体模型感，为后续用黏土捏飞机造型做铺垫。

三、捏一捏我设计的黏土飞机

对照造型图，用黏土捏出飞机。

1. 教师出示课件。

分别制作；轻轻组合；调整形态；牢固造型。

2. 学生动手操作。

【设计意图】学生依据老师提示的步骤，对照造型图，自主实践，尝试使用超轻黏土制作自己喜欢的飞机。这既锻炼了学生的动手操作能力，又提升了他们的创造性思维。

四、绘一绘我心中的创意飞机

（一）出示飞机彩绘图片

例如，亚速尔航空鲸鱼号（保护鲸鱼）、国航牡丹号和中国联航庆阳号（体现中国传统文化、渐变色）。

（二）画装饰，写祝福

1. 教师出示练习提示：绘出你喜欢的装饰。

2. 教师出示课件：富含美好祝愿，装饰简洁、美观，色彩搭配合理。

3. 学生动手实践。

【设计意图】教师引导学生分别从文化、艺术两方面设计飞机的彩绘装饰，提升了学生的创新能力和艺术素养。

《立体创意感恩卡——致敬最美逆行者》教学设计

■ 课程资源部　一、二、三年级　赵朋秋

教学目标

1. 利用四边形不稳定的原理，让学生学会立体感恩卡的设计与制作，逐步提高创意思维能力和动手操作能力。

2. 通过观察演示、自主探究、动手实践的过程，学习设计、制作立体感恩卡。

3. 向风雨中最美逆行者致敬，使学生心怀感恩、懂得感恩，增强社会责任感和使命感。

教学重点、难点

理解四边形不稳定的原理，合理运用；尝试运用不同方法创作造型新颖的立体感恩卡。

教学过程

一、导入

因为疫情的影响，全国人民都在和病毒做斗争，有这么一群人，他们或战斗在抗击疫情的最前沿，或默默维护着社会的正常运转，是他们的坚守和付出筑起了一道守护人们健康的防卫线，他们是最美的逆行者。为了表达对最美逆行者的祝福，有的同学绘制了漂亮的图画，那么能不能把平面的作品变成立体的，让表达形式更加生动呢？

【设计意图】通过对最美逆行者的介绍，使学生心怀感恩、懂得感恩，同时引出本节课要学习的内容。

二、制作

在今天的制作中，我们会运用到四边形的不稳定性的原理。

1. 对折。首先我们拿出一张 A4 彩纸进行对折，对折时注意边角的吻合。

2. 作品设计。拿出选好的作品，对应折好的纸张进行设计和布局。

3. 剪裁作品。用剪刀将我们所选好的画面素材剪切下来。

4. 选取立体素材，进行绘制。选取出立体部分所需要的画面素材，将其放置在卡片背面，贴合折边标记尺寸进行绘制。

5. 剪切、折纸。剪切和折纸时，请同学们进行正、反两个方向的折纸，以便在作立体处理时更为容易。

6. 推折。按照折痕将其向上推折，这样就得到了一个四边形的立体结构。

7. 粘贴。现在可以把准备好的画面素材粘贴在设计的位置上。

8. 装饰。在立体感恩卡的主题完成后，就可以对其进行装饰了。可以制作简单漂亮的三角旗，也可以剪出自己喜欢的图案进行装饰，如压花器和小印章都可以作为装饰的工具。

9. 写祝福语。最后在文字书写的区域，写上对最美逆行者的祝福，再附上背板，我们的作品就完成了。

【设计意图】通过教师演示，学生更加直观地学习立体贺卡的制作方法，以及制作过程中需要注意的一些细节问题。

三、拓展与实践

除了这种立体卡，我们还可以有更多的创作形式，同学们可以借助所学到的知识，充分发挥自己的想象力，制作出更复杂更有创意的立体感恩卡，来表达我们对最美逆行者的祝福与敬意。

同学们也都试一试吧，制作一张立体创意感恩卡，献给我们身边最美的逆行者。

【设计意图】通过观察、分析，引导学生发现贺卡设计中要关注的设计理念和美术元素，同时也为学生的创意制作打开了思路。让学生独立研究、试做，培养学生自主学习的能力，以及观察、理解、实践的能力。

《佩戴口罩的烦恼》教学设计

■ 课程资源部　一、二、三年级　武　炜

教学目标

1. 发现生活中的问题，了解问题解决的过程。
2. 通过解决问题的四步法为自己和家人解决佩戴口罩时的困惑。
3. 关心关爱自己和家人，帮助自己和家人解决生活中的问题。

教学重点、难点

发现生活中的问题，掌握解决问题的方法；通过四步法解决生活中发现的问题。

教学过程

一、导入环节

师：老师在之前的课程中对新冠病毒做了详细的介绍，想一想，抵御新冠病毒最好的方式是什么？

（PPT 播放新冠肺炎防控知识）

师：抵御新冠病毒最好的方式是居家隔离，如需出门，必须戴口罩。

【设计意图】从学生生活实际出发，激发学生的学习兴趣。

二、新授环节

（一）口罩的发展历史

师：口罩的历史可以追溯到公元前 6 世纪，让我们一起来了解一下。

（PPT 播放口罩的发展历史）

（二）口罩的作用

师：口罩对有害的气体、气味、飞沫进入肺部有一定的过滤作用，在呼吸道传染病流行、在粉尘等污染的环境中作业时，口罩具有非常好的防护作用。

（三）发现、解决生活中的问题实例

1. 发现生活中的问题。

师：老师戴口罩出现了勒耳朵的现象并带有疼痛感。

2. 分析问题产生原因。

师：老师通过观察发现，造成耳朵不舒服的主要原因是"挂绳长时间挂在耳朵上"。

3. 设计解决方案。

师：如何让口罩挂绳离开耳朵呢？其实设计者也想到了这个问题，所以有了头戴式口罩，将挂绳勒在脑后，这样耳朵就不疼了。

师：如果只有挂耳式口罩怎么办呢？

师：老师尝试将曲别针与口罩挂绳连接，将耳挂式口罩变成了系绳式口罩。

4. 反复实验解决问题。

师：同学们想一想，除了用曲别针之外，还可以用什么方法让口罩挂绳离开你的耳朵？

师：刚刚老师发现佩戴口罩时勒耳朵的问题并通过以下四步解决了问题，同学们在生活中遇到小问题时也可以按照这样的步骤去解决。

（四）采访

师：采访家人在使用口罩过程中遇到了哪些困惑？

受访者	
佩戴口罩时的小烦恼是什么？	

（五）寻找解决问题的方法

师：采访结束后，按照之前的四步法来解决这些问题吧！下面的学习单可以帮助你更好地完成任务。

1. 发现的问题：
2. 分析问题产生的原因：
3. 我设计的解决方案（文字描述或绘制草图）：
4. 我的实践成果：

【设计意图】通过引领学生从发现生活中的问题出发，分析问题并设计解决方案的全过程，从而培养学生的创新意识和创新能力。

三、课堂小结

师：我们解决了佩戴口罩时的一些问题，这些问题正在困扰着千千万万佩戴口罩的人们，你的方法会很好地帮助他们。你可以利用照片、视频、绘画或日记等方式将方法呈现出来，与同学进行交流分享，期待你的好方法！

【设计意图】总结归纳，巩固新知。

《汽车的秘密》教学设计

■ 课程资源部 四、五、六年级 苑振兴

教学目标

1. 了解世界汽车发展历史，认识特种车辆的功能和用途。

2. 通过利用废旧材料制作简易 5 挡变速箱模型，初步了解变速箱结构，体验齿轮连续啮合传递动力的工作原理。

3. 使用平面绘图、黏土塑形、CAD 软件等方式设计汽车。

教学重点、难点

1. 通过了解特种车辆的功能和用途，感受我国汽车工业的发展成就以及综合国力的不断强大。

2. 通过制作变速箱模型，初步了解变速箱结构，体验齿轮连续啮合传递运动和动力的工作原理。

教学过程

一、活动萌发

汽车不仅是我们日常出行的代步工具，也是各行各业不可或缺的重要工具。汽车工业水平的高低还是一个国家工业发达与否的重要体现。

【设计意图】从汽车的历史入手，了解汽车与生活的关系。

二、方案构思与准备

（一）回顾历史

从第一台三轮汽车到目前的新能源汽车、无人驾驶汽车，可以看出汽车工业在不断发展。我国自主研发、制造的特种车辆为国家经济建设提供了有力保障。

（二）制作活动

了解了汽车历史、功能后，让学生初步了解汽车内部机械结构，体会齿轮传动原理。

【设计意图】从历史到现在，从功能到原理，以全面的角度探究汽车的发展与奥秘。

三、主题设计与实施

（一）新知学习

1. 通过 PPT 展示汽车的历史。从发展历程中可以看出汽车工业在向智能化、新能源等方向发展。

2. 观看"铁路架桥机""风力发电机扇叶运输车"等视频，认识特种工程车辆，感受特种车辆在国家大型工程中建设的作用，体会我国综合国力不断强大。

（二）制作三轴五挡手动变速箱模型

5 挡变速箱是汽车常用的变速箱结构之一。由第一轴（输入轴）、第二轴（输出轴）、中间轴、齿轮变速机构、壳体等组成。

1. 准备材料：硬纸板、直铁丝、胶枪、金属圈、模型马达、电池盒。

2. 制作过程。

①用硬纸板制作齿轮，使用包装箱硬纸板的中间层做轮齿。裁剪成宽 1cm 的细长条固定在粘好的圆纸板上。

②将齿轮依次与第一轴、第二轴固定。使用的齿轮尺寸与距离参照视频。

③制作中间轴。

④制作方形外壳，安装轴承。

⑤连接电池盒，制作挡把，5 挡手动三轴变速箱制作完成。开通电源，尝试与换挡观察输出轴转速来模拟汽车加减速。

【设计意图】通过利用废旧材料制作简易 5 挡变速箱模型，初步了解变速箱结构，体验齿轮连续啮合传递运动和动力的工作原理。

（三）拓展活动（我是小小设计师）

学生结合自己对汽车的认识，提出目前汽车的不足，自己利用各种方式设计、改进汽车。可使用的方式包括平面绘图、黏土制作、CAD 制图，等等。在课后与同学分享自己的设计与看法。

【设计意图】汽车已经深入到生活的方方面面，每个学生都有对它的看法与思考，结合生活经验与掌握的知识，大胆提出自己的想法并付诸于行动，在发现问题，解决问题，与同学和老师交流、分享的过程中不断自我完善和反思。

四、课程反思

本节微课从汽车的历史到发展；从功能到原理均有知识点涉及。以全面的角度探究汽车的奥秘。制作活动综合考查学生劳动技能。

《神奇的墨水》教学设计

▎课程资源部　一、二、三年级　王　佳

教学目标

1. 从学生真实生活和发展需要出发，引导学生发现生活中的奥秘，培养学生的探究精神。

2. 通过葡萄汁遇到小苏打溶液，由紫色变成蓝绿色的现象，使学生宏观认识酸碱中和反应，体验生活中的有趣现象。

教学重点、难点

激发学生的探究热情，理解葡萄汁变色原理。

教学过程

一、导入新课

师：大家好，我是史家的王佳老师，欢迎来到创意生活频道！

这个假期格外特别，预计的开学变成了网络课堂，爸爸妈妈承担了我们的一日三餐，你有没有想对他们说的话呢？今天我们一起探究一种神奇的墨水，需要用神奇药水，一喷显字，在纸张上轻轻一刷，隐藏着的文字就显现出来了。快去给爸爸妈妈写一封密信吧！

视频：播放显色实验。

【设计意图】通过葡萄汁遇到小苏打变色的视频，直观地展示了神奇的实验现象，激发学生对本次课程的兴趣。

二、反应原理

师：它们发生了什么？

PPT：葡萄汁是含有花青素的酸性混合溶液，花青素在酸性环境下呈现紫色。小苏打溶液是无色透明的碱性物质。当二者相遇，碱性的小苏打与葡萄汁中的酸性物质发生了一种化学反应——中和反应，葡萄汁变成了中性或碱性，其中紫色的花青素随之变成了蓝绿色。

视频：我们看到小苏打包装袋后面有主要成分配料表，它的主要成分是碳酸氢钠，是碱性溶液；葡萄汁，我们将它看作酸性溶液。当我们用无色的碳酸氢钠碱性溶液写字后，用葡萄汁在纸上轻轻一刷，隐藏的文字就显现出来啦！

【设计意图】通过讲解反应原理，使学生从科学角度认识并解释生活中的现象。

三、设计制作

师：我们来试一试吧！我们准备好如下材料：

1. 白纸 3 张；

2. 筷子一根，如果有毛笔，可以再准备一支毛笔；

3. 葡萄汁一瓶；

4. 小苏打一袋；

5. 一个小碗。

Step 1：设计——你想对爸爸妈妈说什么呢？

Step 2：规划——在白纸上设计出你要写字的地方，并且用铅笔轻轻在下面打上横线和竖线。

Step 3：制作小苏打溶液——取少量水放入小碗中，加入少量小苏打，用筷子或者木棍搅拌。

Step 4：写字——用筷子或毛笔蘸取少量小苏打溶液。

Step 5：刷一刷——把你的密信交给爸爸妈妈，用刷子蘸取葡萄汁在纸上均匀涂抹。

【设计意图】具体讲解实验操作步骤，学生下课后可在家自己操作。

四、自主探究

师：其实，显色还有很多其他方法。比如，我们平时吃的棉花糖，经过显色反应糖上会出现漂亮的图案。你还知道有哪些显色反应？请你在网络上查找资料并进行实践，期待能看到你们的作品！

【设计意图】介绍其他显色方法，激发学生的求知欲与探究欲，进行自主探究。

《奇妙的平衡》教学设计

▌人文科技部 三、四年级 苏 芳

教学目标

1. 了解什么是平衡，通过探究活动知道物体重心的位置。
2. 能够做平衡小游戏，锻炼动手能力和创造力。
3. 体会生态失衡带来的灾难，认识尊重自然的重要性。

教学重点、难点

能够通过寻找重心的方法研究物体的平衡规律。

教学过程

一、导入

谈话：网上流传过一条消息："2月11日可以立扫帚。"你们试过吗？

小结：实际上每天都可以实现，它就是找"平衡"。

【设计意图】通过热门事件激发学生的学习兴趣。

二、探究

（一）认识平衡

提问：什么是平衡？

小结："平"指水平，"衡"为"车辕前端的横木"，现指秤杆。平衡就是将秤杆水平放置。《辞海》中说"衡器两端承受的重量相等。"衡器指"秤"。天平就是一种衡器。

（二）探究平衡

1. 直尺。

提问：怎样使直尺保持平衡？

小结：用手指支撑直尺中心，这种方法叫作支撑法，这个支撑点就是平衡点，也叫重心。

2. 铅笔。

提问：铅笔的重心在哪里？怎么利用一根棉线设计实验证明你的想法呢？

小结：可以用棉线悬挂铅笔，这种方法叫作悬挂法，悬挂点就是铅笔的重心。

提问：重心位置有什么共同点？怎么用数据来证明呢？

小结：在中心。用尺子测量重心到两端的距离，如果相等，说明重心就在物体的中心。可用表格记录数据。

	重心至左端的距离	重心至右端的距离
直尺		
铅笔		

3. 不规则物体。

提问：是不是不规则四边形的重心也在中心？怎么设计实验？

实验：用一根线连接重物，将图钉系在线的另一端并插在卡纸上，提起垂线。用铅笔画出垂线轨迹。用同样的方法再画出两条轨迹。我们发现几条线交叉在一点，这个交叉点就是它的重心。

提问：通过以上三个实验，你有什么发现？

小结：质地均匀且规则物体的重心在中心，不规则物体的重心在垂线交叉点。

4. 回顾。

提问：怎样使扫把保持平衡？

小结：找到扫把重心，使重心落在与地面接触点的正上方，扫把就保持平衡了。

【设计意图】从文字角度理解"平衡"，通过实验体验平衡，学会寻找重心的方法。

三、应用与拓展

提问：生活中还有哪些平衡现象呢？

小结：骑自行车、平衡木等都属于平衡现象。我们可以利用平衡原理做有趣的居家游戏。例如，让硬币立在纸币边上。硬币的重心是它的中心，小心移动纸币，使重心落在纸币边缘，硬币就会保持平衡。你还可以试试其他平衡游戏。

谈话：大自然存在着生态平衡，有时会被人为破坏。如我们正经历着因为捕食野生动物引发的灾难。那么人类应该怎么做呢？

小结：人类应尊重生命，遵守生态平衡法则。

【设计意图】利用家里材料，在做中学，激发创造力；引发学生对生态平衡的思考。

《冠状病毒的传播》教学设计

■ 人文科技部　三、四年级　田春丽

教学目标

1. 了解病毒的发现及分类。
2. 知道冠状病毒的形态特征，了解病毒和冠状病毒的传播途径。
3. 培养学生保护野生动物、爱护自然的环保意识和讲卫生的生活习惯。

教学重点、难点

了解冠状病毒的特点及传播途径；培养学生保护动物的意识。

教学过程

一、导入

提问：由于新型冠状病毒肆虐，我们不能自由外出。你们知道什么是病毒吗？

【设计意图】联系生活，引起学生假期因病毒无法外出的共鸣，对病毒产生好奇和探究的欲望。

二、新授

（一）病毒的首次发现和分类

讲解：人类最早发现病毒是在 19 世纪，一位叫伊万诺夫斯基的科学家在研究烟草花叶病的病因时发现的。这种植物病严重影响了烟草的产量和质量。科学家在研究时发现这种病是由一种比细菌还要小的病原体引起的，他就把这种病原体命名为病毒。病毒不仅有存在于人类或小动物身上的动物病毒，还有感染了烟草花叶和黄瓜花叶的植物病毒，以及细菌病毒。可见病毒存在于各种各样的生物身上。

思考：那病毒为什么一定要寄生在生物的身上呢？

小结：病毒是一种特殊的生物，它没有细胞结构，不能独立生存，它只能生活在其他生物的细胞内。

（二）冠状病毒的特点

观察图片，提出问题：同学们，你们看出这些病毒有什么共同特征吗？总结冠状病毒的形态特点：它们的外形十分相似，外膜上有明显的棒状粒子突起，呈球形或椭圆形，看上去就像中世纪欧洲帝王的皇冠一样，所以被称为冠状病毒。

讲解：冠状病毒广泛存在于自然界中的动物身上，而且它只能感染脊椎动物，会引起人和动物的呼吸系统、消化系统和神经系统疾病。

（三）冠状病毒的传播途径

提问：这些存在于野生动物身上的冠状病毒是如何传播到人类身上的呢？看视频找答案。

小结：虽然我们还无法确定新型冠状病毒是否源于食用野生动物，但人类在野生动物身上已发现6种可感染人的冠状病毒，所以在生活中我们应做到拒绝食用野生动物。

讲解：冠状病毒的传播途径有：呼吸道传播、血液传播、消化道传播、接触传播、虫媒传播。

观看视频认识新型冠状病毒的传播途径——呼吸道传播和接触传播。

小结：病毒传播的途径很多，我们在生活中一定要注意个人防护与卫生。

【设计意图】了解冠状病毒的特点及传播途径，从中感悟保护野生动物的重要性及生活中个人防护与卫生的重要性。

三、拓展

课后思考：有哪些防护方式有助于阻止新型冠状病毒的传播呢？请选择一种防护方式并将防护细节记录在你的学习笔记中吧！

【设计意图】学以致用，引导学生科学看待问题，并结合本课所学内容延伸思考，从而学会自我保护。

《微生物的奥秘》教学设计

■ 课程资源部 四、五、六年级 姚 慧

教学目标

1. 初步掌握微生物的定义、分类及应用；清楚酸奶发酵的原理，利用家庭条件制作酸奶。

2. 通过一定的方法区分病毒、细菌和真菌，总结出病毒、细菌、真菌的分类规律。

3. 辩证地看待微生物，体会科技对生活的影响。

教学重点、难点

不同微生物的区别、微生物的应用以及酸奶的制作过程。

教学过程

一、导入新课

师：在这场抗击新型冠状病毒的"战役"中，我们每个人都是一名战士。"知己知彼，百战不殆"。今天我们就来了解与新型冠状病毒相关的那些微生物。

【设计意图】创设情境，引导学生正确面对新型冠状病毒疫情。

二、微生物的分类

（一）微生物的定义

教师引导学生思考病毒与细菌、酵母菌的关系。

师：刚刚说到的这些生物都可以称为"微生物"。它们的形体微小、结构简单，一般要借助电子显微镜才能观察到。

教师展示微生物在电子显微镜下的照片，注意介绍标尺。

（二）微生物的分类

1. 病毒。

病毒的直径50~100纳米，没有细胞结构，由核酸和蛋白质组成。常见的病毒有新型冠状病毒、SARS、狂犬病毒、乙肝病毒等。

2. 细菌。

细菌的直径0.5~5微米，有单个细胞结构，但是细胞中没有成形的细胞核。从形态上，主要分为球菌（如金黄色葡萄球菌）、杆菌（如大肠杆菌、乳酸菌）、螺旋菌（如幽门螺杆菌）。

3. 真菌。

真菌的直径在 2～100 微米，有细胞结构，也有成形的细胞核，可以单细胞形式存在，也可以多细胞形式存在。常见的真菌有酵母菌、霉菌以及蕈菌。

师：除此之外，微生物还包括显微藻类、原生动物以及亚病毒因子等。（这部分学生了解即可）

教师引导学生思考，从病毒到细菌、真菌，它们在尺寸和结构复杂性上有什么规律。（尺寸越来越大、结构越来越复杂）

【设计意图】从新型冠状病毒发散至微生物大家族，通过对微生物定义、分类的归纳整理，引导学生认识并区分生活中常见的微生物。

三、微生物的应用

师：在科学家们了解了微生物的相关知识、掌握了相关技术之后，现在人类已经可以利用微生物做许多事情了。微生物的应用主要有四大方面：生态平衡、发酵食品、生物医药和清洁能源。每一部分教师各举 2～3 个例子，最常见的如制作酸奶。

制作酸奶的过程如下。

1. 发酵原理。

师：我们可以把细菌理解成一个个微小的加工机器。在制作酸奶的过程中，乳酸菌利用体内特定的酶把牛奶中的乳糖转变成乳酸。

2. 发酵过程。

（1）准备材料：酸奶、牛奶、恒温装置、糖（可选）、密封容器、蒸锅、勺子。

（2）制作步骤。

①所有器皿用蒸汽消毒，放干放凉；

②将牛奶和酸奶按4∶1的比例依次倒入器皿，用勺子搅拌均匀；

③盖紧盖子，放入恒温容器中，保持50℃水浴8～10小时即可。

3. 注意事项。

避免浪费；适量饮用；不与黄豆、腊肉等同食。

【设计意图】通过活学活用"制作酸奶"，巩固微生物的概念及应用，引导学生了解微生物也存在有用的一面，学会辩证地看待问题。

四、小结

师：病毒、细菌和真菌都是微生物，且尺寸越来越大、结构越来越复杂。有害微生物会让我们生病，但微生物在生态平衡、发酵食品、生物医药和清洁能源等方面均有重要作用。

【设计意图】巩固新知，学会归纳总结。

《一日计划巧修改》教学设计

■ 课程资源部 四、五、六年级 隗晶晶

教学目标

1. 初步形成利用信息技术解决实际问题的意识。

2. 学会在 Word 中插入表格并调整表格行数、列数、单元格。

3. 学会调整表格底纹、边框，对表格进行美化。

4. 能够利用表格工具呈现计划表、课程表等信息。

教学重点、难点

学会插入并调整表格；初步形成利用信息技术解决实际问题的意识。

教学过程

一、问题导入

（一）问题导入

师：请你想一想，调整手写的计划表，会遇到什么问题呢？

（二）借助信息技术解决实际问题

师：应用信息技术手段能帮助我们解决实际问题。Word 是一款文字处理应用程序，其中的表格工具非常适合我们制作一日计划。更重要的是，我们可以随时修改表格的格式和内容，方便又快捷。

【设计意图】借助第一节网课制订一日学习计划的内容，引出手写计划表不易修改的问题，引导学生利用信息技术手段解决问题。

二、学习新知

（一）在 Word 中插入表格

1. 确定表格的行数和列数。

师：插入表格前，首先应确定表格的行数和列数。表格中横向为行，纵向为列。

2. 插入表格。

演示：从默认选择区选择行数和列数。

师：观察默认选择区，你发现了什么？（最多可插入 8 行 10 列的表格。）

如果默认表格数量不够，该怎么办呢？（输入行数和列数）

3. 认识单元格。

师：单元格是表格中最基本的单位。

4. 输入表格内容。

（二）调整表格的行或列

1. 插入行。

师：在制作表格时，根据需要对表格的行数进行调整，怎样在已有的表格中插入行，又如何删除多余的行呢？

演示：插入行，删除行。

2. 自主探究。

师：学会调整表格行数的方法后，请你自主探究如何插入、删除列。

（三）调整单元格

师：在制作表格时，不同的内容，设计的表格布局也不同。很多情况下，需要我们对单元格进行合并或拆分。

演示：合并单元格与拆分单元格。

（四）美化表格

师：怎样才能把表格设计得更美观、更有个性化呢？

1. 设置表格样式。

师：Word 中自带的表格样式的第一行或第一列，或加粗表格线条，或改变表格底色，这有什么好处呢？

2. 自定义底纹、边框样式。

演示：修改表格底纹，修改表格边框。

【设计意图】以需求为导向，层层递进，让学生学会插入表格、调整表格、美化表格。

三、总结与实践

师：调整表格时有三点非常重要，你能说说吗？

（选中操作不能忘、布局菜单很强大、设计菜单管美化。）

师：试着制作一日计划表、家庭一周菜谱、课程表。你能完成 1～2 项吗？

【设计意图】总结归纳调整表格时的重点内容，巩固深化新知；设计不同的挑战任务，让孩子们在实践练习中内化新知、巩固所学。

《鸟：我们身边的动物邻居》教学设计

▍人文科技部 五、六年级 薛晓彤

教学目标

1. 知道每种鸟都有独有的特征，生活中鸟类和我们相互影响。
2. 了解鸟类对我们的帮助，培养学生与鸟类和谐相处的意识。

教学重点、难点

知道每种鸟都有独有的特征；培养学生与鸟类和谐相处的意识。

教学过程

一、导入

谈话：在生活中有没有听到过鸟叫声呢？这是我们的鸟类邻居在交流呢！

提问：什么是鸟类？鸟类生活在哪里？

小结：鸟类是体表覆盖羽毛、有翼、恒温和卵生的高等脊椎动物。鸟类就生活在我们身边。

【设计意图】使学生知道鸟类的整体特征，认识到鸟类生活在我们身边。

二、观察鸟类

（一）观察麻雀和喜鹊

谈话：麻雀和喜鹊是最常见的鸟类，你有仔细观察过它们吗？

提问：喜鹊和麻雀分别有什么特征？

小结：麻雀体型小，背部羽毛以褐色为主，有小黑脸蛋和黑色"喉结"。喜鹊体型大，羽毛颜色以带有金属光泽的黑色和白色为主，有长尾巴，嘴厚。

（二）观察灰喜鹊、白头鹎和珠颈斑鸠

谈话：认识了麻雀和喜鹊，我们再用同样的方法认识一下其他的鸟类吧。

提问：图片上的这三种鸟类分别有什么特征呢？

小结：灰喜鹊体型略大于珠颈斑鸠，略小于喜鹊，羽毛整体以灰色为主，有一顶"黑帽子"和蓝色的长尾巴。白头鹎体型略大于麻雀，羽毛整体呈橄榄色，眼后到后枕部分、耳羽呈白色，翅膀边缘为黄绿色。珠颈斑鸠体型比灰喜鹊略小，羽毛整体呈灰褐色，后颈处有带白色斑点的黑领圈，虹膜呈橘黄色，脚为粉红色。

总结：回顾以上五种鸟类的特征。

【设计意图】培养学生的观察能力，使学生知道观察鸟类的方法。

三、鸟类的作用

过渡：五种鸟类邻居在生活中很常见，你可以在小区或者城市公园偶遇它们，也许还会遇到其他的鸟类邻居。

谈话：我们的鸟类邻居非常厉害，我们通过一个视频来了解一下。

小结：除了雨燕，一只灰喜鹊一年能吃掉 1 万多条松毛虫，能保护 1 亩松林免受虫害。一只猫头鹰在一个夏季能捕捉 1000 多只田鼠，而我们知道田鼠是吃粮食的，所以猫头鹰帮我们保护了很多粮食。一只成年粉红椋鸟一天能吃 180 多只蝗虫，可帮了我们大忙了！

总结：鸟类帮助我们，我们也在影响着鸟类的生活环境。希望同学们在生活中能够和我们的鸟类邻居好好相处，构建一个人与自然和谐相处的社会。

【设计意图】让学生知道鸟类对我们的影响，培养学生保护鸟类并和鸟类和谐相处的意识。

《保护国宝大熊猫》 教学设计

▌人文科技部　一、二年级　杨华蕊

教学目标

1. 了解大熊猫为什么是我国的国宝。
2. 了解大熊猫的现状，并知道应如何保护大熊猫。

教学重点、难点

了解大熊猫的现状，并知道应如何保护大熊猫。

教学过程

一、认识国宝大熊猫

（一）什么是"熊猫外交"

提问：在我们国家有许多动物，其中有一种动物出生在中国，也曾前往日本、新加坡、美国、加拿大等多个国家，它是谁？

小结：它是我们的国宝大熊猫。大熊猫曾多次担任友好使者，为发展对外友好关系作出了不可磨灭的贡献。最著名的"熊猫外交"发生在 1972 年 2 月，当时美国总统尼克松来中国访问，周恩来总理就赠送给美国人民一件隆重的国礼——来自四川省宝兴县的大熊猫"玲玲"和"兴兴"。当年 4 月，当"玲玲"和"兴兴"乘专机从北京抵达华盛顿国家动物园时，受到 8000 名美国民众的冒雨迎接。其国家动物园开馆与观众见面第一个月，参观者就多达 100 余万人。

（二）大熊猫为什么是我国的国宝

提问：为什么大熊猫不同于其他的动物，而成为中国的国宝？

小结：（1）大熊猫生存跨度时间长，被人类称为"活化石"。（2）大熊猫在自然环境不断改变的过程中依旧能够存活，并一直保持古代动物的特点。（3）它是我国独有的动物品种。

【设计意图】让学生了解大熊猫为什么是我国的国宝。

二、保护国宝大熊猫

（一）大熊猫的现状

过渡：大熊猫曾是我国的濒危保护动物，但是在 2016 年 9 月 4 日，世界自然保护联盟宣布，将大熊猫的受威胁程度由"濒危"降为"易危"。大熊猫的数量确实增加了，但是它们还面临前所未有的困境。

提问：为什么大熊猫数量增加了，却还面临前所未有的困境？

小结：因为大熊猫的栖息地受采矿、扩路、水电开发、旅游景区建设等影响，逐渐破碎化；而且，大熊猫分布的区域还受到全球气候变化导致气温升高，改变了栖息地的适宜性的影响，加剧了栖息地的碎片化。

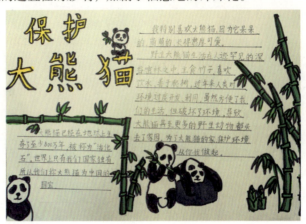

（二）如何保护大熊猫

过渡：人类对环境过度的开发、利用，虽然方便了我们的生活，但破坏了环境，使大熊猫甚至更多野生动物都无法生存。

提问：我们能够为保护大熊猫做什么？

小结：科研工作者要致力于大熊猫的繁衍和栖息地的保护。普通市民应参加公益活动，宣传保护大熊猫，保护地球环境，比如少用一次性塑料制品、循环使用纸张等。

相信通过每一个人的努力，大熊猫的数量一定会越来越多！

【设计意图】了解大熊猫的现状，知道它需要我们每一个人的保护。

《垃圾分类我能行》教学设计

■ 人文科技部　一、二年级　臧雨薇

教学目标

1. 知道什么是生活垃圾，理解垃圾分类的意义。

2. 认识四类垃圾桶图例，知道不同垃圾桶的区别，学会垃圾分类的方法。

3. 爱护环境，不仅会给垃圾分类，更要学会减少垃圾的产生。

教学重点、难点

学习垃圾分类的相关知识；知道如何在生活中做好垃圾分类。

教学过程

一、导入

我国是人口大国，一年就会生产4亿吨的垃圾。这么多垃圾，如果没有处理好，就会严重影响环境。

思考：怎样处理垃圾呢？方法是什么？

小结：进行垃圾分类，按类别处理。

【设计意图】通过庞大的数据，知道垃圾分类迫在眉睫、刻不容缓，激发学生的学习兴趣。

二、新授

（一）认识生活垃圾并分类

观察图片：认识生活垃圾，知道其来源，为后续分类做铺垫。

提问：北京现在垃圾分类的标准是什么？

讲解：1. 可回收物：可以再生循环的垃圾。包括废纸、塑料、玻璃、金属、布料五类。

2. 厨余垃圾：日常生活及食品加工、饮食服务、单位供餐等活动中产生的垃圾。包括菜叶、剩菜、剩饭、果皮、蛋壳、茶渣、骨头等。

3. 有害垃圾：对人体健康或者自然环境造成直接或潜在危害的生活废弃物。包括废电池、废荧光灯管、废灯泡、废水银温度计、废油漆桶、过期药品等。

4. 其他垃圾：危害较小，但无再次利用价值的垃圾。包括砖瓦陶瓷、渣土、卫生间废纸、瓷器碎片等难以回收的废弃物。

小结：了解了北京的垃圾分类标准，以后要按照要求扔垃圾，不可以不看标识就随意丢到垃圾桶中。

【设计意图】让学生明确垃圾的分类标准，在日常生活中按要求丢弃垃圾。

（二）垃圾分类的意义

思考：垃圾分类有什么意义呢？

讲解：进行垃圾分类，可以减少对水体的污染，减少对土地的侵占，提高湿垃圾的资源化利用，减少地球负担，促进资源循环与可持续发展。

小结：垃圾分类意义重大，我们是环境的保护者，要从现在做起，从身边的小事做起，爱护地球，做好垃圾分类！

【设计意图】让学生知道进行垃圾分类的益处，把垃圾分类当作自己的责任和义务，树立保护环境的意识。

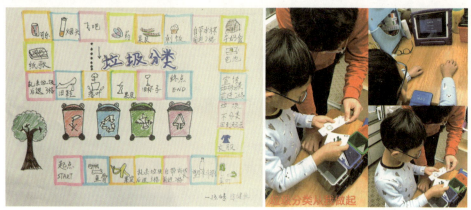

三、课后活动

给以下垃圾分类：

大棒骨、吃过的口香糖、用过的餐巾纸、妈妈用过的面膜、X 光片、用过的塑料袋。

【设计意图】以上为生活中容易分错类的垃圾，对此知识点多加练习，加深记忆。

《战"疫"游戏棋的制作》教学设计

■ 课程资源部　一至三年级　付　航

教学目标

1. 了解、掌握防疫的基本知识。

2. 通过制作战"疫"游戏棋，培养创新精神和创造能力。

3. 遇到疫情不恐慌、不大意，提高科学防范意识和观念。通过游戏的形式宣传防疫知识。

教学重点、难点

了解基本的防疫知识，并通过游戏的形式进行宣传；掌握游戏棋制作的过程和方法，培养创新精神和创造能力。

教学过程

一、激趣导入

师：疫情暴发后，政府和学校都要求同学们在家学习、游戏。我想你们一定憋坏了，今天就让我们一起来制作一个游戏棋，它能让你们和家长一起在家游戏。

【设计意图】联系生活实际，激发学生学习的兴趣。

二、新授课

（一）制作材料的准备

准备制作材料：白纸，水彩笔，铅笔。

（二）制定游戏规则

师：任何游戏都有自己的游戏规则，我们在进行游戏时应该遵循规则，不能破坏规则。我们先来看看其他游戏棋是怎么进行的，归纳出游戏规则。（播放学生玩游戏棋视频）

师：请你总结归纳出游戏棋的规则，并用简洁的语言说一说。

（三）设计战"疫"游戏棋

1. 制定奖励条件。

师：国家和学校给我们宣传了很多防疫知识，并且提出了很多要求。请你回忆一下，说出其中的几条。

如勤洗手、佩戴口罩、多通风、不传播谣言……

2. 制定处罚条件。

师：国家和学校还有很多禁止和不建议的行为，说出其中的几条。

如串门、隐瞒病情、不按要求洗手……

师：请你把这些作为游戏棋中的奖惩条件，并确定奖惩措施，比如：前进2格，后退3格，回到起点，停止行动1轮，等等。

3. 绘制游戏地图。

师：制定好了奖惩条件和措施，我们就可以绘制游戏地图了。我们先来看看其他游戏棋的地图是怎么绘制的。（出示各种游戏棋的样例）

师：在绘制游戏地图时，请注意以下几点：

（1）画出明确的起点和终点。

（2）连接起点和终点的路径，标出步数。

（3）在部分格子中填写奖惩条件和措施。

（4）装饰、美化游戏地图。

（四）制作骰子

师：要进行游戏，没有骰子可不行。我们一起来用纸制作一个骰子吧。

（五）改进战"疫"游戏棋

师：游戏进行中你若发现一些不太合理的地方，请你把它记录下来并改进你的游戏棋。只有通过不断地改进，才能得到完美的作品，期待你的精彩表现！

【设计意图】通过制作战"疫"游戏棋，一方面让学生了解、掌握并宣传防疫知识，另一方面让他们学习设计、制作的一般过程和规律，培养创新精神和创造能力。

三、本课小结

这节课中我们不仅了解和掌握了防疫的相关知识，还亲自动手设计了"战'疫'游戏棋"。你们的表现精彩极了！希望你们把学习的收获在班级社区中进行分享，期待你们的精彩表现。

【设计意图】归纳总结，巩固新知。

《什么是冠状病毒》教学设计

■ 人文科技部 五、六年级 张怡秋

教学目标

1. 知道什么是病毒，以及病毒是如何感染人类的。

2. 知道什么是新型冠状病毒，新型冠状病毒的特点。

3. 知道如何进行有效的自我防护，并树立科学防疫的意识。

教学重点、难点

知道什么是新型冠状病毒，新型冠状病毒的特点。

教学过程

一、认识病毒

（一）什么是病毒

1. 提问：什么是病毒？

2. 小结：病毒是微生物的一种。微生物是一类肉眼不能直接看见，必须借助显微镜才能观察到的微小生物的总称。常见的微生物有病毒、细菌、真菌等。而病毒又是微生物中形态最小的，必须借助电子显微镜才能观察到。如果把一个病毒放到乒乓球上，就像一个乒乓球放在地球上一样。

（二）病毒是特殊的生命体

1. 提问：病毒是生命体吗？

2. 小结：植物、动物，这些是"生命体"；岩石、金属，这些是"非生命体"。而病毒是一种没有细胞结构的特殊生命形态。

3. 提问：请你通过图片观察一下病毒的结构是什么样的？

4. 小结：病毒的结构非常简单，由蛋白质外壳和内部的遗传物质组成。病毒不能独立生存，必须生活在其他生物的细胞内，一旦离开活细胞就没有了任何生命活动迹象。

（三）病毒劫持了人体细胞

1. 提问：病毒是如何感染人体的呢？

2. 小结：病毒会劫持人体健康的细胞，并利用细胞开始复制病毒，被劫持的细胞在不知不觉中制造出更多的病毒，这个细胞会破裂并释放出大量病毒感染其他细胞，就这样病毒以极快的速度在人体扩散和蔓延开了。于是我们会伴有发热、头疼、咳嗽、流鼻涕等免疫反应症状。

【设计意图】病毒是一种肉眼看不见，手摸不着的微生物，学生比较陌生。使学生了解什么是病毒、以及病毒是如何感染人类的。

二、认识新型冠状病毒

（一）什么是冠状病毒

1. 提问：冠状病毒是什么样的病毒呢?

2. 讲述：病毒的形态多种多样，有球形的、方形的、子弹状的、杆状的、丝状的。而冠状病毒相貌奇特，表面上布满了凸起，像国王的王冠一样，所以被人们命名为冠状病毒。冠状病毒是病毒中的一大类，在自然界中广泛存在。它不仅能感染人，还能感染猪、猫、牛、鼠、禽类等，它最喜欢感染的就是呼吸道和肠道。患者表现从普通感冒到重症肺部感染不同。迄今为止，共发现了 6 种可感染人类的冠状病毒，而最近人们发现的是冠状病毒家族的第 7 名成员，被命名为 Covid-19。

（二）新型冠状病毒的特点有哪些?

1. 讲述：新型冠状病毒属于 β 属的冠状病毒，目前研究显示与蝙蝠 SARS 样冠状病毒同源性达 85% 以上。对冠状病毒理化特性的认识多来自对 SARS-CoV 和 MERS-CoV 的研究。

2. 学生活动：通过新型冠状病毒和 SARS 病毒对比图来了解新型冠状病毒的特点。

【设计意图】使学生了解冠状病毒的形态结构以及新型冠状病毒的特点。

三、科学防疫

提问：针对病毒在体外存活时间不长的特点，我们应该如何防范呢?

小结：希望同学们能做到出门戴口罩、勤洗手、勤通风，避免到封闭、空气不流通的公共场合和人多集中的地方，避免近距离接触任何有感冒症状的人，发现症状及时就医，让我们共同战胜疫情!

【设计意图】在学生科学认识病毒之后，合理加以预防，树立科学防疫的意识。

《自制圆形盘编器——编制吉祥手链》教学设计

■ 课程资源部　四、五、六年级　张昕怡

教学目标

1. 结合数学圆、辅助线等知识制作圆形盘编器。
2. 掌握圆形盘编器的使用方法、规律，编制吉祥手链。
3. 体会手工编制的乐趣，传承中华传统民俗。

教学重点、难点

掌握圆形盘编器的使用方法、规律；结合数学圆、辅助线等知识制作圆形盘编器。

教学过程

一、盘编器与手链

在我国，一直有编制手链送给自己的亲朋好友，表示吉祥祝福的传统。但徒手编制手链对同学们来说有一定难度。今天，我们就学习制作圆形盘编器，并利用它编制吉祥手链。

【设计意图】利用传统民俗激发学生兴趣，导入本课内容。

二、制作圆形盘编器

（一）材料

废旧纸板。

（二）观察

1. 外形：圆形，内部一个同心圆孔，周长平均分 32 份并开槽。

2. 印刷标记：4 个垂直的定位点，32 个数字标记点，4 个逆时针箭头。

（三）制作

1. 画直径分别为 5 厘米和 1 厘米的同心圆。可利用圆规画圆；没有圆规，可利用纸条、线绳等绘制。

2. 将圆周 32 等分。计算 360° 的 1/32，再使用量角器测量，等分 32 份。然后做辅助线，通过互相垂直的两条直径，连接圆周上的点，形成线段，再连接这条线段的垂直平分线。之后重复此操作，直到完成 32 等分。

3. 将盘编器沿线裁开，请同学们注意工具使用安全。

4. 标注 4 个垂直定位点、4 个逆时针箭头以及 32 个数字标记点。

【设计意图】通过教师演示，探究如何利用数学圆、辅助线等知识制作圆形盘编器。

三、盘编器的使用

编制用的一根线或一份线称为一股。可用中国结线或缝纫线等。缝纫线较细，可把几根线分为一股。

盘编过程

盘编器可编制 4 股、8 股、12 股、16 股圆柱状手链。以编制 8 股手链为例：准备 4 股 80 厘米长的线。

1. 起头：找到 4 根线中心点，中间留 4 厘米，左、右手分别向内、外两侧旋转线绳，之后合拢线绳呈麻花状，作为扣眼，再把合拢后的线绳进行打结完成开头。

2. 排线：将线绳排列在编织盘 4 个点位之上，线绳排列顺序不同，最终手链纹样也不同。

3. 编制：观看教师演示，总结编制规律。右上向下、左下向上、逆时针旋转到下一个点，重复操作，直到你需要的手腕长度。思考，如果暂停，如何判断下一步？刚编完的两条线是平行的，就要旋转到下一个点后再进行编制；或者，只完成右上向下，作为标记。

4. 收尾：将线绳取下，尾端打结，结要牢固，留 2 厘米流苏，剪掉剩余线头。可以轻轻拉一下手链，使其外形更美观。

【设计意图】通过教师演示，学生掌握盘编器使用方法，发现、归纳编制规律。

四、学生拓展

同学们可以通过互联网搜索圆形盘编器的更多使用方法，尝试利用盘编器编制其他纹样手链，并把它作为礼物送给你的家人、朋友，表达我们的美好祝福。

【设计意图】启发学生进行课外探索，并能将自己的作品转化为祝福。

影视欣赏

爱因斯坦在写给纽约罗里奇博物馆的信中曾说："电影，作为一种对人类精神幼年时期的教育方法，是无与伦比的。因为电影可以使思想剧情化，这比任何其他的方法更容易为儿童所接受和理解。"

优秀影视作品是人们社会文化生活的精神食粮。优秀影片对青少年有很大的影响。

2018 年，教育部和中宣部联合印发了《关于加强中小学影视教育的指导意见》，对影视教育进入中小学课堂有了明确的指示。史家小学将开设了多年的校本传媒课程改为"影视教育"，作为六年级的必修课。

学生们在家通过网络进行学习的过程中，我们又将"影视教育"课程推广到全集团一至六年级的 4000 多名学生中。

学校通过每周一的"影片推介"栏目向学生推荐一部优秀的影片，引导学生像阅读研习经典好书一样认真"品读"优秀影片，通过故事体会其内在精神；深度挖掘那些富有历史性、思想性、艺术性的情节内容，激发学生对党、国家和人民的热爱之情，坚定理想信念。

从学生观看影片后的反馈情况来看，同学们非常喜欢这种形式的课程。这不仅丰富了他们在家的文化生活，而且开阔了视野，增长了见识。同时，课程还促进了学生的身心健康和全面发展，提升了学生的审美及人文素养。

《大闹天宫》教学设计

▎品牌发展中心　六年级　单博文

教学目标

1. 通过欣赏影片了解手绘动画片的难度。

2. 通过欣赏影片《西游记》，激起学生进一步阅读的兴趣。

3. 能够结合影片谈一谈自己的想法。

教学重点、难点

通过欣赏这部中国动画片的佳作，激发学生的民族自豪感，体会中国传统文化的魅力。

教学过程

一、影片的背景资料及故事情节

本影片的人物形象和背景由著名工艺美术家张光宇、张正宇兄弟设计。影片中的人物造型借鉴了传统京剧中的脸谱。影片中运用的配乐，也极具民族特色。影片中采用鼓镲来体现打斗的场景，生动地体现了猴王的灵活性和场面的宏大，激昂顿挫。在造型、设景、用色等方面借鉴了古代绘画、庙堂艺术、民间年画的特色。

【设计意图】通过影片背景资料的介绍，使学生了解到传统文化在动画作品中的成功融合，开阔学生的视野，激发学生的民族自豪感。并让学生了解影视作品是在原著的基础上进行节选改编，这是由于电影时长有限。另外，原著中有大量的精彩剧情，所以造成了改编上的很大难度。

本影片根据古典名著《西游记》中的故事改编，创作历时 4 年之久。

大概剧情：在东土傲来国有一座花果山，山上有一尊石猴，它吸收日月精华化身为一只神猴，统领着山中的猴子猴孙。为求得一件称心的宝贝，神猴潜入龙宫，强硬要来大禹治水时的定海神针作为如意金箍棒。东海龙王心有不甘，于是上天将此事诉诸玉帝。玉皇大帝命令太白金星下界招安，许以爵位。不知有诈的孙悟空欣然前往，却发现只是负责养马的弼马温。得知受骗的猴王反下天庭，与天兵天将进行殊死斗争。

二、《大闹天宫》的评价

孙悟空是我国神话创作中塑造得较为完整的英雄形象。他酷爱自由，追求自由，通过自己的艰苦斗争获取自由，这是孙悟空性格的显著特征之一。本片成功地塑造了孙悟空这一角色。

影片在孙悟空的形象上寄托了作者的理想。孙悟空那种不屈不挠的斗争精神，抡起金箍棒横扫一切妖魔鬼怪的大无畏气概，反映了人民大众的愿望。他代表了正义的力量，表现出人民大众战胜一切困难的必胜信念。

【设计意图】让学生不仅了解孙悟空这个人物，还要理解作品要表达的思想：歌颂正义、不屈不挠的斗争精神，争取自由、战胜一切困难的必胜信念。

三、互动与反馈

同学们可以将自己的观后感写出来，与大家分享。

【设计意图】使学生在欣赏影片之后能够有所思考，并与他人分享。

《小兵张嘎》教学设计

■ 品牌发展中心 六年级 张立新

教学目标

1. 通过欣赏影片了解抗日战争的历史背景。
2. 通过欣赏影片了解张嘎这个人物的性格特点。
3. 能够结合影片谈一谈自己的想法。

教学重点、难点

体会张嘎是如何从一名淘气顽皮的少年成为一名优秀的小游击队员的。

教学过程

一、影片的背景资料及故事情节

1958 年，作家徐光耀用了不到三个月的时间，同时创作出《小兵张嘎》的小说与剧本。

导演欧阳红樱看了《小兵张嘎》的小说之后，决定筹拍电影《小兵张嘎》。最后崔嵬和欧阳红樱两个导演合作拍摄了这部影片。该片于 1963 年上映。

【设计意图】通过影片资料的介绍，使学生了解本片诞生的背景，重温抗日战争这段历史，对学生进行爱国主义、集体主义教育。

故事讲述了在抗日战争时期，生活在冀中白洋淀的小男孩张嘎与唯一的亲人奶奶相依为命。为了掩护在家养伤的八路军侦察连连长钟亮，奶奶英勇地牺牲在日军的刺刀下，而钟亮也被敌人抓走。

为了替奶奶报仇并救出老钟叔，嘎子当上了一名八路军的小侦察员。在配合侦察排长罗金保执行任务时，嘎子表现得勇敢、机智。当他被敌人抓去拷问时，他坚强不屈。最终，他和八路军战士里应外合，全歼敌人，救出了老钟叔，也替奶奶报了仇。

战斗结束后，嘎子把藏在老鸹窝里的手枪主动拿出来交公，队长则正式宣布他成为八路军战士，并把手枪发给他使用。

二、《小兵张嘎》的评价

这是一部很有特色的儿童题材电影，堪称新中国儿童影片的一座里程碑。这部影片荣获了 1980 年中国第二届少年儿童文艺创作一等奖。

这部影片真实、自然地塑造了一个性格鲜明的少年英雄形象，影响了几代小观众。

【设计意图】了解优秀的电影一定要来自生活，又高于生活，才能引起观众的共鸣。

三、互动与反馈

1. 说一说影片中的哪个情节给你的印象最深。

2. 你认为嘎子是个什么样的人，你希望学习他身上的哪种品质。

3. 同学们可以将自己的观后感写出来，与大家分享。

【设计意图】通过说与写的方式加深学生对于英雄人物的了解。

第二章

成长课程 2.0

家校共育

　　家校共育课程，以协同为核心，以共育为目标，以课程平台为载体，打通了学校与家庭、教师与家长之间的壁垒，促使双方从"面对面"转为"肩并肩"的教育协作共同体。我们以课程"叩开"家门，再以课程"打开"校门，让生命教育、道德教育、规则教育、健康教育、家庭教育、环保教育、青春期教育、少先队教育等主题教育成为课程的主旋律。无论是哪个主题的学习内容，教师都会留下亲子话题，鼓励学生主动与家长交流。很多课上讨论、课下活动都需要孩子和家长一起完成。这样的课程转变了学生的学习方式，让学生从原有的学习个体转身成为家庭式的学习合作伙伴。学习方式的变革，让学生在学习中与家长一同思考探究，一同参与体验。家庭学习伙伴的组成替代了学校里的学习小组，这不仅增加了亲子之间的亲情，更是在家长的参与下进一步促进了学生自主探究、独立思考、实践应用等学习能力的提升。通过课程学习与课后交流，让家长了解教师的教育理念与育人目标，同时也让教师知晓家长的困惑与问题。家校双方合力，达成共识，厘清家长与教师各自的职责，双方从不同的维度、不同的教育方式走向相同的育人目标，实现真正的"同频共振"。

《入队之前我准备》教学设计

█ 德育部 一年级 赵慧霞

教学目标

1. 学习少先队"六知""六会""一做"的内容。

2. 使学生感受到成为少先队员是很光荣的，激发他们加入少先队组织的愿望。

3. 懂得入队前要严格要求自己，努力争当少先队员。

教学重点、难点

帮助学生了解有关少先队的知识，做好入队前的准备；学会系红领巾。

教学过程

一、课前导入，激发兴趣

亲爱的同学们，大家好！你们即将戴上鲜艳的红领巾，加入中国少年先锋队，成为一名光荣的少先队员了，你们是不是很期待呢？要成为一名少先队员，需要做哪些准备呢？

【设计意图】问题导入，明确课程内容，激发学生兴趣。

二、"六知"

发展少年儿童加入少先队要经过充分的队前教育，达到"六知、六会、一做"基本标准。

知道少先队的名称：中国少年先锋队，简称"少先队"，是中国少年儿童的先进组织。

知道少先队的创立者和领导者：中国共产党。党委托中国共产主义青年团直接领导我们队。

知道队旗的含义：五角星加火炬的红旗是少先队的队旗。五角星代表中国共产党的领导，火炬象征光明，红旗象征革命胜利。

知道队徽的含义：五角星加火炬和写有"中国少先队"的红色绶带组成少先队的队徽。

知道少先队员的标志：红领巾，代表红旗的一角，是革命先烈的鲜血染成。每个队员都应该佩戴它和爱护它，为它增添新的荣誉。

知道少先队的作风：诚实、勇敢、活泼、团结。

【设计意图】帮助一年级学生了解并掌握少先队知识，明确入队的意义，切实增强新队员的光荣感和组织归属感。

三、"六会"

（一）会戴红领巾：领巾披在肩，左尖搭右尖，底尖转一圈，叉上拉底尖，底尖穿过圈。

（二）会敬队礼：右手五指并拢，高举头上，表示人民的利益高于一切。

在升旗仪式时，队旗进、退场时，集会前列队、行进时，见到师长时和在烈士墓前扫墓时需要敬队礼。

（三）会呼号：呼号时，右手握拳，拳心向左前方，举到耳朵旁边，领呼："准备着为共产主义事业而奋斗。"队员齐声坚定地回答："时刻准备着！"

（四）会背入队誓词：我是中国少年先锋队队员，我在队旗下宣誓：我热爱中国共产党，热爱祖国，热爱人民，好好学习，好好锻炼，准备着：为共产主义事业贡献力量！

（五）会写《入队申请书》：入队前，同学们还要向少先队组织提交入队申请书，表达自己想要加入少先队的愿望和决心。

（六）会唱队歌：我们的队歌是《我们是共产主义接班人》，是故事片《英雄小八路》的主题曲。

【设计意图】让少先队员认识、理解少先队组织和标志标识的内涵，天天有目标、时时有进步，从小学先锋、长大做先锋，循序渐进地接受政治启蒙和价值观塑造。

四、"一做"

根据队章的要求，少年儿童在入队前，为人民做一件好事。

【设计意图】培养学生做好事的习惯，服务他人、服务社会的意识。

希望大家牢记"六知""六会""一做"的内容，时刻准备着，成为一名合格的少先队员。

【设计意图】持续开展队前教育，为入队工作打下良好基础。

《中队建设我参与》教学设计

█ 德育部 二年级 王 晔

教学目标

1. 了解少先队组织文化的含义和内容。

2. 培养少先队员组织意识和服务组织能力。

教学重点、难点

增强队员荣誉感并学会责任担当，有组织意识和服务组织的能力。

教学过程

一、珍爱红领巾

猜谜语：揭示红领巾。

观看视频：学会爱护红领巾的方法。

【设计意图】红领巾象征着荣誉，作为少先队员，要规范使用和保管红领巾，将这份荣誉不断传承下去。

二、中队知识我知道

（一）少先队员小调查

通过问卷方式调查学生对于队干部的认知情况，中队辅导员可在平日工作中明确队干部的服务意识。

（二）竞选队干部前需做以下思想准备

1. 少先队干部不是官位称呼，不能成为炫耀和骄傲的资本，需在各方面以身作则，起到榜样示范作用。

2. 队干部要全面发展，要有服务队员、服务中队的意识。

3. 队干部要配合学校要求，把工作落实好，有责任担当和先人后己的精神。

（三）中队干部评选职责及流程

1. 介绍职责：中队长、副中队长、学习委员、组织委员、宣传委员、文体委员、劳动委员。

2. 流程：宣讲评选方案—个人述职—全中队投票—选出候选人—召开中队委员会—确定中队干部分工，通过六个环节评选中队干部。

【设计意图】评选队干部是一项严谨工作。队干部将是中队和学校少先队的核心力量。

三、中队服务我奉献

（一）少先队员这样想

作为少先队干部，应怎么发挥力量为中队出力？一起通过视频了解沈功玲老师的建议。

（二）少先队员这样做

作为少先队员，应如何在中队积极组织服务他人？可通过以下环节：

1. 在班中召开中队委员会商讨活动细节。

2. 各中小队干部积极组织、带动队员课间准备。

3. 在少先队活动时间汇报成果。

（三）少先队员计划书

通过对中队的了解，请你发挥特长，积极开展自主活动并撰写一份"中队服务我奉献"的活动计划书。计划书中要写清活动时间和地点；注明中队名称、中队成员及队员分工职责，同时尽可能作出详细的计划安排。

【设计意图】了解队员所思所想，在中队组织建设中自主开展服务活动，为班级出力。

四、身边的榜样与国家的希望

史家教育集团有很多优秀少先队员，他们都是通过在中队组织中不断地锻炼自己，最终成为同学们心中的榜样。

学习习主席给少先队员的一封信。

【设计意图】让队员知道积极开展中队建设活动可以提高能力。新时代少先队员要从小学先锋、长大做先锋，努力成长为能够担当民族复兴大任的时代新人。

五、拓展学习

推荐观看《致红领巾》等优秀作品。

【设计意图】号召队员始终听党的话，跟党走，让红领巾更加鲜艳。

《组织文化我建设》 教学设计

■ 德育部 三年级 崔韧楠

教学目标

1. 了解少先队组织文化的含义和内容。
2. 初步学习如何自主建设少先队组织文化。
3. 培养少先队员的组织意识和服务组织的能力。

教学重点、难点

培养少先队员的组织意识、组织观念、组织情感以及服务组织的能力；让队员们拥有光荣感和组织归属感。

教学过程

一、走进少先队 我有新发现

导入提问：当你加入少先队组织后，有没有发现什么不一样？

思考发现：参与中队建设，开展少先队活动课和队活动时都会有少先队标志。

学习知晓：这些标志和标识也是少先队组织文化的一部分。少先队组织文化是少先队组织统一行动的基本保证，其核心内容和要求的依据是《中国少年先锋队章程》（以下简称《队章》）。

【设计意图】情境导入，激发兴趣，发现问题，知晓少先队组织文化的内容和要求。

二、知晓意义 开展建设

提问思考：为什么要建设组织文化？由谁来建设？

探究学习：结合《队章》，让队员明白少先队组织文化由队员们自主建设、自主创新，组织文化建设让队员们拥有光荣感和组织归属感。

【设计意图】引导队员知晓组织文化建设的意义，积极开展建设。

三、体验实践 做好建设

过渡：少先队组织文化建设有很多方面，让我们一起从中队组织文化建设做起。

（一）共同建设　多彩队角

1. 观察知晓：队员通过观察各校区典型的中队角，知道中队角是由队员自己创办、深受队员喜爱的宣传教育阵地。

2. 探究学习：队员学习建设中队角的方法，利于建设和开展相关中队活动。

3. 体验实践：利用学到的方法，积极参与"中队角　我建设"方案设计活动，加强中队凝聚力。

（二）人人参与　共记日志

1. 感受体会：通过欣赏各校区典型中队日志，让队员感受中队日志是队员相互交流、互助成长的平台，使中队生活更加丰富，集体凝聚力更强。

2. 交流分享：聆听队员的感想和收获，学习记录中队日志方法。

3. 实践体验：鼓励队员在疫情期间积极参与日志"不停记"活动，特殊时期用特殊的方式让中队日志更有历史意义和教育价值。

（三）坚定思想　共绘队报

1. 感受体会：通过欣赏各校区近三年典型的主题队报，让队员感受队报是少先队组织特有的积极活跃的纸媒思想教育传播阵地。

2. 学习思考：队报蕴含着队员们对组织的热爱之情、对党和国家的崇敬之情，有着独特的主题教育性。

【设计意图】调动队员积极性，指导队员从中队组织文化建设做起，感受组织文化带来的凝聚力和向心力，为今后建设和开展各项活动奠定基础。

四、坚持不懈　发展建设

总结：加强少先队组织文化建设让少先队更有吸引力、凝聚力和影响力，让队员们担当起责任，共同将少先队建设得更具活力、更具特色、更具发展前景。

【设计意图】总结提升课程学习内容，在组织文化建设中让队员们变被动为主动，培养少先队员服务组织的能力。

《代表大会共献策》教学设计

■ 德育部　四年级　张均帅

教学目标

1. 学习什么是少代会，如何召开少代会，如何参与少代会。

2. 学习撰写少代会提案，实现建言献策和共谋共建，培养主人翁精神和服务意识。

3. 增强组织意识、自主意识和实践能力，在政治启蒙和价值观引领中培育家国情怀。

教学重点、难点

学会少代会流程、撰写优质提案，掌握献策和服务能力，培养组织意识、责任担当和家国情怀。

教学过程

一、课前导入，激发兴趣

在史家，队员入队都要经过非常规范的学习和自我提高过程。到了四年级，队员有机会成为少代会代表，甚至是大队干部，通过参加少代会和撰写提案，为队组织、为学校作出更多更大的贡献。那么，什么是少代会？少代会有哪些内容，怎么参加，做些什么？

【设计意图】问需于童，明确课程内容，激发队员兴趣。

二、探究学习，掌握新知

（一）什么是少代会

少代会的全称是少先队代表大会，学习少代会的作用和意义，了解少代会是让少先队员实施民主权利、当家做主的保证，是队员学习民主、发扬民主、培养民主能力和主人翁思想的重要形式。

（二）队组织怎么召开少代会

带着角色感体验组织大会的过程。

（三）如何参与少代会。

1. 参与民主选举代表，按要求行使权利、履行义务。

2. 参与征集和撰写提案，充分调查和反映队员们的心声。

3. 参与起草大会文件，把民主意见集中体现，形成文字等材料。

4. 参与酝酿大队候选人，体验组织生活，摆正参与选举的心态。

5. 参与大会表彰，为树榜样、学先锋做好导向和宣传。

6. 参与会场布置，发挥所长，营造美观、庄严、队味儿鲜明的会场气氛。

7. 参与预备会，做好代表资格审查报告和大会安排等事项。

8. 根据队组织要求，积极参与做好少代会准备工作。

（1）开幕及闭幕仪式，邀请相关领导嘉宾出席。

（2）作少代会工作报告，全体代表进行审议。

（3）少代会发布民主提案。

（4）少代会选举产生新一届大队委员会。

（5）讨论、表决通过少代会决议。

9. 参与少代会后的相关工作，贯彻落实大会决议。

（四）撰写提案，共献策

1. 提案提升阳光公益社活动品质，成立众多的"微善行动队"。

2. 提案让我们的校园我们做主，成立携手服务的"中队社区"。

3. 提案让公益梦想成为现实，用"服务学习"温暖社会、感动中国。

【设计意图】问计于童，引导队员自主学习少代会和共献策，结合自身经历进行梳理总结。

三、总结提升，倡导实践

通过对少代会的学习，队员们知道了少代会齐参与、写提案、共献策的重要意义。最后分享一份少代会的提案模板，让大家课后试着想一想、写一写，在下一次少代会时带着一份有质量、有价值的提案共献策。

【设计意图】问行于童，结合本课所学设置开放性思考内容，引领队员实践体验。

《自主社团话担当》教学设计

■ 德育部　六年级　冯思瑜

教学目标

1. 了解学校的少先队社团，知道社团开设的意义。
2. 引导少先队员以主人翁精神积极参与社团，探索社团发展。
3. 让少先队员学会通过社团活动感受责任担当。

教学重点、难点

知道少先队自主社团的重要性，学会如何开展社团活动；少先队员在自主社团活动中如何实现自主管理与自我发展。

教学过程

一、了解少先队社团

提问导入：队员们，你们了解少先队社团吗？会开展社团活动吗？

激发兴趣：史家倡导"我的社团我做主"，介绍史家教育集团少先队的社团和不断发展的班级社区社团，让队员们感受到每个人都可以参与到丰富的社团活动中。

追根溯源：了解史家教育集团的特色社团，如史家小学红领巾电视台、史家校区的阳光公益社、七条校区的行动公益社和实验校区的快乐公益社、服务学习项目、国旗班和少先队大队结合升旗仪式开展的一系列爱国主义教育等。

【设计意图】让队员了解史家教育集团的少先队社团，知道社团发展的历史。

二、开展社团活动意义

引发思考：为什么要几十年如一日地开展社团活动呢？

学习探究：通过社团活动与实践，使队员们感受到社团活动会促进队员全面发展、主动发展、个性发展、和谐发展，使队员成为具备"表达、自主、交往、自律、实践"能力的"具有家国情怀顶天立地的中国人"。

【设计意图】让队员知道社团活动开展的意义，促进队员全面发展、自主发展。

三、如何开展社团活动

（一）"电视台今天我当班"活动

1. 活动体验：让队员在自主体验的活动中，了解红领巾电视台的岗位，岗位职责及自主管理机制和运行模式。

2. 探究发现：在红领巾电视台活动的全过程中，发现队员们不断自主完善社团建设，创新开展社团活动，给大家正能量引领，实现自主管理、自主发展。

（二）"守护国旗共担当"活动

1. 探究学习：指导队员选择参与社团的方式，可以加入"国旗班"，可以认真听旗前讲话，完成升旗仪式每一个环节；在学校每日的升旗仪式中用自己的行动守护国旗，体现每一个史家人的责任和担当。

2. 讨论研究：队员可以主动和辅导员老师一起讨论确定升旗仪式班级展示主题、分工合作，制订展示计划实施活动。

（三）"社团活动我做主"活动

1. 发散思维：了解社团服务的好方法，找到社团服务的方向和社团服务的好方法，鼓励队员创设新社团。

2. 教师指导：指导队员通过设计问卷的方式了解需求，更好地服务。

3. 总结梳理：梳理社团运行流程：确定社团主题—确定负责人—制定章程—聘请辅导员—制订计划—开展活动—评价反思。

【设计意图】让队员们通过体验社团活动，进行探究学习，知道社团开展的流程，学会自主开展社团活动，运行和管理自主社团。

四、社团的继承和发展

教师小结：总结少先队社团的发展和取得的成绩。

激发责任：让队员感受到责任，继续努力建设好史家少先队社团，更好地为队员们服务。

【设计意图】让队员们感悟责任担当，以主人翁精神做好社团传承和发展。

《公益活动来接力》教学设计

■ 少先队 五年级 杨 京

教学目标

1. 了解公益社团的历史背景、意义和服务理念。
2. 学会组织志愿小组，能够策划针对校园活动的志愿服务。

教学重点、难点

理解公益社的意义，培养服务意识，学会策划志愿服务活动；针对不同主题活动探寻服务突破口，制订切合主题的服务计划。

教学过程

一、回顾社团发展史

从红领巾义务打气队到七条行动公益社，从安业民小队到史家阳光公益社，用讲故事的形式介绍两个公益社团的成长历程。

【设计意图】使同学们初步了解公益社团的创立和存在意义。

二、理解社团职能

社团是学生自愿组织的群众性团体，目的是开展健康、积极有益的活动，培养综合素质，拓宽视野，锻炼创新和实践能力。公益社团就是为了公共利益，为了帮助他人、服务他人而成立的学生组织。我们一起来回想一下，你都参加过学校公益社的哪些社团呢？

我们有阳光爱心社团、文明礼仪社团、国旗护卫社团、公益传媒社团、绿色环保社团、活动志愿者社团。

公益社向所有同学开放，只要你有一颗服务他人的心。当然，你也可以和小伙伴一起组建一支自己的公益小队，为他人服务。

【设计意图】介绍公益社的组成，让队员感受身边的公益，激发他们的参与兴趣。

三、学习策划志愿服务

（一）了解活动

1. 如何组织一场校园活动的志愿服务呢？首先得对即将开展的校园活动有一定的了解。

2. 我们可以从活动主题入手，参照流程梳理志愿服务岗位，再针对这些岗位需求思考所能提供的志愿服务。

3. 同学们还可以展开调查，问问身边的同学、老师、家长，为自己出谋划策。

（二）制订计划

1. 根据前期调查结果，制订全面的、可行的志愿服务计划，填写计划书。

2. 每一个活动都有相对固定的流程，关注每一个细节，才能顺利完成岗位服务。活动中还需要随机应变、敢于担当、相互帮助，以应对可能出现的各种突发状况。

3. 计划制订完成，记得和相关负责老师协商和确认。

（三）服务反思

1. 活动结束后，不要忘记记录服务过程，并进行反思、梳理。

2. 最好还要采访一下被服务对象的建议和意见，以当事人的视角感受和思考。

3. 找出不足，仔细分析，汲取养分，才能茁壮成长。

【设计意图】以校园活动服务为例，让队员们感受到社团服务的流程性、计划性，从前期策划到后期反思，整个环节缺一不可。服务不仅仅是体力劳动，更需要脑力的配合，这样才能达到更好地服务他人的目的。

四、课堂小结

通过学习，相信队员对公益社团有了一个全新的认识，史家教育集团三个社团各具特色，但都有一个共同点：都是少先队员们公益服务的成长摇篮。希望队员们能够快快加入社团中，在不断自我完善的过程中，合力推动公益服务进程，使公益社团因为你们的存在而更加优秀。

【设计意图】动员队员加入公益社，把服务他人的意识植根于心，唤醒队员的公益意识和公益自觉。

《献好书 共分享》教学设计

■ 德育部 四年级 陈玉梅

教学目标

1. 结合"世界读书日"开展班级读书节活动，激发学生的读书热情，培养读书习惯。

2. 发挥少先队员的主人翁精神，策划网上图书漂流、阅读分享活动；培养服务意识。

教学重点、难点

结合"世界读书日"，开展读书交流活动，培养读书习惯；策划网上图书漂流、阅读分享活动。

教学过程

一、"世界读书日"的由来

（一）"世界读书日"的由来及意义

通过查阅资料，绘制小报，了解"世界读书日"的相关内容。

（二）打造"读书型社会"

为提高全民素养，我国已经第 6 次将倡导阅读写进《政府工作报告》。首都北京，还要打造步行 15 分钟阅读圈，为全民阅读提供便利。

【设计意图】了解"世界读书日"的意义，使学生明确读书的重要性。

二、疫情下的读书节

（一）每日都是读书日

史家小学四年级 12 班学生，疫情期间（3 个月）平均阅读量达 200 余万字，倡导每日都是读书日，坚持阅读成习惯。

（二）回顾读书分享会

1. 读书社课程。4~5 人为小组，共读一本书。每位成员都有不同的分享任务，有的负责文字的编写，有的负责配画，还有的同学用肢体语言刻画情节，使人身临其境。

2. 作家见面会。与作家面对面，作家娓娓道来讲故事，以论坛的方式激发学生的读书热情。

3. 阅读马拉松。例如，接龙朗读《习近平讲故事》，了解伟人事迹，学习伟人勤学苦读，勤学善思的方法。

4. 交流读书方法。同伴交流读书方法，相互学习，相互影响，养成读书习惯。

5. 樊登书店。樊登先生通过"云听书""云阅读"，进行好书推广，让很多粉丝爱上阅读。

（三）分享读书策划方案

临近"世界读书日"，请你做好"小主创"，分享读书策划方案。

1. "唱响春之歌"——60秒诗朗诵。策划"唱响春之歌"活动，以春为主题，配乐朗诵诗歌、散文60秒，通过班级群分享赞美春天，表达对生命的敬畏与热爱。

2. 致敬英雄，致敬祖国——90秒微故事。结合防疫，致敬"逆行者"，致敬祖国，致敬亲爱的党。明白英雄的意义，感受作为中国人的自豪与骄傲。录制小视频进行云分享。

3. 阅读直播间——亲子好书推介会。用上读书名言，进行好书推荐。激发亲子读书热情，形成书香家庭氛围。阅读直播间可以同"妈妈读书会"共同策划完成。

4. 名著改编——观影会。推荐全家一起观赏名著改编的电影，通过班级群分享观后感。

5. 哈利·波特——模仿秀。小"哈迷"们可以给电影《哈利·波特》配音或进行模仿秀，录制小视频进行云分享。

6. 评选"阅读星"。结合阅读量和阅读习惯的养成，进行评选。

【设计意图】回顾已有的读书分享活动，打开策划思路。通过读书分享，培养阅读习惯，增强服务意识。

三、总结服务思想

结合班级实际情况，改进自己的策划方案，写下对"服务"的新思考。

【设计意图】总结服务思想，举一反三，更好地为班级服务。

《知法普法好少年》教学设计

■ 德育部　五年级　迟　佳

教学目标

1. 关注生活中的法律法规，认识到知法、守法的重要性，了解获取法律知识的方法和渠道。

2. 愿意将自己了解到的法律法规分享给身边的人，树立服务他人的意识。

教学重点、难点

认识知法、守法的重要性，树立服务他人的意识。

教学过程

一、回顾普法教育活动，点明学习主题

希望通过今天的学习你能够懂得知法守法的重要性，了解获取法律知识的方法，更希望你能够分享自己的学习收获，服务更多的人。

【设计意图】拉进学生与法律的距离，顺利地进行下面的学习。

二、引发思考，出示任务单

（一）引发思考

法律在我们的生活中扮演着非常重要的角色，它跟我们的生活息息相关。那么，在你的身边有哪些事件或现象是跟法律有关的？你有没有想过自己该如何做守法少年呢？你又能用什么样的普法行动去服务大家呢？

（二）出示任务单

"知法普法小使者"任务单

我的班级：	我的姓名：
想一想，在你的身边有哪些事件或现象是跟法律有关的？	
你觉得自己该如何做守法少年呢？	1. 在家中的守法行为有哪些？ 2. 在校园的守法行为有哪些？ 3. 在社会的守法行为有哪些？
你想用什么样的普法行动服务大家呢？	

【设计意图】启发学生主动思考、主动探究。

三、借助任务单，了解获取法律知识的方法，认识知法守法的重要性

（一）做知法少年——关注生活中的法律法规

1. 出示生活中的法律法规图片。

2. 音频播放一位同学的思考：

法律不仅惩罚违法行为，还保护人们的正当权益；

通过法律案例了解法律知识；

衣食住行的方方面面都跟法律有关。

3. 小结：法律与我们的生活息息相关；法律不仅惩罚违法犯罪行为，还维护人们的正当权益；从生活实际出发，可以发现很多有意思的问题；可以从方方面面了解法律知识，关注法律案例是了解法律知识的好途径。

（二）做守法少年——践行守法行为

1. 在家中守法。

（1）出示漫画故事，了解居家期间使用网络的正确做法。

（2）播放卡通法制宣传片，让学生认识到随意编造、传播谣言是违法犯罪行为。

2. 在校园中守法。

（1）了解校园欺凌。

（2）结合电影《少年的你》女主角的遭遇，引导学生思考身边有没有欺凌行为，引导学生防微杜渐。

（3）结合《少年的你》，引导学生思考在校园中发现欺凌现象怎么办，并对学生进行正确引导。

3. 在社会中守法。

出示"跑步女"漫画和新闻，警醒学生遵守社会中的法律法规。

【设计意图】引导学生从认知上关注法律、从行动上遵守法律。

四、发现问题，认识普法的重要性，争做普法小使者

（一）发现问题，认识普法的重要性

1. 列举因不知法不懂法而违法犯罪的例子。

2. 明确加大法制宣传力度非常有必要。

（二）了解多种普法方式

1. 国家、社会层面的普法行为。

2. 学校层面的普法活动。

3. 身边伙伴的普法行为。

（三）践行自己的普法行为

1. 绘制普法小报，并将小报分享在班级微信群或朋友圈来宣传法律。

2. 普法小讲座：给家人进行法制小讲座，宣传了解到的法律知识，讲述了解到的法律案例，传播知法守法的理念。

（四）出示填写后的任务单，鼓励服务行为

（五）总结：我们不仅要知法守法，还要普法。你一定还有其他好方法去普法，赶快开动你聪明的头脑想一想吧，期待看到你的普法行动！

【设计意图】激发学生主动普法的行动。

《家庭旧物大变身》教学设计

■ 德育部　六年级　崔　敏

教学目标

1. 通过开展家庭旧物大变身活动，感受其美化、装点生活的作用，践行环保、低碳的生活理念。

2. 引导学生关注生活，培养发现问题、解决问题的能力。

教学重点、难点

开启创作思路，对家庭旧物进行加工改造，进行旧物利用再创造。利用各种平台，推广创意，服务社会。

教学过程

一、发现问题

一日三餐，都会产生一些厨余垃圾，你有没有想过它们是否还有其他利用价值呢？

【设计意图】引导学生关注厨余垃圾，引发对厨余垃圾处置的思考。

二、教给方法

（一）借助表格，探究厨余垃圾的利用

和家人聊一聊被我们扔掉的厨余垃圾，看能否再利用。

小食材　作用多	
饭后的厨余垃圾	还可以做什么

（二）观看实例，体会家庭废旧物品的"变身"

1. 欣赏白菜根培育的白菜花，体会白菜根变身后美化生活的作用。

2. 观看果壳贴画，欣赏其作为艺术品，感受装点生活的作用。

3. 观看更多废弃物品经过加工焕发出新的生机的实例。

【设计意图】引导学生和家人一起讨论厨余垃圾的处理，观看厨余垃圾"变身"后的样子，启迪学生思路，教给他们垃圾变身的方法，调动创作的热情。

三、尝试践行

（一）借助表格，开启废旧物品变身实践

家庭旧物大变身	
随处可见的旧物	变身成为……

（二）欣赏家庭废旧物品"变身"实例

【设计意图】启发学生思考处理家庭废旧物品的方法，践行废旧物品的再利用，体会"变身"物品给生活带来的方便和增添的乐趣。

四、服务他人

（一）明确家庭旧物"变身"的理念

家庭旧物合理再利用，不仅美化生活，使生活充满乐趣，还能服务他人、服务社会。我们的社会提倡的就是这种环保、低碳的生活理念。

（二）欣赏身边同学的旧物"变身"创意

1. 旧衣物变身 DIY：我校同学在开展"环保布袋 DIY"活动时，把旧衣物改造成了环保布袋，既美观又方便。

2. 毛绒玩具椅：六年级的同学将旧的毛绒玩具做成了玩具椅。坐在这样的椅子上看书、游戏，既舒适又美观。

3. 借助服务学习项目推广创意，让更多的人因为废旧物品"变身"而受益。你想到了哪些为他人服务的创意呢？

如何让更多人因为家庭旧物"变身"而受益	办法一
	办法二
	办法三
	……

【设计意图】让同学了解"家庭旧物大变身"的活动理念，知道本校服务学习中身边同学的作品创意及推广情况，吸引更多同学参与。

《教子有方好典范》教学设计

■ 德育部 五年级 高江丽

教学目标

1. 学会寻找父母身上值得学习的好做法以及需要改进的地方，这有助于改善家庭教育环境，同时帮助更多家庭。

2. 认识到家庭教育的重要性，有积极参与营造良好家庭教育环境的意识和行动，培养家庭教育主人翁责任感和自豪感。

教学重点、难点

学会寻找父母身上值得学习的好做法以及需要改进的地方；认识到家庭教育的重要性，有积极参与营造良好家庭教育环境的意识和行动。

教学过程

一、围绕课题，直接导入

同学们，通过今天的学习，希望你能学会解决家庭教育问题的方法，和父母一起提升家庭教育品质，并给他人带来帮助。

【设计意图】明确学习主题及本节课的学习目标。

二、问题出发，引发共情

（一）实际生活出发，问题引入

通过课前调查发现，同学们普遍不喜欢父母的这三点做法：否定与责备、说到做不到、唠叨。遇到这样的家庭问题，大家该怎么做呢？接下来这节课的学习，相信会对你有所帮助。

生活中，你最不喜欢父母的哪些做法？（最多选3项，按顺序写）	
A 唠叨	1.（最不喜欢）：
B 说到做不到	
C 否定与责备	2.
D 不了解情况就批评孩子	
E 其他（具体内容写在右边）	3.

（二）理解课题，引发共情

1. 理解课题。

2. "父母是孩子的镜子，孩子是父母的影子"。明白父母对孩子的影响很大，孩子是营造和谐家庭教育环境的重要力量。

【设计意图】从学生现实需求出发，在激发学习兴趣的同时，明白课程跟自己密切相关，在共情中树立责任感。

三、亲子商讨，寻找做法

（一）了解任务单

亲子共寻"教子有方好典范"任务单

我眼中父母好的做法	
父母觉得自己做得好的地方	
我不赞同父母这样的做法	
父母不满意自己的地方	

（二）学方法

1. 听故事：分享教子有方的故事，拓思路、获启发。

2. 学方法：分享两个同学的做法，从中总结寻找父母好的做法。

（三）亲实践

借助任务单，和父母一起梳理并传承这些好的做法。可设计一份感恩卡感谢爸妈的付出。

【设计意图】借助"教子有方好典范"任务单和伙伴的做法启发学生，在方法引导中开展实践活动。

四、亲子实践，解决问题

（一）明思路

谈一谈，听一听，做分析，有梳理。

（二）会沟通

1. 礼貌不急躁，有理有据。

2. 借助教子有方故事，反思家教问题。

3. 用积极的行动努力解决问题。

（三）亲实践

请你和父母一起借助任务单梳理你的家庭教育问题，形成属于你的"家庭教育报告"或家庭公约，为解决家庭教育问题而努力。

【设计意图】引导学生学会亲子有效沟通，寻找出家庭教育问题，并通过家庭公约、家庭教育报告等积极解决家庭教育问题。

《健康生活我知道》教学设计

■ 德育部 一年级 韩 莉

教学目标

1. 辨别居家的生活习惯是否健康，认识健康生活的重要性。

2. 学会填写"健康生活习惯"任务单，激发学生重视自身健康的同时，关注到家人的健康。

3. 引导学生结合已有经验，积极思考，将健康生活好习惯归类梳理，并运用健康知识服务他人。

教学重点、难点

学会填写"健康生活习惯"任务单，将健康生活好习惯归类梳理，并运用所学服务他人。

教学过程

一、复习前课，点明主题

回顾上节课的内容，点明本课主题："健康生活我知道"。

二、发现问题，引发思考

观看居家生活视频，判断居家生活习惯是否健康。饮食合理，坚持锻炼，都是健康好习惯；时间很晚还在看电视，这是不健康习惯。

【设计意图】播放孩子们居家情况的视频，引导学生辨别居家方式是否健康，发现问题，明白健康生活习惯的重要性。

三、知识梳理，建构框架

（一）提出问题，导入学习单

1. 想一想，居家生活中，健康好习惯都有哪些呢？

2. 依据"课程超市"所学知识，进行前期调查，完成任务单。

（二）寻找答案，分类填写学习单

1. 卫生习惯梳理：正确的洗手方式，七步洗手法要牢记。户外活动，注意防护；打喷嚏或咳嗽时的正确防护方式。归纳信息，填入学习单。

2. 健康作息习惯梳理：制定健康作息时间表，合理安排睡眠、饮食、运动、学习。主动做一些力所能及的家务劳动，培养家庭责任感。归纳信息，填入学习单。

3. 爱眼护牙好习惯梳理：线上学习时间不超过 1 小时，坚持做眼保健操；读书或写字时，保持正确姿势；多晒太阳，看看远处；每天至少要刷 2 次牙，每次刷 3~5 分钟。归纳信息，填入学习单。

4. 健康运动习惯梳理：居家生活还要坚持运动，视情况选择锻炼方式。归纳信息，填入学习单。

5. 健康饮食习惯梳理：定时定量进食，控制吃饭速度，避免过量进食，少油少盐，摄入食物要多样化。归纳信息，填入学习单。

（三）知识框架梳理，完成健康生活好习惯学习单

总结调查信息，归类健康生活好习惯。

【设计意图】借助健康小精灵的形象，在社区群平台调查，引导学生了解健康习惯，并对其分类梳理，掌握健康知识的框架。总结调查结果，呈现系统的健康知识。

四、关爱家人健康，丰富任务单

帮助家人养成健康生活习惯，激发情感共鸣。抓拍家人生活习惯照片，完成分类梳理，填写"让家人养成健康生活习惯"任务单和家人分享。

【设计意图】在填写表格的过程中，将不健康的习惯进行分类。通过这样的活动，激发学生关爱家人的情感。

五、服务实践，快乐成长

阅读健康知识图书，设计好习惯提示卡，并把提示卡贴到相应的位置。将健康知识分享到班级社区群，服务他人，在服务中快乐成长。

【设计意图】鼓励学生参与服务活动实践，收获成长与快乐！

《百家姓　话家风（一）》教学设计

德育部　二年级　李焕玲

教学目标

1. 了解百家姓的姓氏由来，探求百家姓的排序规则。
2. 研究身边的姓氏，追溯自己的姓氏。
3. 学以致用，传播姓氏文化。

教学重点、难点

研究身边的姓氏，追溯自己的姓氏，学以致用，传播姓氏文化。

教学过程

一、初识百家姓

（一）了解百家姓的姓氏由来

1. 教师提问：姓氏是一个人的家族血缘关系的标志和符号，我们每个人都有自己的姓氏。你们想不想知道《百家姓》中的姓氏由来呢？

2. 图书推荐：《我们的姓氏》。了解姓氏的由来：以图腾为姓；以国名为姓；以技艺为姓；……

（二）探求百家姓的排序规则

1. 学生质疑：《百家姓》中的姓氏是按什么次序排列的？

教师引导学生查阅资料，将自己的收获以音频的形式呈现：在古代，百家姓是按照政治地位排位的；而如今的百家姓是以数量排位的。

2. 问题深入：排在前四位的为什么是"赵钱孙李"呢？

学生继续查阅资料，找到相关视频，解决疑问。

3. 总结方法：遇到问题，借助网络和书籍去寻找答案，把学习和思考结合起来，学到切实有用的知识。

【设计意图】教师通过查阅书籍，了解姓氏的由来，可以带动学生积极查阅资料。在初识百家姓的基础上，引发学生质疑。有了学习方法的指导，学生能够借助资料，主动探求百家姓的排序规则。

二、姓氏研究

1. 提出问题：班里的同学都姓什么？哪些同学的姓氏与你相同，哪些同学的姓氏与你不同？班里哪个姓氏的同学人数最多？

2. 引发思考：教师出示自己统计的二（18）班学生姓氏表格，学生边看边思考，带着问题探求答案。

3. 学生研究：根据所在班级的情况，填写统计表。

【设计意图】基于二年级学生的实际，在提出问题后，教师先作出示范，帮助学生明确统计表的填写格式。通过统计班级同学的姓氏，引导学生留意周围，做生活的有心人，为服务他人做好准备。

三、姓氏追溯

1. 教师举例：用时间轴的方式，表述"李"姓的发展演变；借助分布图，展现各地的李姓人口。

2. 学生追溯：从姓氏由来、同姓名人故事等方面，研究自己的姓氏。

3. 学以致用：走进史家胡同博物馆，了解史家胡同名称的来历。

4. 传播文化：关注六（11）班同学发起的"中国姓氏文化传承"服务学习项目，让百家姓知识薪火相传。

【设计意图】对姓氏的研究，有助于学生进一步了解中华民族的历史和文明。而将层层深入的研究运用到实践中，学生不仅可以分享收获，还可以服务他人。

《小垃圾　大智慧》教学设计

■ 德育部　三年级　李　享

教学目标

1. 了解哪些垃圾或废弃物可以再利用，认识变废为宝的意义。
2. 利用学习单，了解变废为宝的步骤及原则，知道怎样变废为宝。

教学重点、难点

了解哪些废弃物可以变废为宝，知道怎样变废为宝；总结方法，形成环保意识，在变废为宝的过程中发展创造力，树立服务意识。

教学过程

同学们，还记得上节课学过的垃圾分类知识吗？本节课，让我们继续和"塑小平"一起，将垃圾"变废为宝"吧。

一、激趣导入，引发思考

（一）"变废为宝"认知篇——变废为宝的意义

1. 导语：（出示图片）"塑小平"变身为玩具小车，你了解世界各国垃圾处理的现状吗？

2. 引发思考：观看垃圾分类回收视频，思考垃圾通过回收可以变成资源。

（二）填写学习单

同学们，在观看视频之后，我们来将家中可以变废为宝的废弃物填写在表格中吧。

"让废弃物变废为宝"学习单

我的姓名		家庭参与成员	
家中哪些废弃物可以再利用	空塑料瓶、塑料吸管、废鞋盒、旧杂志、废弃笔杆、废旧电池、果皮……		
这些废弃物怎样变废为宝	废弃物名称		
	废弃物名称		
思考变废为宝的作用	1. 2. 3.		

【设计意图】通过观看视频，学生了解垃圾变废为宝的意义，利用学习单，发现身边可变废为保的废弃物，帮助学生初步建立废弃物变废为宝的概念。

二、体验升华，梳理方法

（一）"变废为宝"体验篇——学习怎样变废为宝

导语：同学们，还记得大家在科学课、天文课上的小作品吗？它们都是废弃物再利用的成果！

教师示范：（出示图片）依次讲解将旧鞋盒制造成储纳盒的过程，阐释变废为宝的步骤。

（二）引导学生填写学习单

激发思维：（出示图片）变废为宝具有简单性、美观性、实用性、组合性的原则。

孩子们，通过老师的示范，你们能用思维导图的形式继续完成学习单吗？

【设计意图】教师示范讲解，帮助学生理解知识，促进思维发展，进一步强化知识体系。

三、展示作品，深入主题

（一）"变废为宝"探索篇——变废为宝的作用

导语：我们知道了怎样变废为宝，那么变废为宝有什么作用呢？

交流讨论：和家人一起思考这个问题吧，一定能够得到更多的答案。

（二）启发学生完成学习单

【设计意图】通过学习单，再次帮助学生梳理方法，完善知识体系，渗透服务学习的理念，为后面的实践做准备。

四、引导实践，服务学习

（一）"变废为宝"践行篇

（出示图片）我们都看过"Bye bye 塑料吸管"活动的倡议书，五（4）中队的同学们从源头上减少塑料垃圾的形成，提出环保倡议，让我们也发起自己的"变废为宝"倡议吧，服务校园、服务社会。

（二）总结：在服务中学习，在学习中成长

【设计意图】结合实际生活，引导学生将本课所学知识运用于日常，促进学生树立服务他人的意识。

《百家姓　话家风（二）》教学设计

德育部　二年级　李　洋

教学目标

1. 认知目标：通过学习名人家风故事，了解家风的含义。

2. 情感目标：认识到良好家风对个人和社会的重要性。

3. 行为目标：帮助学生从小树立传承家风、服务他人的意识。

教学重点、难点

1. 教学重点：认识到良好家风对个人和社会的重要性。

2. 教学难点：帮助学生从小树立传承家风、服务他人的意识。

教学过程

一、问题导入　自主检索　激发学生思考

（一）初读课题，思考置疑

1. 请学生初读课题。

2. 对课题中不理解的词语进行提问。

【设计意图】通过置疑的方法，聚焦家风的含义，调动学生学习的积极性。

（二）查阅资料，了解家风含义

1. 引导学生自主查阅资料了解"家风"含义及作用。

查字典词典；

查找书籍；

搜索网络资料；

向他人请教……

2. 分享学生查阅资料结果，引发学生深入思考。

【设计意图】本环节通过基于学情的问题导入，帮助学生梳理查找资料的多种方法，引导学生在学习遇到困难的时候积极思考，运用一定方法尝试解决，调动学生学习的主动性。

二、方法引导　名人故事　解答家风意义

（一）初步了解钟南山院士抗疫事迹

1. 简要介绍钟南山院士 2013 年和 2020 年抗疫事迹。

2. 请学生就钟爷爷的事迹思考置疑。

（二）学习钟南山院士家风美德故事

1. 播放钟南山院士的两段讲述。

2. 对比钟家的家风，以"图示"的方式进行梳理。

3. 理解家风的含义以及家风传承的方法。

【设计意图】本环节旨在通过抗疫英雄钟南山爷爷的家风故事，更感性地帮助学生理解比较抽象的家风含义，引导学生感受家风传承的力量。并通过图示进一步帮助学生加深印象，引导学生理解记忆。

三、尝试实践了解我家姓氏名人家风

（一）查找自己的姓氏名人家风

通过学习钟南山院士的家风故事，鼓励学生实践，查找自己家姓氏名人的家风美德，并完成学习单。

我的姓氏		姓氏名人	
最打动我的故事			
从中我学到了什么			

（二）学习单交流分享

【设计意图】本节课进一步引导同学们反观自己的家庭，分享自己姓氏的名人家风故事，启迪学生关注优良传统，激发传承意愿。

四、学以致用　传承家风　践行服务他人

（一）自己的家风美德与传承

结合本节课所学，聚焦自己的家风，邀请学生从不同角度思考如何从小事做起传承家风。并完成学习单。

我家的家风			
传承家风我做到	对自己	对家人	对社会

（二）学习单交流分享

【设计意图】通过完成学习单的方式，引导学生自主实践所学，不仅梳理自己的名人姓氏家风，更激发学生自豪感和实践意愿，从身边小事做起，传承家风美德，服务他人。

《会阅读　乐阅读》教学设计

▍ 德育部　四年级　刘璐晨

教学目标

1. 通过问卷调查了解学生假期阅读情况，分析广泛阅读的好处，帮助学生形成泛览的阅读习惯。

2. 通过对文化名家、学生阅读方法和阅读益处的介绍，使学生了解高效的阅读方法，感受阅读的喜悦，帮助学生"会阅读　乐阅读"。

3. 通过制订"个人阅读成长计划"，使学生明确阅读习惯以及优缺点，提升阅读能力并将个人阅读成长计划与他人分享，达成服务他人的"服务 +"课程目标。

教学重点、难点

了解自己的阅读情况，形成泛览的习惯，同时习得更多阅读方法。完成"个人阅读成长计划"并服务他人。

教学过程

一、发现问题

1. 回顾方舱医院"读书哥"的新闻热点话题，引出本课主题。

2. 教师出示阅读调查，了解学生的阅读情况。

3. 分析调查结果，树立读书典型

4. 介绍泛览的益处，再回顾数据。

【设计意图】教师通过分析结果，得出"泛览"的概念；通过梳理学生对不同书籍的收获，使学生明确"泛览"的益处。同时，再次回顾阅读数据，帮助学生看到自己阅读的优势和问题，明确阅读目标。

二、解决问题

1. 引用名句，反思读书方法。

2. 总结方法，提升阅读效果。

3. 列举文化名家的读书方法。

4. 鼓励总结，分享阅读经验。

【设计意图】使学生知道"泛览"加上有效的阅读方法才是"会阅读"。通过阅读方法的展示，帮助学生找到相同点，并鼓励学生梳理、反思并提升自己的阅读方法，达成"会阅读"的目的。通过分享名人在阅读中的事例，展示阅读带来的好处，引起学生共鸣，达成"乐阅读"的目的。

三、服务他人

1. 出示"个人阅读成长计划"。
2. 回顾和梳理本课内容，完成"个人阅读成长计划"
3. 分享"个人阅读成长计划"，为他人服务。

【设计意图】通过梳理本节课内容，帮助学生回顾"发现—计划—行动—反思"的过程，最终完成"服务学习"的最后一步"分享"——服务他人，达成"服务＋"课程的总目标。

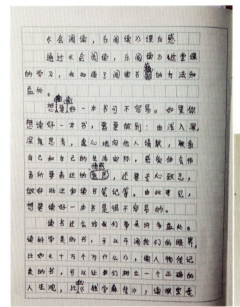

《江山代有伟人出》教学设计

■ 德育部　六年级　马克姗

教学目标

1. 学习一代代伟人的杰出思想与精神。认识伟人在祖国发展中的重要作用。

2. 乐于交流表达，发现伟人与英雄的不同及二者与时势的关系，提升探究能力。

3. 积极与组内同学合作，共同完成辩论赛需要的事实依据。

4. 激发学生的民族自尊心、自信心，增强民族使命感，使他们愿意为祖国未来建设出一份力。

教学重点、难点

认识伟人在祖国发展中的重要作用。与组内同学探讨自己欣赏的伟人，发现伟人与英雄的不同及二者与时势的关系，提升探究能力。

教学过程

一、点明主题，导入本课，完成学习单

（一）引入主题，激发学习热情

通过自主学习，探究"英雄"和"伟人"之间的异同。

1. 什么是伟人？举例说明。

2. 学习伟人精神先要向英雄学习。

3. 举例说明引出学习单，引发思考。

（二）完成"改变祖国命运的伟人们"的任务单

1. 回忆"学英雄　做先锋"的相关活动。

2. 运用已有的学习方法了解伟人的事迹，学习其精神。

3. 思考他们是如何成为英雄或伟人的。

（三）认识伟人，了解精神

1. 出示视频，认识伟人，获得启示。

2. 总结学习方法。

（四）交流学习单

1. 认识伟人和英雄的区别。

2. 总结学习方法。

3. 完成学习单。

【设计意图】用激励性的语言及学生生活中真实发生的事情，激发学生学习伟人精神的热情和服务社会的意识。通过播放伟人毛泽东的视频，引导学生真正走进伟人，发现伟人与英雄的不同之处，进行总结，并将自己的收获分享给大家。在交流分享中认识到伟人在祖国发展中的重要作用，学习伟人精神。

二、引出问题，大胆表达

（一）对比交流学习单，引出问题，大胆表达

1. 英雄和伟人之间有怎么样的联系？

2. 由英雄和伟人以及他们与时代的关系引发新的思考。

（二）结合学习单总结观点，善于倾听表达

1. 选择观点："时势造英雄"还是"英雄造时势"？

2. 大胆表达自己的观点。

3. 从同伴的表达中总结、学习表达观点的方法。

（1）表明观点＋事例＋引经据典。

（2）当下事例＋名词解释＋表达观点。

（3）熟知事例＋表达观点。

4. 尝试和父母来一场辩论，阐明自己的观点。

5. 完成《"英雄与时势"辩论赛任务单》。

【设计意图】通过对比学习单，引导学生发现伟人与英雄的不同之处，并且引导学生去发现二者与时势之间的关系，引发学生深入地思考。学生结合自己的学习单，来表达自己支持的观点，在交流中不断总结方法，完善自己的认识，大胆、有序、清楚地表达自己的观点。将学到的方法和家人、同伴分享。在交流中评价学生的优势，引导学生认识辩论的意义，活动总结中不断发现、反思、分享，再实践自己的学习认识过程。突破本课重点、难点。

三、总结活动，反思收获

【设计意图】引导学生不脱离时势背景在活动中学会正确评价，学习并传承伟人精神，表达对英雄伟人的崇敬之情。初步树立自己的服务意识。

《共建一片植物角》教学设计

■ 德育部　三年级　潘　锶

教学目标

1. 通过学习和实践，使学生了解建造植物角的益处，清楚建造、完善植物角的方法。

2. 通过认知和践行，使学生将所学服务于家庭与社会。

教学重点、难点

使学生了解建造植物角的益处以及方法，同时将课上所学内容服务于家庭和社会。

教学过程

一、谈话导入，点明主题——激趣篇

同学们！由于疫情还未结束，我们怎么才能足不出户，为生活带来一片绿色呢？

激发兴趣：引入植树节。

导入新课：通过在家建立植物角，共建绿色，愉悦心情。

【设计意图】激趣导入，引发思考。

二、初步调查，发现问题——认识篇

（一）出示学生调查

学生根据资料分析、理解植树造林的好处。

（二）播放视频

使学生了解植物通过光合作用，产生氧气。

（三）总结

植物是制氧高手，我们的生活离不开植物。

【设计意图】通过发现问题，查找资料，学生了解植物和氧气，为后面讲解做铺垫。

三、深入讨论，步步探究——探究篇

（一）引入学习单，了解植物的制氧量

思考：选择什么样的植物作为植物角的"主人公"？

视频讲解：确定选择植物的原则。

（二）根据调查发现，确定种植的植物

提供资料，了解能在家种植的植物和它们的习性，以及不适合在家种植的植物。

（三）学生确定好植物后完成学习单

我的姓名		小组成员	
栽种植物角需要解决的问题			
问题一：	问题二：		问题三：
选择什么样的植物			
植物名称：		植物角选址：	

注意：确定好植物种植地点后，继续完善学习单，并制作养护牌，记录养护植物的注意事项。

（四）总结建立植物角的方法，完善任务单

通过小游戏的设置，美化植物角。

【设计意图】通过学习，使学生明确建造植物角的方法。

四、实践行动，知行合一——践行篇

用流程图，回顾建立植物角的过程。

布置作业：让植物角变成氧气林，把养护牌积累成养护手册。

【设计意图】通过学习，使学生学会建立植物角的方法，最后教师带领学生再次厘清思路，形成思维导图，明确每一个环节及意义。扩展延伸"服务＋"课程，增进学生爱护地球、爱护地球上的每一个生命的情感。让服务学习深入人心，将建立完善植物角的方

法分享给周围的人，将爱护地球爱护生命的理念传递给周围的人，让所有人都行动起来。

《议规论情化冲突》教学设计

■ 德育部　五年级　沙焱琦

教学目标

1. 认识法律或规则与人情的冲突。

2. 感受法律与规则的重要意义，学习化解情理冲突的方法，树立服务他人、服务社会的意识。

教学重点、难点

学习化解情理冲突的方法，树立服务他人、服务社会的意识。

教学过程

一、回顾旧知，导入新课

在上周《知法普法好少年》的学习中，我们了解了法律和规则对维护有序生活的重要意义。针对在执行时会出现法律或规则与人情产生冲突的情况，这节课让我们一起《议规论情化冲突》！

【设计意图】回顾旧知，重温法律的重要意义。导入主题，明确学习内容。

二、影片激趣，认识冲突

1. 播放《我不是药神》片段。

2. 教师点拨：立场不同，孰对孰错难以抉择，这就是法律与人情的冲突。

三、走进身边案例，学习化解方法

（一）学习案例，了解化解冲突的步骤和方法

1. 借助"化解卡"，了解化解步骤。

情理冲突化解卡		
事情经过		
情理 矛盾点	规则	
	人情	
我能巧解决		

第一步：从不同角度出发，分析原因，找准人情与规则的矛盾点。

第二步：根据矛盾特点，选择恰当的解决方法。

2. 观看动画案例，学习化解方法。

"方法一"：严格要求自己，坚守规则，让规则维护有序生活。

"方法二"：先表达关心，再说这种行为的危害，争取小伙伴的认同。

3. 借助"化解卡"，回顾整件事，再次巩固化解步骤和方法。

【设计意图】通过动画短片引导学生明确规则对维护社会生活所起的积极意义，学习通过以身作则的行动和真诚友善的沟通来化解情理冲突的方法。

（二）案例二，学习"向有关部门反馈"化解法

1. 观察漫画，了解情境。

2. 借助"化解卡"梳理漫画中规则与人情的矛盾点。

3. 借助"化解卡"学习化解"方法三"：通过书信或电话反馈给有关部门，寻求专业帮助，避免冲突。

【设计意图】巩固化解情理冲突的步骤及沟通方法，学习及时向有关部门反馈的化解方法。

（三）案例三，学习"提出建议，完善规则"化解法

1. 观看新闻视频，分析矛盾点。

2. 学习化解"方法四"：找到负责人员，提出建议，完善规则。

【设计意图】学生自主分析矛盾点，在实践中实现知识到能力的转化。同时，学习完善规则，解决问题要先找准对象这样的化解方法。

四、总结化解方法，提倡生活实践

1. 教师引导，回顾化解冲突的步骤和方法。了解前三个案例的实践效果，鼓励社会实践。

2. 了解《我不是药神》的结局，感受行动力量，呼吁学生实践。

3. 布置作业：留心身边的情理冲突，借助情理冲突化解卡，梳理矛盾点，寻找恰当的化解方法，并解决问题。

【设计意图】回顾本课所学的化解步骤和方法，明确不同方法的适用性，能够根据冲突特点选择恰当方法。了解三个案例的结局，感受所学化解方法的积极作用，唤起学生服务社会的意识。

《游戏节　乐童年（一）》教学设计

▎德育部　二年级　史宇佩

教学目标

1. 创想有益有趣的家庭游戏，将这些游戏分享给家人，与家人共享快乐。

2. 通过合作交流创编游戏，认识和谐家庭氛围的重要性，有积极参与营造欢乐家庭的意识和行动，在改善家庭环境的同时，帮助更多的家庭。

教学重点、难点

认识家庭游戏的重要性。通过创编游戏，增强积极参与营造欢乐家庭的意识和行动，改善家庭环境，帮助更多家庭。

教学过程

一、问题出发，激趣思考

（一）结合实际，引出问题

1. 话题引入：和父母相处的过程中，出现的哪些问题让你苦恼？出示并填写任务单。

生活中，你和父母相处遇到的常见问题（最多选 3 项，按顺序写）	
A 大人总有时间玩手机，却没时间陪孩子	1（最不喜欢）：
B 不了解情况就批评孩子	
C 大人的不良情绪发在孩子身上	2.
D 爱唠叨、责备	
E 其他（具体内容写在右边）	3.

2. 出示共性问题。

（二）引发共情，激趣思考

分享亲子运动会照片，鼓励学生参与"我做'游戏创想人'"家庭服务行动。

【设计意图】结合生活实际引发思考，用温馨场景激励行动，使学生认识到制造家庭欢乐场域的重要性。

二、寻找亲子好游戏——认识游戏

（一）互动游戏，体验快乐

1. 填写"游戏项目选择"任务单。

游戏类别	请在自己最擅长的游戏名称前面的方框内打 √
语言类	□绕口令　□动画配音　□双语小品　□趣味方言　□其他
体育类	□助推接力　□小足球射门　□沙包投准　□投篮进筐　□其他
艺术类	□伙伴操　□合唱　□喜剧　□京剧串烧　□创意手工　□其他
益智类	□百变魔方　□快乐搭建　□多人策略图版游戏　□其他
其他类	如擅长的游戏不在以上几类中，请在括号中填写（　　　）

2. 玩游戏：明确游戏类别、游戏名称。

（二）创想游戏，体会价值

听老师讲名人故事；看和谐课堂公众号。

（三）传递经验，感受家庭欢乐

讨论学生完成的任务单，观看学生的游戏视频。

（四）亲实践，做游戏创想人

欣赏二年级校区传统伙伴项目——"六一"游戏节的创想游戏；创编游戏。

【设计意图】本环节层层深入，引导学生认识游戏不仅有趣，而且有价值，促使他们从参与者转变为创想者、服务者。

三、寻找亲子好游戏——创想家庭游戏

1. 梳理总结通过游戏解决家庭问题的方法。

2. 根据"我做'游戏创想人'"任务单设计游戏。

姓名		游戏类别		游戏名称	
为什么选择这个游戏					
这个游戏总共需要多少人参加，怎样分工					
这个游戏准备和家人怎么玩					
这个游戏能为我和家人带来哪些欢乐					

3. 展示学生的游戏创意和做法，总结游戏开展步骤。

4. 倡导他人积极行动。

【设计意图】通过分享展示学生的游戏创意和做法，明确思路，激发他人参与的兴趣。

四、分享服务

通过这节课的学习，我们知道了做游戏创想人，能帮助我们创造居家欢乐场。让我们一起行动起来，在学习中自我成长，在分享中服务他人，收获更多的快乐！

【设计意图】引领学生总结梳理本课内容，学会将所学内容运用到家庭实践中。

《游戏节　乐童年（二）》教学设计

▌ 德育部　二年级　史亚楠

教学目标

1. 给自己的创意游戏制定游戏规则，使他人能够快速了解游戏，参与其中。

2. 展示自己的创意游戏，通过行动把营造欢乐家庭的意识传递给更多家庭，为更多家庭带去欢乐。

教学重点、难点

给自己的创意游戏制定游戏规则，与家人合作，展示自己的创意游戏，为更多家庭带去欢乐。

教学过程

一、轻松回顾，导入新课

1. 回顾上节课内容，导入新课。

2. 明确本节课学习任务：学习如何给自己的创意游戏制定游戏规则，并将游戏展示给更多伙伴。

【设计意图】回顾旧知，顺势导入本课主题，明确学习内容。

二、巧定规则，欢乐与共

（一）实际问题引发思考

1. 播放上节课反馈视频。

2. 引导学生思考：怎样来制定游戏规则？

（二）全面考量制定规则

学习跳棋的游戏规则，借助其制定规则的方法，指导学生为自己的创意家庭游戏制定游戏规则。

1. 基本玩法讲清楚。

通过简洁凝练的语言讲清楚游戏该怎么玩儿。

2. 升级设计增趣味。

基本玩法说清楚后，设计升级玩法，增加游戏趣味。例如：有同学将注意力训练游戏原来的规则"至少两人参与，家长说出各种名词，孩子听到是文具的词语举手"升级为"多人参与，围成一圈，轮流说词语。听到文具甲跳，听到水果乙跳，听到交通工具丙跳。"根据参与者数量的不同还可以不断增加新的名词，例如：蔬菜、动物等。

3. 设置奖惩欢乐多。

游戏总有胜负之分。可以让输掉的一方"深蹲 5 次"。可以绘制一些"玩具票、游戏票、拒绝卡"等，奖励给游戏最终获胜者，为游戏增加更多欢乐。

【设计意图】通过学习已有游戏的游戏规则，结合学生游戏创意中规则的亮点，分步骤，帮助学生为自己的创意游戏，量身制定游戏规则。

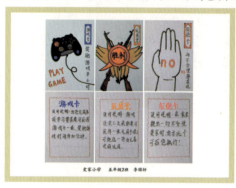
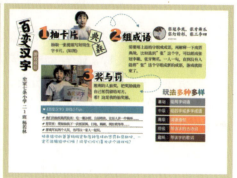

三、创意展示，欢乐分享

第一步：明确展示内容。

通过阅读在疫情期间借助直播展示游戏的同学所写的日记以及对他的采访。得出游戏展示时重要内容清单：道具制作、规则讲解、过程演示、创意来源和游戏优势。

第二步：借助多种媒介。

绘制图解、录制视频、进行直播等，都可以将我们的创意家庭游戏分享给更多伙伴。

第三步：完善创意游戏。

利用"为伙伴创意提建议"任务单和"'游戏创意'展示"任务单，对游戏加以改进，真正达到通过游戏调节家庭气氛，把欢乐带给更多家庭的目的。

【设计意图】借助游戏展示同学的经验，明确展示时应该向大家介绍的内容。帮助学生利用合适的媒介来把自己的创意游戏分享给别人。

四、分享服务，合作成长

全家合作创设游戏，服务家庭服务他人，根据伙伴建议改进自己的游戏创意，又在他人的服务中成长。就让我们把这种合作成长的服务精神带到今后的学习和生活中吧！

【设计意图】总结本节课中学生对"服务"有哪些新的认识，把服务他人的意识植根于心田，同时又在他人的服务中不断成长。

《识垃圾　学分类》教学设计

▌德育部　三年级　王靓楠

教学目标

1. 学生了解垃圾分类的方法及有益影响，认识到垃圾分类以后可减少污染，结合当下新冠肺炎疫情，让学生进一步认识到垃圾分类的重要意义。

2. 指导学生在家中践行垃圾分类，关注防护用品丢弃的正确方法。逐渐养成垃圾分类的习惯，激发学生参与垃圾分类、环境保护的愿望，增强学生保护环境的意识。

3. 引导学生在实践中进行总结、创新好方法，遇到问题时可以主动思考，尝试解决，用自己的知识和研究服务他人。

教学重点、难点

1. 引导学生进一步认识到垃圾分类的重要意义，指导学生在家中践行垃圾分类，逐渐养成垃圾分类的习惯。

2. 激发学生参与垃圾分类、环境保护的愿望，在实践中进行总结、创新好方法，并用自己的知识和研究服务他人。

教学过程

一、谈话导入，激发兴趣，引发思考

1. 点明主题，引入将塑料瓶拟人化的人物形象——"塑小平"。

2. 提出问题：垃圾混放是否合理？

3. "塑小平"以自身的经历引发学生对于垃圾混放问题的认识。

【设计意图】通过谈话的方式，点明今日课程的学习主题——识垃圾，学分类。教师根据废旧塑料瓶创作的"塑小平"，为垃圾赋予一个有生命的形象，引发孩子的兴趣。教师运用儿童化语言，阐述现有垃圾处理方式，引导学生发现其中的问题，进行主动思考。

二、层层深入，步步探究

（一）"垃圾分类"科普篇

1. 同学们，你们有没有想过做好垃圾分类有哪些益处呢？

2. 反馈交流：良好的资源循环再利用；有效减少污染；保护环境；等等。

3. 有益之处举例：

（1）出示相关新闻——多起环卫工人在分拣垃圾过程中，被碎玻璃划伤手事件。

（2）引导学生思考：自觉养成垃圾分类的良好习惯，将碎玻璃包装好，放入可回收垃圾桶，可减少人为伤害。

4. 小结。

"垃圾分类"其实就是垃圾资源化处理的一种方式，目前已经在全国逐步推广与执行。

（二）"垃圾分类"探寻篇

1. 垃圾分类有这么多好处，那该如何分类呢？

2. 拓展思维，还有哪些垃圾属于可回收垃圾呢？（网络搜索、AR扫描识别）

3. 观看视频了解垃圾分解过程。

4. 讲解疫情期间防护用品的分类及处理方式。

【设计意图】教师结合"家庭垃圾分类说明表"学习单，引导学生在自己的"小家"中行动起来。疫情期间，防护用品垃圾是需要学生明确的，引导学生了解正确的投放类别，为疫情防控贡献出自己一份力。在学习的过程中，帮助学生建立"垃圾分类"知识架构。

三、学后思考，知行合一

（一）"垃圾分类"践行篇

1. 指导学生制作模拟垃圾投放装置。

2. 学生践行举例。

（1）学生与家人一起践行垃圾分类。

（2）走入社区，为居民宣传垃圾分类知识，推广行之有效的方法。

3. 方法引导：在实践的过程中遇到问题时，大家应记录问题，主动思考，尝试解决。

（二）总结——在服务中学习与成长

【设计意图】引导学生在实践中进行总结好方法，遇到问题主动思考，尝试解决，并用自己的知识和研究服务他人。

《少先队　担使命——红领巾　赋责任》教学设计

▌德育部　一年级　谢紫微

教学目标

1. 依据生活经验，带领同学走进少先队组织，知道红领巾是少先队的标志。
2. 通过了解名人故事和对身边人的采访，理解红领巾赋予少先队员的责任。
3. 激发学生的责任感，践行红领巾赋予的责任，更好地服务他人。

教学重点、难点

初步了解少先队和红领巾基本知识，理解红领巾赋予少先队员的责任，践行责任、服务他人。

教学过程

一、观察生活　发现生活中存在的差别

（一）回顾升旗　引入话题

1. 对比第一学期一年级与其他年级升旗仪式照片，引导学生发现不同。

2. 播放音频，说出不同并提出问题，引出少先队、红领巾。

（二）出示学习单　了解学习内容

"红领巾赋予责任"学习单	
少先队	
红领巾的意义	
红领巾的责任	

【设计意图】采用启发式教学，问题从学生中来。

二、初识少先队　感知红领巾赋予的责任

（一）初识少先队　了解少先队组织

（二）走进红领巾　学习红领巾含义

1. 由问题"少先队员为什么佩戴红领巾"引出红领巾的由来。

2. 播放短片：了解红领巾的由来和意义。

（三）知晓英雄故事　感知红领巾责任

1. 播放草原英雄小姐妹动画故事，理解少先队员的责任。

2. 播放草原英雄小姐妹视频采访，明确少先队员的责任担当。

3. 出示红领巾赋予少先队员的责任。

4. 拓展：通过查阅文字、视频资料和翻阅历史书籍了解历史上和身边的英雄事迹，尝试写出红领巾赋予少先队员的责任。

【设计意图】教学层层递进，先只给少先队知识，再通过英雄故事加深了解，最后采访明确责任。

三、身边小采访　感悟红领巾赋予的责任

（一）通过任务单，完成对身边少先队员的采访

"少先队员责任采访"任务单	
我的姓名：	班级：一（　　）班
被采访人身份：家人（　　）老师（　　）	
您（你）是什么时候成为少先队员的，当时是怎样的场景和心情？	
您（你）认为少先队员有怎样的责任？	
身为少先队员的您（你）都做过哪些有意义的事情？	
采访收获	
如果你成为少先队员你需要做些什么？	

（二）教师分享哥哥的记录单

（三）教师分享长辈的记录单

（四）写出或画出自己的所思所想

【设计意图】举例不同身份的采访，给学生提供方向和不同的视角，更深层次地认识少先队员的责任。

四、制定目标　践行红领巾赋予的责任

（一）为自己定下加入少先队的小目标

"红领巾赋予责任"我的小目标	
我做了	
帮助了	

（二）分享同学的记录单

（三）出示初始学习单，回顾梳理学习过程

【设计意图】制定目标达到长期服务他人的课程目的。最后再次出示填写完整的最初的学习单，对本节课的学习内容形成闭环，回顾梳理学习内容。

五、梳理总结　提出成为红领巾的期望

入队比拼，学生分享目标计划。

【设计意图】激发学生对少先队和红领巾的向往，将目标践行。达到服务他人的课程目标。

《懂欣赏　会交往》教学设计

■ 德育部　四年级　邢　超

教学目标

1. 懂得欣赏身边的朋友，学会和朋友交往。
2. 利用所学帮助他人，提升服务意识。

教学重点、难点

欣赏身边的朋友，分析其中原因；深入思考，学会交往。

教学过程

一、激趣导入，引发思考

1. 写出五个你的好朋友，尝试完成学习单。

认识我的好朋友		
姓名	性别	我喜欢和他（她）交朋友的原因
1		
2		
3		
4		
5		
6		

2. 从不同角度点评学生完成的学习单。

【设计意图】通过原因，引发进一步思考。

二、分析原因，主动探索

1. 你们知道男生和女生有什么差异吗？参考表格写一写。

男生女生有不同					
性格特点		兴趣爱好		其他方面	
男生	女生	男生	女生	男生	女生

2. 介绍男生和女生的差异。

3. 回顾"认识我的好朋友"学习单，分析原因。

（1）要学会欣赏自己，挖掘自己的优势，看看怎么能帮助更多人。

（2）要学会欣赏不同的人，看到男生和女生各自的优势，真诚学习。

【设计意图】分析原因，激发主动思考，分析特点，了解优势。

三、深入思考，懂得欣赏

1. 出示同学遇到的青春期小烦恼。

2. 分析案例，给出建议。

我的青春小烦恼
小强学习好，乐于助人，经常帮助同学解答问题，小莉就是其中一个。可是最近，班里同学传谣言，说他特别"喜欢"小莉。小强非常苦恼，决定再也不搭理任何女生了。
老师给出小建议
小强，学习好，乐于助人是你的优点，所以老师为你帮助小莉同学的行为点赞。至于你和小莉被同学议论，你不用辩解，只要坦然面对，在同学面前大方相处，谣言自然会消除。 　　对背后议论你的同学，你还可以善意提醒他们：他们这样说你是不尊重你和小莉的行为，也会伤害到你们。请不要再说！ 　　如果不听劝阻，你可以告诉老师，请求老师的帮助。还可以告诉爸爸妈妈或者你的好朋友，让他们给你支支招儿。总之，千万不要把烦恼压在心中。

【设计意图】老师"支招"，引导尊重性别差异，懂得欣赏。

四、学以致用，广交益友

教师总结本节课内容。

【设计意图】引导学生学以致用，广交益友。

《红领巾 添光彩》教学设计

■ 德育部 一年级 徐 虹

教学目标

1. 了解入队誓词，向先锋人物学习，认识"红领巾薪火相传"的意义。

2. 制定完成"红领巾亲子行动"任务单，树立服务他人的意识。

教学重点、难点

理解先锋的含义，认识"红领巾薪火相传"的意义，树立服务他人的意识。

教学过程

一、初步感知先锋精神

1. 党员先锋。

2020 年，新冠病毒肺炎的暴发，让武汉乃至中国陷入最危险的时刻，无数个白衣天使成为最美"逆行者"，奔赴抗疫一线。

什么是先锋？"我是党员，我先上！"危难当头，有医者的专业、有战士的勇猛、有匹夫的担当，这就是"先锋"。

2. 团员先锋。

党旗所指，团旗所向。贵州中医药大学第一附属医院的 145 名青年团员医师，以求医报国"逆行"而上的满腔热血，贡献着共青团员的力量。

什么是先锋？在大疫面前挺得住，站得出，敢担当。这就是先锋。

3. 宁希澄，第一批"新时代好少年"。关心身边人身边事是他的习惯。

4. 邹美怡，曾经是史家小学的大队长，每天牺牲休息时间为同学们推送电视栏目。品学兼优爱服务。

5. 教师总结：什么是先锋？做好自己的同时，还能力所能及帮助他人，这就是"小先锋"！

【设计意图】初步感知先锋精神。

二、寻找先锋，学习先锋

1. 介绍中国少年先锋队的宗旨：

以先锋命名，就是要求每个少先队员从小学习先锋的事迹和精神，以"先锋"为榜样，以"先锋"为楷模，长大以后争当各行各业的先锋，为祖国和人民做贡献。

2. 寻找身边的先锋，我们可以从哪些方面寻找呢？

（1）在家庭中寻找先锋。

（2）在班级和伙伴中，寻找先锋。

（3）在社会和新闻各行各业出色的人物中寻找先锋。

"寻找先锋，学习先锋"任务单			
我的姓名		我寻找的先锋	
先锋事迹			
我要向他（她）学习			

（4）在书中的古今人物里寻找先锋。

3. 填写学习单。

【设计意图】向先锋人物学习，认识"红领巾薪火相传"的意义。

三、践行实践、争做先锋

（一）学习入队誓词，树立目标

（二）了解少先队员的责任义务

少先队员身上应该肩负着怎样的责任和义务？请你采访一下身边的长辈。

"少先队员责任义务采访"任务单		
我的姓名		班级
被采访人身份	家长（　　　）	
1. 您什么时候成为少先队员？ 2. 当时是怎样的场景和心情？ 3. 您认为少先队员有怎样的责任和义务		结合采访说一说，少先队员应有的责任和义务

（三）制订红领巾计划，将自己每天的进步记录下来

每天进步一点点　亲手染红红领巾	
日期	我的进步

　　希望你们能记住入队誓词，用实际行动继承发扬少先队的光荣传统。积极开展有意义的活动，参加力所能及的公益劳动和社会实践。为薪火相传的红领巾精神、呵护我们成长的校园、需要我们未来参与建设的祖国服务。

【设计意图】学习入队誓词，树立服务他人的意识。

《共护校园氧气林》教学设计

■ 德育部 三年级 闫仕豪

教学目标

1. 认识植物，了解植物的功用功效，激发学生保护植物、保护地球的意愿。

2. 引导学生根据学到的植物知识，制作形式多样、功能各异的养护牌。

3. 学生通过参与学校公共服务，把劳动教育与思想教育有机地结合起来，培养学生成为德、智、体、美、劳全面发展的社会主义建设者和接班人。

教学重点、难点

制作形式多样、功能各异的养护牌。通过参与学校公共服务，把劳动教育与思想政治教育有机地结合起来，立德树人。

教学过程

一、认识篇

1. 回顾《共建一片植物角》，引出课题。

2. 播放小视频，了解植物制氧过程。

3. 导语总结：史家教育集团一直以"和谐"作为办学理念，学校努力为同学们建设绿色生态校园。

【设计意图】通过观看校园春景，激发学生保护植物、保护地球的意愿。

二、体验篇

（一）认识校园中的植物

1. 观察图片，了解校园中的植物。

如史家二年级部的大槐树、高年级部的三棵玉兰树，以及实验校区的各种植物。

2. 教授、梳理查找资料的方法，如访谈法。梳理查找资料的方法。

（二）探究校园中的各种植物

1. 讨论学校选种植这些植物的原因，并对校园里的这些植物进行分类：

（1）花草类：月季花，鸢尾花，绿萝。

（2）树木类：大槐树，玉兰树，银杏树，香蕉树。

（3）蔬菜类：茄子，青椒，西红柿。

（4）药材类：薄荷，三七。

"共护校园氧气林"植物研究记录卡	
植物名称	月季花，鸢尾花，绿萝，槐树，玉兰树，银杏树，香蕉树，茄子，青椒，西红柿，薄荷，三七……
颜色好看，具有观赏性	
绿叶较多，可以制造氧气	
能吃能用，具有食育价值	
容易存活，生命力顽强	
有美好寓意，传承文化	

2. 梳理植物蕴含的文化、历史渊源。

（1）历史渊源方面：大槐树。

（2）文化传承方面：三七，薄荷。

（3）和谐生态方面：鸢尾花，绿萝，香蕉树，茄子。

3. 制作养护牌。

"共护校园氧气林"植物养护牌			
我的姓名		班级	
植物名称		种植地点	
植物照片			
生长条件	（植物生长的条件：光照、水分、土壤等）		
让植物长得更好的方法			

（1）为养护牌设计不同的形式。

（2）根据植物生长的特性选择不同的地点。

4. 学生根据兴趣设计养护牌并写下寄语。

【设计意图】认识各种植物，学习查找资料的方法，通过填写"植物研究记录卡"对植物的认识进行系统梳理，在此基础上设计制作"植物养护牌"，进行服务实践。

三、践行篇

1. 以点带面，联动服务项目。

2. 以点带线，促进服务发展。

3. 总结并发出呼吁。

【设计意图】学生通过参与学校公共服务活动，在劳动体验中培养多方面能力，深入理解服务的含义，从服务学校到服务社会再到保护地球，从而落实本课教学难点。

《身心变化的小秘密》教学设计

▌德育部 四年级 杨 倩

教学目标

1. 了解青春期的身心变化知识，懂得悦纳自己。
2. 正确理解青春期心理的变化，消除疑虑，积极面对青春期。
3. 利用所学知识帮助同学和他人，提升服务意识。

教学重点、难点

掌握青春期身心变化的知识，帮助学生解决青春期初期的困惑与烦恼，引领学生自主探究，正确认识青春期并培养学生的服务意识。

教学过程

一、激趣导入

你听说过青春期吗？你知道青春期是哪个年龄阶段吗？我们一起来看一看吧！（播放视频）这节课，让我们一起来探究青春期里我们"身心变化的小秘密"吧！

【设计意图】激发学习兴趣，引起学生对青春期知识的渴望，促进学生进一步学习。

二、自主探究

（一）引发思考

请你结合下面学习单的内容思考一下。

青春期特点我知道			
	共同点	男生	女生
生理变化			
心理变化			
调节身心小妙招			
服务他人我有方			
青春宣言			

（二）探究身心变化

1. 青春期身体变化。青春期会给我们的身体带来哪些改变呢？让我们从一段视频里来了解一下吧！（播放视频）

2. 青春期心理变化。在青春期，我们的心理总充满着矛盾，男生和女生在青春期的心理变化大多是相同的，但是也会略有区别。

（三）调节青春期烦恼小妙招

其实，这些身心变化都是非常正常的，很多人都经历过。怎样消除烦恼，快乐成长呢？你有什么好办法吗？请你试着写一写。

【设计意图】引导学生进行自主学习，构建青春期知识体系。帮助学生了解青春期身心变化，学会正确处理青春期身心问题。

三、服务他人

（一）为青春期解惑

出示案例：小军是一名男生，从小爱唱歌，还参加了合唱队。进入四年级，在一节音乐课全班合唱时，他突然声音很奇怪，而且还跑调了，惹得同学们哈哈大笑。课后小军很沮丧，认为自己再也唱不好歌了。他的好朋友小刚发现他心情不好，主动跟他聊天，还陪他一起向学校的心理老师进行了咨询。小军得知自己进入了变声期，只要保护好自己的声带，以后还可以恢复正常的歌唱。小军的心情一下子好了很多，小军和小刚还一起搜集了很多变声期如何保护声带的知识，并分享给同学们。

（二）学有所用

如果你们的好朋友遇到下面这些青春期小烦恼，你会怎样帮助他呢？

1. 我是一名女生，我觉得自己不好看，学习也不好，没人喜欢。

2. 我是一名男生，小时候都是妈妈帮我洗澡。但是现在，妈妈不肯帮我洗澡了，让我自己洗……妈妈是不是不喜欢我了？

3. 我总有自己的主意，不想听父母的，父母总批评我。

四、青春励志

通过学习大家是不是收获了很多知识呢？相信你们一定能够充满自信地走进青春期！

同学们，你们想如何度过人生中的黄金时期呢？请留下你的青春宣言吧！

【设计意图】分享青春期小烦恼，使学生结合所学知识思考解决办法，学有所用，服务他人。

《父母品质接班人》教学设计

▍德育部　五年级　张京利

教学目标

1. 通过学习，发现父母身上的优秀品质。
2. 完成学习任务单，立志传承父母的优秀品质。
3. 树立为他人、为社会服务的意识。

教学重点、难点

发现父母身上的优秀品质并传承。分析自身优势，制定切实可行的目标和计划。

教学过程

一、明确目标，提出问题

今天我们继续走进"父母品质的接班人"这个主题，希望通过今天的学习，你学会感悟父母身上的优秀品质，并接力传承，更好地为他人、为社会服务。

什么是优秀品质？我怎样才能发现父母的优秀品质？

【设计意图】明确本节课目标，提出问题。

二、故事引入，引出思考

1. 出示同学分享的录音，从中能看出这位爸爸的什么优秀品质？

——爸爸日常做饭，让人感受到他对家人无私的爱，而且同学自己也开始跟爸爸学做饭，为家人服务啦。

2. 出示同学分享的故事，他从妈妈身上发现了什么优秀品质？

——就是在妈妈的引领下，同学把班里的绿萝养得郁郁葱葱，他和妈妈的脸上总是绽放着欢乐的笑容。

【设计意图】故事引入，对优秀品质有初步认知。在同学的分享中感悟，爸爸妈妈的优秀品质就在一件件日常小事中。

三、梳理问题，完成思考

"继承父母的好品质"学习单

我的姓名		我的家长	
生活中的事例		好品质	
我的想法（继承计划）			

【设计意图】借助学习单梳理总结父母的优秀品质（可以多项），制订自己的继承计划。

四、交流学习，总结提升

1. 展示两位同学的学习单，分析这两位同学完善继承计划的方法。

2. 教师总结：他们都定了目标，做一个为妈妈分忧的好儿子，从做好自己、帮助妈妈、和妈妈谈心、如何做人四个方面，继承父母的优秀品质。仔细分析自己的情况，了解优势，有目标地帮助同学。

【设计意图】根据自身情况制订继承父母优秀品质的目标与可实施计划。

五、践行计划，服务他人

1. 动员：每位父母身上都有许多优点，我们要善于观察体会。

2. 倡议：搜集故事，准备开学后召开一个"夸夸我爸妈"的故事会，还可以把你的继承计划和实施情况与班级社区的同学交流分享。

【设计意图】学习之后，付诸行动，树立为大家服务的意识。

《人工智能改变世界》教学设计

■ 德育部　六年级　郑忠伟

教学目标

1. 初步了解人工智能的概念和应用。

2. 激发学生对人工智能的兴趣，培养学生关心科技、热爱科学、努力学习、勤于探索的精神。

3. 向往对未来生活的追求，树立服务社会的担当意识，践行服务社会的创新行为。

教学重点、难点

了解人工智能对日常生活提供的便利与挑战，认识到强大的科技最终服务社会的目的。

教学过程

一、课前导入，激发兴趣

播放方舱医院机器人视频，导入本节课主题。

【设计意图】医护工作与 AI 机器人的关联，将服务与学习紧密结合起来。真实问题和社会价值是前提与载体，服务"家国梦"成为学习的动因和目标，使学生成长的内驱力被唤醒。

二、AI 的概念与生活应用了解

1. 介绍"人工智能"的概念。

【设计意图】通过老师对"人工智能"一词的解读，让学生学会辨析什么属于"人工智能"。

2. 初步了解了人工智能的定义后，让学生们想想身边都有哪些人工智能？它们给我们的生活带来了哪些便利与挑战？做一个家庭调研。

"人工智能改变生活"任务单

活动主题	"人工智能改变生活"家庭调研活动
身边的人工智能有哪些	
人工智能给生活带来了哪些便利	
人工智能给生活带来了哪些挑战	

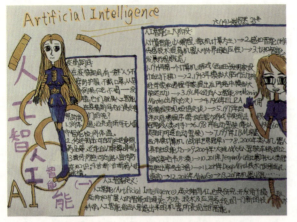

3. 展示多个人工智能应用视频，启发学生填写任务单。

【设计意图】给学生和家人营造一个思考和交流的平台，有效促进亲子交流。同时通过人工智能在生活和社会中的事例让学生直观感受到人工智能带给我们生活的改变。

三、引发思考，激发学生创新能力

教师导语激发学生兴趣，一起来回顾"创智汇"！（创智汇视频）

【设计意图】通过创智汇视频让学生感受到同龄人就是通过自己所学，积极探索，大胆尝试，通过团队合作完成了一款带有科技含量的自造产品。这些发明创造的故事就在身边，让学生脑洞大开的同时，激发他们创新创造的愿望。

四、服务学习，尝试实践

"创智汇"的发明家们都发现了生活中的困难，自己想办法去解决，帮助到更多的人！同学们想不想也试一试呢？从实际生活、学习出发，和家人一起想想，疫情期间我们遇到的困难和问题，并把它们记录下来。

生活中发现的困难、问题		解决方案	

【设计意图】从学生的实际生活出发，本着"发现问题—研究问题—解决问题"的逻辑，给学生再次出示学习单，建立思考体系，引导学生经历从"发现—计划—行动—反思—分享"的这个"服务学习"的全过程。特别是鼓励学生以家国为视角，开展基于真实问题的项目学习。

《我是家庭安全保卫员》教学设计

▌德育部　一年级　朱芮仪

教学目标

1. 发现家庭中的安全隐患，知道一些安全常识。
2. 树立自我保护的意识，认识预防家庭安全问题的重要性。
3. 制作家庭安全宣传单，从小树立服务学习、服务他人的意识。

教学重点、难点

学习居家安全知识，树立服务学习、服务他人的意识。

教学过程

一、点明主题，问题导入

1. 今天我们一起来学习《服务让生命有价值》中的家校共育第一篇《知安全　重健康——做好家庭安全保卫员》。希望通过今天的学习，你在学到本领的同时，还能主动为家人做好服务。

2. 引用数据，明确居家安全的重要性，寻找并发现家庭安全隐患。

【设计意图】出示学生寻找家庭安全隐患的视频、照片、绘画作品，增加学生的参与感。

二、梳理思路，教授整理归类法

1. 借助任务单引导学生学会整理归纳。

2. 分类说明家庭安全隐患。

（1）触摸电源、电线老化、充电宝等都可能会触电，严重者可能会让人失去生命，还可能引发火灾，造成严重后果。

（2）食用过期食品可能引起肠胃不适，对身体造成不良影响。

（3）乱用药物会产生副作用，损害身体器官，严重者可能危及生命。

（4）浴室滑倒、燃气这些安全隐患可能伤害身体，严重者可能危及生命。

3. 补充家庭安全隐患，拓展思维。

【设计意图】借助任务单教授学生整理归类的方法，将找到的家庭安全隐患分成电器、饮食、用药和人身财产安全四类，按照类别进行预防。

三、拓展思路，学会预防

补充填写任务单的同时教会学生家庭安全问题的预防办法。

"寻找家中的安全隐患"任务单

安全隐患类型	举例	怎么办
电器类	触电，电线老化，充电宝	1. 设计一个安全提示语，贴在危险电器旁 2. 一旦遇到电器引起的火灾，第一时间拨打 119
饮食类	过期食品	1. 过期食品千万不能吃 2. 吃饭之前必须洗手
用药类	乱吃药	1. 画一张宣传画，放在小药箱旁，随时提醒 2. 出现误食药品情况，第一时间拨打 120
人身财产类	窗台，浴室滑倒，燃气，热水壶，桌角，给陌生人开门，大面积喷酒精消毒	1. 和家人一起制定一份《家庭公约》 2. 画一组漫画，提醒家人 3. 遇到坏人，及时拨打 110

【设计意图】激发学生深入思考，鼓励学生将已有社会经验和所学知识进行综合运用，找到预防家庭安全隐患的办法，为服务他人搭好梯子，奠定坚实基础。

四、总结梳理，倡导服务他人

1. 利用表格梳理本课内容。

2. 提倡学生运用所学，服务他人。

3. 推荐居家安全阅读书目。

【设计意图】引领学生总结梳理本课内容，将所学内容运用到家庭实践中，在保证自己安全的基础上提醒他人注意预防家庭安全问题，更好地服务他人。

艺术天地

　　"隔离不隔爱，成长不掉线"已成为疫情时期积极向上、充满正能量的态势。我们基于学生需求的变化，在第二阶段课程中以"艺术天地"替换原有的"艺术集萃"。本阶段课程的设置凸显艺术学科的特色——主题设计、艺术素养的发展和艺术创造力的培养，以探究性、主题性、专题性、项目学习等方式，引导学生学会学习，更多地关注学生动手实践能力、创作能力、审美能力的提升。

　　"艺术天地"以艺术知识、艺术赏析、艺术实践三个版块内容为主，以培养学生的艺术审美能力和艺术创作能力以及提高艺术修养为目标。艺术知识体现综合性，即传统艺术与现代艺术的融合，多门艺术与多门学科的融合。艺术赏析以欣赏中华文化艺术经典作品为主，培养学生的审美能力，提高学生的艺术修养。艺术实践以学生的动手操作为主，既动手又动脑，学生能在老师的带领下创作完成一个个艺术作品。

《草原音乐之旅——蒙古长调》教学设计

▍艺术与生活部 五年级 张振华

教学目标

1. 欣赏蒙古族最具代表性的歌唱形式，学生能够感受到草原音乐的魅力与特点，提升民族文化认知与自信，热爱生活、乐观向上。

2. 欣赏并探究长调演唱特点，了解描写内容与代表人物，感受记忆长调经典作品《赞歌》。

3. 创设情感，提升学生爱国爱校的核心素养。

教学重点、难点

欣赏并分析长调民歌的演唱特点与代表人物。创设情境，激发学生学习民族音乐的热情，记忆经典旋律。

教学过程

一、情境导入

1. 引荐北朝乐府《敕勒歌》描绘的草原景象。

2. 欣赏视频，创设情境，引入本课学习内容。

【设计意图】体现学科融合，视频创设情境，学生能够更直观地感受草原的自然风光与民族音乐的魅力。

二、欣赏并感知长调演唱特点与描写内容

（一）介绍长调的定义

1. 蒙古语中将"长调"称"乌日图道"，意为"长歌"。

2. 2006 年 5 月，"长调"入选中国第一批非物质文化遗产名录。

（二）欣赏《母驼喂乳》视频

通过视频，总结长调的演唱特点，分析描写内容。

1. 字少腔长，旋律悠扬，舒缓自由。

2. 主要描写草原、骏马、牛羊、蓝天、白云、江河等生活中的事物，明确音乐来源于生活的特性。

【设计意图】通过欣赏《母驼喂乳》，感受原生态环境中蒙古长调的特点。学生能够体会音乐来源于生活的特性，感知音乐与文化的紧密交融，提升对民族

音乐的探究能力。

三、了解代表人物与音乐现状

观看人物简介与视频，感知哈扎布的一生。

蒙古族长调民歌大师哈扎布是唯一掌握所有长调技术的歌手，他生前编写整理的 380 首长调唱片均在"文革"中被毁。

随着一些著名的长调演唱艺人相继离世，马背上的千年绝唱及独特的演唱方式濒临失传。

【设计意图】通过对代表人物哈扎布的认知学习，唤起学生内心对音乐艺术的敬仰之情，激发他们对民族音乐的探究热情。

四、感受并记忆长调经典作品《赞歌》

1. 简介音乐舞蹈史诗《东方红》，引出《赞歌》。
2. 完整欣赏《赞歌》原声视频。

【设计意图】大型音乐舞蹈史诗《东方红》中的《赞歌》尤为经典，是蒙古族长调民歌得以推广的重要契机。歌曲以饱满的情感歌唱伟大的祖国，学生能够聆听并记忆旋律，可谓对民族文化的再次感知与传承。

五、拓展提升

1. 呈现史家胡同小学 1964 年参演音乐舞史诗《东方红》的节目单。
2. 鼓励学生勇攀高峰的学习热情。

【设计意图】1964 年《东方红》参演节目单中"史家胡同小学"的名字醒目出现，借此提升学生爱国爱校的核心素养。

《设计新型小口罩》教学设计

▊ 艺术与生活部　六年级　李宝莉

教学目标

1. 知识与技能：了解口罩的历史、功能等相关知识。学习发现问题、解决问题的设计方法。培养学生的设计意识，能够以"有目的的创造"的设计思想，设计一个新型小口罩。

2. 过程与方法：以任务驱动的学习方式，通过回忆体验—提出问题—解决方案—设计绘画等学习过程进行探究学习。

3. 情感态度价值观：提高学生的设计意识，引导学生直面困难，倡导积极乐观的生活态度。

教学重点、难点

重点：学习发现问题、解决问题的设计方法。

难点：结合自身体验，发现口罩使用时出现的问题；结合使用者的需求，完成口罩设计。

教学过程

一、导入新课

（一）情感共鸣

一场疫情，使口罩成为我们的生活必需品。小小一只口罩，帮助我们把病毒隔绝在外，保护着我们的身体健康。相信现在的你会想起许多有关口罩的感人故事，那么就请小口罩也走进我们的课堂吧。

（二）猜画激趣

1. 出示戴口罩的肖像名画。

设问：画中的人物也戴起了口罩，你还认识他们是谁吗？原画家是哪位大师？

2. 出示原作，揭示答案。

拉斐尔的《自画像》、凡·高的《自画像》、维米尔的《戴珍珠耳环的少女》、达·芬奇的《蒙娜丽莎》。

【设计意图】结合特殊时期学生的情感体验，引入本课主题。通过"猜一猜"的游戏激发学生的学习兴趣，并增强学生对名家名作的了解。

二、探究新知

（一）探究历史，分析结构

1. 口罩起源：出示《礼疏》《孟子·离娄》《马可·波罗游记》中的有关口罩的内容，并讲解。

2. 现代口罩：1895 年，德国病理学家莱德奇发明现代口罩。

3. 结构原理：口罩由遮挡口鼻的主体部分和固定用的绳带两部分组成。随着时代与科技的进步，口罩在制作材料、工艺以及造型上有了很大变化和发展。

（二）归纳经验，承接任务

设计是一种有目的的创造，好的设计是实用而美观的，涉及功能、材质、造型、色彩等。我们可以就一方面或几方面进行创意，并巧妙地结合起来，从而完成设计新型小口罩的任务。

（三）设计构思，解决问题

1. 切身体验，发现问题。

思考：疫情期间，佩戴口罩和护目镜能起到抵挡飞沫的作用。如果长时间佩戴口罩，会有什么感觉？

2. 发散思维，解决问题。

针对发现的问题，请你提出解决方案。

3. 演示绘画，解读设计。

以口罩和护目镜为原型，调整外形和结构，把自己的设想融合进去，绘制设计图。

【设计意图】通过了解口罩的历史与功能，引导学生从生活中发现并提出问题，结合需求进而分析并解决问题。通过观看教师演示学习设计方法。

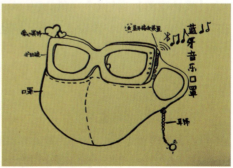

三、实践建议

你可以通过画设计图、科学幻想画、手工制作等方式完成口罩和护目镜的设计。

【设计意图】引导学生通过多种表现方式呈现作品设计，鼓励学生勇于尝试、大胆创新。疫情特殊时期，引导学生直面困难，培养积极乐观的生活态度。

《彼得与狼——角色塑造》教学设计

▌艺术与生活部　三年级　刁　雯

教学目标

　　1. 掌握单一动作语汇，塑造小鸟与小鸭子的形象特征。掌握表现小鸟的动作元素"小碎步""绷脚尖前点地"与"大三节手和抖手"。掌握表现小鸭子的动作元素"半蹲勾脚走步""反叉腰手肘部前后摆动"与"左右画圈动律"。

　　2. 运用单一动作语汇，组合成两个 8 拍的小鸟与小鸭子的表演短句。

教学重点、难点

　　学会运用肢体动作塑造小鸟与小鸭子的形象特征；合理运用动作语汇完成小鸟与小鸭子的表演短句。

教学过程

一、感知与体验

（一）聆听音乐，猜一猜"它是谁"

（二）试一试

用肢体动作表现出小鸟漂亮的翅膀和细细的腿、小鸭子圆圆的翅膀和大大的脚。

【设计意图】通过猜一猜和试一试环节，引导学生感知角色音乐，开启身体和思维的"小马达"，激发想象力，调动肢体的模仿力，为塑造小鸟和小鸭子角色奠定基础。

二、模仿与创造

（一）观看视频

观看小鸟与小鸭子的视频片段，寻找它们动作的区别。

1. 手臂形态不同：小鸟手臂动作修长；小鸭子手臂形态呈半圆形。

2. 下肢动作不同：小鸟脚下动作以半脚尖、绷脚尖为主，且动作灵活敏捷；小鸭子脚下动作以半蹲、勾脚为主，且动作较缓慢。

（二）小鸟角色塑造

1. 模仿练习小鸟的单一动作语汇，掌握动作要领。

（1）小碎步：正步半脚尖，走的时候不仅要快，更要"碎"。

（2）绷脚尖前点地：在双腿半蹲基础上，一只脚向前伸直，绷脚背，脚尖点地。

（3）大三节手：手臂按照"肩—肘—腕—指尖"的顺序，从身旁抬于头顶再落下，表现小鸟修长柔美的翅膀。

（4）抖手：在手臂伸直的基础上，五指张开，手臂自然旋转快速抖动，如小鸟抖动翅膀上的羽毛。

2. 启发引导学生将单一动作进行整合再创造，组合为两个8拍的表演短句。

3. 合音乐表演练习。

（三）小鸭子角色塑造

1. 模仿练习小鸭子的单一动作语汇，掌握动作要领。

（1）半蹲勾脚走步：保持上身微微前倾、双腿半蹲的体态，勾脚向前迈步行走。

（2）反叉腰手：在虎口叉腰的基础上将手背贴于腰间，指尖朝后，手腕朝前。

（3）反叉腰手肘部前后摆动：反叉腰手同上，手臂肘关节位置前后摆动，如小鸭子扇动着翅膀。

（4）反叉腰手肘部左右画圈：反叉腰手同上，手臂肘关节位置在两旁画立圆，注意左右手不可同时画圆，需要左右交替进行。

2. 启发引导学生将单一动作进行整合再创造，组合为两个8拍的表演短句。

3. 合音乐表演练习。

【设计意图】通过观察视频中小鸟与小鸭子的动作特点，帮助学生明确它们的动作区别。通过单一动作的模仿练习，帮助学生更准确地运用肢体语言，为角色表演短句奠定基础。创编表演短句的练习，激发学生的想象力与创造力，培养学生运用舞蹈塑造角色的能力。

《动感非洲鼓》教学设计

▌ 艺术与生活部　三年级　张慧超

教学目标

1. 通过聆听，学生感受非洲鼓节奏的热情奔放，拓宽学生的知识范围，提高学生的学习兴趣。

2. 在欣赏中深入了解非洲鼓的演奏手型，在实践中体会非洲鼓的演奏方法。

3. 通过了解非洲鼓的相关知识和体验非洲鼓的演奏方法，帮助学生运用已学知识提升自我，为学习、生活增添一点乐趣。

教学重点、难点

感受非洲鼓动感跳跃的节奏，在拓宽视野的同时提升音乐素养。在无实物的情况下，利用有限资源，巧妙地体验非洲鼓的演奏方法。

教学过程

一、激趣导入

导语：今天老师要带领大家进行一次动感之旅，首先请听这段音乐是用什么乐器演奏的。

聆听音乐：播放音乐《Aflique Vierge》（绿色的非洲），激发学生的学习兴趣。

导入新课：出示音乐演奏所使用的乐器图片——非洲鼓。

【设计意图】通过聆听用非洲鼓演奏的音乐片段，激发学生的学习兴趣，导入本课学习内容——非洲鼓。在激发学生兴趣的同时，帮助学生建立听觉感受。

二、知识了解

教师通过展示非洲鼓的图片介绍其起源和外形。让学生欣赏非洲鼓演奏视频，直观地了解非洲鼓的演奏手法，熟悉非洲鼓的音色。

【设计意图】通过对非洲鼓相关知识的介绍，增加学生对乐器的认知，拓宽学生的视野，为之后的教学做铺垫。

三、方法学习

（一）演奏方法介绍

1. 非洲鼓的演奏手法比较简单，它主要有低、中、高三个音色。

2. 图文并茂，介绍这三个音的演奏手型、字母代表和敲击位置。

（二）复习已学知识

1. 出示一小节 4/4 拍节奏，请同学们按节拍器速度读出来。

2. 出示鼓点示意图，提示括号中"双""左""右"的意思，请学生尝试按要求敲击。

（三）实际操作演练

出示歌曲《小星星》第一句歌词，请学生尝试一边打鼓点一边说歌词。

【设计意图】利用图、文、解说相结合的方法帮助学生掌握简单的演奏手法，并运用已学知识实际演奏非洲鼓，为最后的演奏做准备。

四、完整表演

请学生随视频一起演奏《小星星》，体验演奏方法，体会演奏非洲鼓的乐趣。

总结：这种独特的非洲乐器让我们感受到了世界上最原始的声音，它丰富、跳跃的律动不仅锻炼了大脑，还强健了四肢，训练了我们的协调性，希望同学们喜欢。

【设计意图】通过完整演奏歌曲，体会非洲鼓动感跳跃的节奏，感受非洲鼓的魅力，在拓宽学生知识面的同时提升音乐素养。

《西泠印社》教学设计

██ 艺术与生活部　三年级　高　莹

教学目标

1. 通过了解西泠印社的成立及发展历史，感受中国书法艺术的博大精深和篆刻艺术的独特魅力。

2. 通过介绍西泠印社的地理位置和成立背景，使学生获得初步感知，进而了解篆刻与书法艺术的关系，从中体会到书法艺术和篆刻艺术是我国传统文化的重要组成部分。

3. 初步了解书法与金石篆刻的关系。通过了解西泠印社的位置、馆藏、历代社长等历史资料，感受中国书法艺术与金石篆刻艺术的博大精深。

教学重点、难点

理解书法艺术与篆刻艺术的关系，感受西泠印社从地理环境、发展历史、馆藏到历代社长等方面表现出的不同凡响，体会书法艺术与金石篆刻艺术的博大精深。

教学过程

一、导入新课

看完环境介绍，引导学生思考：为什么叫"西泠印社"？"西泠印社"又为什么能成为中国的"书法圣地"？

出示"人以印集，社以地名""涛声听东浙，印学话西泠"，引出西泠印社与金石篆刻艺术的关系。

通过短视频，边看边思考：篆刻距今有多少年的历史？篆刻和书法有什么样的关系？

师：篆刻迄今已有3700多年的历史。无论是篆书还是隶书、楷书，总要与文字书写发生关系。从这个意义上说，书法是篆刻的基础。

【设计意图】了解西泠印社的地理位置，引出"西泠印社"名称的由来。联系课题，理解西泠印社为什么能成为中国的"书法圣地"。

二、阶段了解

过渡语：下面就让我们一起走进中国"书法圣地"——西泠印社。

（一）了解西泠印社的馆藏情况

通过短视频了解西泠印社的馆藏情况。

师：现在西泠印社内建有中国印学博物馆，收藏了历代字画、印章达 6000 余件。

（二）了解西泠印社的自然环境

师：今天我们介绍的西泠印社，它还是一座典型的江南园林。

观看短视频，欣赏西泠印社优美的自然环境。

（三）了解西泠印社的历代社长

师：提起历代社长，同学们一定不陌生。1913 年举行了建社 10 周年大会，公推近代艺术大师吴昌硕为首任社长。享誉海内外的著名作家、诗人和书法家赵朴初先生是它的第五任社长。当代著名画家、书法家启功先生是第六任社长。

（学生进一步感受到西泠印社的艺术地位。）

【设计意图】引导学生从馆藏地、地理环境以及历任社长了解西泠印社，进一步感知西泠印社为何被称为"天下第一名社"。

三、感知民族情怀

（出示图片）师：透过西泠印社的百年历史，我们了解到一枚小小的印章后凝聚着多少爱国文人的家国情怀，是他们在风雨飘摇的年代倾尽资产、费尽心力，保存了这种弘扬风雅和利他的办学理念。这才是我们所要传承的。

【设计意图】通过了解西泠印社的发展与成就，感知历代文人的家国情怀。

四、课外学习

师：对书法艺术感兴趣的同学可以再探访一下我国还有哪些书法圣地，希望你能和大家一起交流学习！

【设计意图】了解更多的书法圣地，感受和传承中华民族的优秀传统文化。

《传统民间艺术》教学设计

▌ 艺术与生活部　三年级　韩春明

教学目标

1. 通过欣赏不同的民间玩具作品，引导学生了解民间艺术作品不仅有独特的造型和鲜艳的色彩，它的制作材料也很丰富，产地也非常多。

2. 通过重点探究民间泥塑作品，引导和启发学生回忆已学的泥塑知识及其制作方法。鼓励学生进行大胆的创作，尝试用泥条盘筑的方法，并结合民间玩具的特点，制作一件造型新颖、美观的泥塑作品。

3. 通过对民间艺术的学习，激发学生对传统民间艺术的热爱与传承，增强其民族自豪感。

教学重点、难点

欣赏、探究代表性的民间泥塑作品，感受其独特、夸张的造型特点。鼓励学生进行大胆尝试与创新，并结合民间玩具的特点，制作一件造型新颖、美观的泥塑作品。

教学过程

一、激趣导入

导语：同学们，你们见过这些玩具吗？能叫出它们的名字吗？今天就让我们一起来认识和学习我国传统的民间玩具吧！

激发兴趣：欣赏不同地区、不同样式的民间玩具，简单了解和分析民间玩具的造型特点。

【设计意图】通过欣赏不同样式、不同门类的民间玩具，激发学生对民间艺术的学习兴趣，分析其造型特点。

二、探究新知

欣赏探究：民间艺术作品"坐虎"的造型特点。

回忆旧知：泥塑的制作方法（盘、搓、揉、绕等）。

观察与发现：泥条造型作品的结构、特点及装饰细节，发现作品的造型美观不仅体现在外表轮廓和形象上，还体现在丰富的细节刻画上。

学习了解传统的民间技艺泥条盘筑法。它是我国传统的民间技艺。制作时，

首先做出粗细均匀、长短一致的泥条，然后按照器物的造型，从下往上盘筑成形。

【设计意图】通过探究民间泥塑作品"坐虎"，了解其造型特点，并运用已学的泥塑制作方法，学习制作造型新颖、富有创意的作品。

三、教师示范

制作材料的选择：由于疫情期间条件有限，选择适合居家制作的超轻黏土即可。

教师演示：讲解超轻黏土的制作方法，运用已学的泥塑制作方法，盘筑时注意作品的细节刻画。

【设计意图】通过教师的直观演示，引导学生观察和学习泥条盘筑法的规律及制作要领，提醒学生注意作品的细节刻画。

四、实践探索

欣赏更多的盘筑泥塑作品，分析其造型和装饰手法；欣赏同龄学生的优秀泥条盘筑作品。

艺术实践要求：运用泥条造型的技法，结合造型夸张、色彩鲜艳的民间玩具的特点，创作一件更加新颖的泥塑作品。

【设计意图】通过欣赏更多的民间泥塑作品和同学们的泥塑作品，启发学生的艺术想象力，树立学生的自信心，引导学生运用已学知识和技法，自主实践、大胆创意，体会创作的乐趣。

《我的动画大不同》教学设计

▌艺术与生活部　一年级　陈萌萌

教学目标

1. 通过前期定格动画课程的学习，引导学生进一步学习定格动画的拍摄原理，尝试拍摄出自己的原创定格动画作品。

2. 鼓励学生自主探究学习，以自己的生活或时事热点为脚本创作，尝试拍摄有故事性、寓意性和时代性的定格动画作品，从而培养学生的综合素质。

3. 通过欣赏学校的优秀定格动画短片及国内的经典定格动画片，让学生进一步了解和喜爱我国的优秀传统文化，并认识到传承艺术文化的重要性。

教学重点、难点

运用已掌握的定格动画的拍摄原理，运用简单的动画运动规律、不同类型镜头拍摄、配音和配乐、后期合成等制作出原创定格动画作品。

教学过程

一、复习导入，回顾旧知

（一）引导学生回忆

上一节定格动画课上老师是如何让一幅静态的绘画作品"动"起来的？

1. 以 .gif 动图展示的形式启发学生回忆定格动画的拍摄原理。

2. 旧知总结：通过手机逐格地拍摄对象，运用画一画、剪一剪、摆一摆我们画中的景或物，最后在编辑软件里连续放映，让我们的画"动"起来。

（二）欣赏学生拍摄的定格动画短片

展示纸艺动画短片《抗击病毒》和黏土动画短片《2020 鼠年》。

【设计意图】通过提问让学生思考、回忆上一节课学习的定格动画的拍摄原理，并欣赏两部学生拍摄的定格动画短片，再次激发学生的学习兴趣。

二、问题探究，教师解答

（一）初步拍摄，学生提出疑问

1. 拍摄完成后在播放器里观看，画面播放太快是怎么回事呢？

2. 拍摄软件中的"残影"是干什么用的？

3. 拍摄时应该如何聚焦主体物？一部定格动画短片，要拍多少张照片合适呢?

（二）教师示范解答

深入讲解拍摄定格动画的流程：定格动画的制作流程包括前期定剧本、画分镜、制作道具、布景拍摄，以及配音配乐与视频编辑等。

【设计意图】依据学生在拍摄过程中遇到的诸多问题和疑问，教师进行示范讲解，为学生答疑解惑，进一步巩固定格动画的拍摄流程，让学生充分认识到定格动画不仅可以记录生活，还可以启发艺术想象力和创造力！

三、社团学生作品展示

欣赏社团学生代表拍摄的黏土动画短片《没有一个春天不会到来》，并聆听拍摄者的幕后故事及拍摄经验分享。

【设计意图】通过聆听学生代表拍摄定格动画的故事，让低年级学生学习高年级学生的自主探究精神！

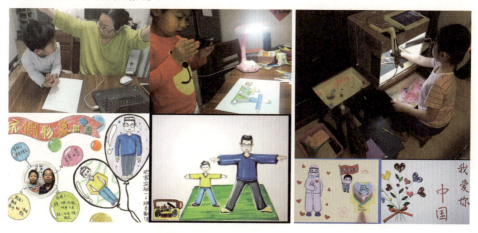

四、艺术拓展，知识小结

鼓励学生在居家学习期间认真思考、独立钻研定格动画的拍摄原理，并学以致用，不断尝试拍摄更多表现生活片段的定格动画。

【设计意图】总结本课的知识点，进一步完善学生的学习体系。

《美丽的大自然》教学设计

▌艺术与生活部　二年级　胡雅涵

教学目标

1. 了解鸟的不同种类及形态特征，对比色彩的深与浅、主体与背景及渐变色等。运用所学的色彩知识进行创作，提高学生的美术表现能力，促使审美判断、创意实践等素养的形成。

2. 通过创设故事性情境，引导学生对不同形态和色彩的鸟类细致观察，感受绘画的丰富表现力。引导学生运用本节课所学的方法来表现鸟类的色彩美，表达对大自然的喜爱之情。

教学重点、难点

观察鸟类的外形和颜色，运用所学方法进行绘画。掌握色彩深浅变化、渐变色以及主体与背景的对比与运用。

教学过程

一、故事导入，观察外形

（一）探险故事

教师讲述三段探险故事，分别是第一站美洲、第二站非洲、第三站亚洲。

（二）外形特点

1. 结构：鸟的身体可分为头部、颈部、躯干、尾部、翅膀和腿爪几部分。

2. 形态特点：鸟类的身体最特别的地方是什么？（不同种类鸟的最大的特点）

3. 从不同动态、角度对鸟进行基本的概括。

【设计意图】故事导入，激发学生的兴趣，引导他们了解、认识鸟类的身体结构和形态特点，提升学生观察、分析、概括的能力。

二、初步探究，感受色彩

（一）找色彩

1. 课件展示了不同颜色的多种鸟类图片，它们身上的色彩给你怎样的感受？你发现了哪些颜色？

2. 试着说一说哪些颜色是深色，哪些是浅色？

3. 展示鸟类身体局部的图片，对颜色进一步观察：同一颜色区域内的羽毛有什么变化？

（二）巩固旧知识

1. 回忆渐变色的表现方法。涂色方向要一致，先涂深色，后涂浅色。有相同颜色的渐变，也有不同颜色的渐变。

2. 分析、提炼、运用色彩，引导学生观察两幅作品在色彩的深浅对比上有什么不同，会带来什么感受。

3. 欣赏作品：画家或其他同学在表现鸟的绘画中如何运用色彩？

【设计意图】巩固之前学过的知识，归纳、提炼深浅颜色的变化。拓宽创作思路，提高学生欣赏、分析作品的能力。明确创作过程，讲解重点，突破难点，调动学生的创作热情。

三、教师示范，直观演示

示范方法：用不同色彩上色，完整展示鸟的创作过程。

重点讲解：指导学生在了解构图要饱满、特点要突出、姿态要生动的同时，了解色彩的选择运用、对比变化及美感表现。

【设计意图】明确过程，讲解重点，突破难点，同时调动学生的创作热情。

四、延伸拓展

同学们，你们也可以通过网络和书籍去查找其他鸟类，帮助小主人公找到更多的"好朋友"。

【设计意图】渗透环保意识，感悟人与自然和谐发展的重要意义。

《蘑菇城市》教学设计

▎艺术与生活部　一年级　张　萌

教学目标

1. 通过本课的学习，引导学生了解蘑菇的种类、外形特点，启发学生对蘑菇的外形展开联想，并创作一幅"蘑菇城市"的绘画作品。

2. 通过欣赏艺术作品及视频资料，引导学生观察与思考，鼓励学生在探究学习中认识到事物前后的遮挡关系，大胆画出"蘑菇城市"，表现出有层次感的画面。

3. 激发学生的兴趣，培养学生敢于创新、大胆表现的能力，培养学生的设计意识和创造性。

教学重点、难点

以蘑菇为原型展开联想，大胆画出"蘑菇城市"。利用前后遮挡关系，表现有层次感的画面。

教学过程

一、激趣导入

导语：今天老师要和你们分享一张有意思的画。（引导学生欣赏一幅《蘑菇城堡》的绘画作品）

激发兴趣：播放《蘑菇的生长过程》的视频。

导入新课：今天就跟老师一起学习创作《蘑菇城市》吧！

【设计意图】通过播放《蘑菇的生长过程》片段，让学生知道蘑菇的生长环境和生长过程，吸引学生的兴趣并引入本课主题。

二、讲授新知

（一）创设情境

1. 观看图片，引导学生观察蘑菇的外形特征，介绍蘑菇的组成部分：菌盖、菌柄、菌褶组合而成。

2. 看一看，图片中小蘑菇的外形是由什么基本型组合而成的。学生通过观察与思考，发现蘑菇的外形可以概括成半圆形、三角形、椭圆形、长方形等基本型。

3. 教师出示图片，引导学生观察绘画作品中的蘑菇艺术家通过艺术加工，运用夸张、变形和组合的方法，使蘑菇的菌盖变成城堡的屋顶，菌柄变成城堡的屋子，有高有低，错落有致。

（二）回忆旧知识

运用点、线、面的形式对"蘑菇城堡"进行装饰。我们还可以涂上漂亮的颜色，来美化我们的"蘑菇城市"。

【设计意图】通过创设情境，让学生了解蘑菇的结构和生长特点，启发学生联想并结合已学知识分析绘画中蘑菇的特点，为接下来的创作做准备。

三、拓展欣赏

（一）欣赏并示范

在这个"蘑菇城市"里，不仅有蘑菇城堡，就连交通工具都是蘑菇造型的。（不同造型的蘑菇汽车图片）

教师示范"蘑菇城市"的画法。

（二）发散思维

生活中许多事物都能用来创作。"蘑菇城市"里的所有事物都是蘑菇形状的。同学们可以展开联想，"蘑菇城市"等着你来发现。

【设计意图】通过欣赏不同的绘画作品和观看教师的直观演示，让学生进一步了解绘画中的蘑菇造型，引导学生深入思考，激发学生的想象力与创造力。

四、艺术实践

同学们一定有了很多想法，请同学们展开想象的翅膀，运用今天所学知识创作一幅颜色丰富、具有遮挡关系的"蘑菇城市"吧。

【设计意图】通过欣赏绘画过程，进一步发散学生的思维，培养学生的表现能力与创作能力。

《奇妙的色彩》教学设计

▎艺术与生活部　三年级　韩　旭

教学目标

1. 引导学生在探究式学习的体验中，了解与掌握油水分离原理的相关知识及表现方法。

2. 运用问题式、发现式等学习方式，认识并初步感受冷色。

3. 学习碎片拼接的装饰手法与原色、间色的色彩知识，并能运用油水分离的方法。

教学重点、难点

了解与掌握油水分离的原理与表现方法，学习碎片拼接的装饰手法与原色、间色的色彩知识。巧用蜡笔与水粉的油水分离特点，表现一幅碎片拼接形式的装饰作品，并合理搭配冷色与暖色。

教学过程

一、导入环节

（一）示范奇妙效果，分角色演示与提问

嘟嘟要给大家创作一幅画。喵喵提出了在白纸上用白色蜡笔画雪人会看不清楚的疑虑。但嘟嘟继续用水粉颜料刷满画面，并成功地显现出白色蜡笔的形象，产生奇妙效果，完成绘画过程。

（二）激发探究兴趣

请同学们回忆嘟嘟的绘画步骤，思考这幅画作的奥秘。

【设计意图】创设有趣的角色对话，以儿童角度思考问题，创作示范的奇妙效果引发学生思考、提出疑问，激发他们探究新知的欲望，为下一环节做铺垫。

二、探究新知

（一）油水分离法的原理

嘟嘟用生活中"油点子会漂在汤的表面"举例说明油水不融的原理。同理，蜡笔含有油分，而水粉颜料是水质的，它们在画面中相遇后就会自动分开。这就是油水分离的原理。

（二）生活中的装饰布——冷色

1. 观察与发现：欣赏油水分离作品，发现这些作品都给人以清新、清凉的感觉。

2. 冷色定义：大自然中深绿色的树林、紫色的晚霞、湛蓝的冰川和大海，给人冰凉、清爽之感。当看到与这些景物接近的色彩，也会有同感，所以这类色彩被称为冷色。

3. 测试：请学生试着在色相环中找出冷色。

4. 示范：教师示范冷色油水分离装饰布，并提示用暖色点缀可丰富画面。

（三）色彩斑斓的窗户——碎片拼接，原色与间色

1. 形式：在很多哥特式建筑中，尤其是在教堂，都有彩窗。彩窗带有各种图案，是由五颜六色的碎片拼接而成。

2. 色彩：彩窗通常运用我们曾学过的原色与间色，当阳光照射进来，就会变成彩色的光点洒向地面，使整个空间变得美丽神秘。

【设计意图】通过观察、分析，并结合学过的美术知识，引导学生初步了解油水分离法的原理和表现方法，学习装饰布和窗户中运用分割与拼接的装饰手法，了解原色、间色、冷色等色彩知识。示

范与欣赏作品贯穿其中，让学生直观地感受新知，消除畏难情绪。

三、实践探索

实践要求：模仿彩窗碎片拼接的形式，运用油水分离法创作一幅色彩装饰作品。

【设计意图】引导学生运用所学知识自主实践，探索用油水分离法来表现碎片拼接装饰的创作乐趣。

四、教学反思

本课运用创作简单又出效果的油水分离法来呈现一幅作品，将装饰手法与色彩知识贯穿其中，在降低学生创作难度的同时，为学生实践增添更多的创作方向。同时，学生也可以通过此方式，在实践中学习冷色与暖色的应用，并直观地感受冷色与暖色，从而全面掌握本课的知识。

《漂亮的盘子》教学设计

▌艺术与生活部 一年级 张淑华

教学目标

1. 让学生掌握揉、搓、捏、压等泥塑的简单方法。
2. 培养学生的动手能力，体验装饰美化生活的乐趣。

教学重点、难点

使学生掌握揉、搓、压等泥塑的简单方法；利用点、线、面结合的方式，用泥塑等装饰手法创作出漂亮的盘子。

教学过程

一、导入新课

（出示图片）复习学过的彩泥造型的方法；利用揉、搓、捏、压等，表现丰富的点、线、面。

【设计意图】让学生回忆彩泥的造型方法，为下面的创作打下良好的基础。

二、探究新知

（一）材料准备

（出示图片）彩泥、纸盘。

（二）废物利用

（出示图片）引导学生关注和利用生活中的废旧物品，例如过生日剩下的圆形纸盘、用废旧纸箱剪下来的圆形纸板……

（三）教师演示：鱼形盘子的制作方法及过程

1. 用彩泥在盘子上打底的方法：取黄色彩泥，两手配合，一只手按住盘子不动，另一只手的大拇指用按、压、推的方法把彩泥均匀地平铺在盘子上。

2. 鱼鳞的制作方法：选自己喜欢的颜色揉成圆形，用手掌压平整并粘贴在鱼鳞位置，依照此方法选择鲜艳的色彩制作成彩色的鱼鳞。在粘贴时要注意：相互遮挡，错落有致。

3. 鱼眼睛、嘴巴、鱼尾的制作方法：分别利用揉、搓、按、压的方法，装饰鱼的各部位。

4. 最后用各种彩色的小点点进行装饰，使作品更加饱满，色彩更加丰富。

利用彩泥的各种制作方法，完成点、线、面相结合的漂亮的盘子。

5. 装饰应用：利用生活中的物品美化生活，例如曲别针、线及各种废旧物在盘子上方打孔、下方进行装饰，完成后，悬挂在家中适当的位置。

6. 教师拓展：展示其他作品并分析线与线的丰富变化以及将搓好的线条盘成各种造型的方法，拓宽学生的制作思路，启发学生的想象力。

【设计意图】让学生更加直观地看到制作材料、制作步骤、制作技法，引导学生注意到艺术作品在生活中的应用，如挂在家中，装饰、美化我们的生活，激发学生的创作激情。

三、作品欣赏

（出示图片）欣赏漂亮的盘子作品。

【设计意图】通过欣赏用不同材质、不同方法制作的漂亮盘子，拓宽学生视野，启发学生的想象力和创造力。

四、艺术实践

利用生活中的材料和色彩创作漂亮的盘子，装饰、美化我们的生活。

【设计意图】鼓励学生发现生活中可利用的材料，用各种表现形式大胆实践，创作出漂亮的盘子，装饰、美化我们的生活。

《精彩的运动场》教学设计

■ 艺术与生活部　四年级　王家庆

教学目标

1. 了解体育摄影的一般知识及构图规律，通过巧妙安排构图、细心刻画人物动态，在美术作品中用线表现生动的运动场面。

2. 通过图片欣赏，感受体育摄影呈现出来的精彩优美的比赛瞬间。根据拍摄的照片以及记忆，教师通过演示环节，使学生掌握表现人物动态的方法。

3. 普及摄影知识，激发学生学习摄影的热情。通过描写体育运动的场面，使学生感受到人体运动时的姿态美，并感受到运动的快乐与精神力量。

教学重点、难点

通过资料欣赏与分析，引导学生了解体育摄影的一般规律，选取适合的形式进行有主题的动态人物创作。刻画人物动态，生动地表现人物形象。

教学过程

一、导入新课

教师通过展示体育运动图片导入新课，激发学生的学习兴趣。

（一）欣赏

1. 以画家黄胄的中国画《打马球》引导学生学会欣赏，观察细节，关注情景。

2. 欣赏画家陈玉先的一组人物动态速写，以找人物动态线的方法为绘画做准备。

（二）思考

创作之前，如何把摄影作品变成一幅绘画作品。

（三）教师示范

以动态线起稿进行人物动态的描写。

【设计意图】学会欣赏与观察，关注细节刻画和绘画方法。

二、绘画实践

观察与分析画面中的构成形式，以动态线为辅助大胆进行创作。

【设计意图】在自主创设的情景中表现运动时"力与美"的画面。

三、欣赏与拓展

（一）体育摄影知识简述

竞技比赛项目快速多变，优美与惊险并存，具有代表性的动作往往转瞬即逝。这就要求摄影者要有敏锐的观察力和熟练的操作技能，还要体育项目和熟悉体育技术动作。摄影器材照相机也要有1/125秒以上的快门速度。

在拍摄技巧上，重点是取景和时机。

（二）体育摄影取景技巧

体育比赛项目很多，各具特点，取景时，要注意拍摄位置和角度的选择。例如，为了表现右握拍乒乓球运动员的拉攻击球姿势，就应在他的右侧方用平角度拍摄较合适；要表现某一运动员的走步式跳远姿势，在侧面用稍仰角度拍摄，就会感到动作大方、舒展，能表现出腾空的雄姿；100米赛跑冲线，用侧面角度，不仅能表现运动员到达终点的前后差距，还能表现运动员的速度。角度的选择还要考虑到当时的光线条件。

【设计意图】摄影知识的普及。

四、小结

鼓励学生多参加运动，运动能带给我们活力，带给我们快乐；运动还赋予我们勇敢与力量，磨炼我们的意志。同时，它也是很好的绘画题材。

《北京喜讯到边寨》教学设计

▌艺术与生活部　五年级　李非凡

教学目标

1. 通过欣赏管弦乐合奏《北京喜讯到边寨》，学生能够在丰富的音乐活动中获得知识，在愉悦的审美体验中产生对交响乐的喜爱之情。

2. 通过感受、听辨、对比、视唱、听唱等方法，感受音乐形象，听辨主奏乐器及情绪和力度的变化，记忆主题旋律。

3. 能演唱并记忆乐曲主题旋律，了解乐曲创作的相关知识。

教学重点、难点

听辨管弦乐合奏曲《北京喜讯到边寨》音乐要素和主题旋律并演唱。

教学过程

一、导入本课

语言导入：回顾我国近年来在音乐创作方面取得的喜人成绩，讲述本乐曲创作的背景，从而引出本课课题。

【设计意图】开门见山，直接引出课题。

二、乐曲主题的学习

（一）引子部分：听辨号角声

学生聆听乐曲引子部分，听辨牛角号声。声音由近到远，恰似北京的喜讯传遍千家万户。

（二）主题部分

1. 聆听第一主题。

教师讲解第一主题的速度、节奏、表达的情绪、演奏乐器、音乐形象等，引导学生对第一主题进行听辨。

2. 演唱第一主题。

出示谱例，学生视唱第一主题，边唱边加入身体律动，感受第一主题欢快热烈的情绪。

3. 聆听第二主题。

由双簧管奏出的第二主题力度比第一主题弱，给人以轻巧活泼的感觉，让学生感受少数民族姑娘们群舞时的轻巧活泼。

4. 聆听第三主题。

第三主题在重复时力度增强，使情绪更为高涨，让学生感受少数民族小伙子们群舞时的豪壮健美。

5. 聆听第四主题。

第四主题的力度减弱，旋律变得优美舒缓，让学生感受少数民族年轻姑娘独舞的飘逸灵动。

6. 聆听第五主题。

第五主题与第四主题形成了强烈的对比，力度增强，使情绪更加热烈，让学生感受少数民族小伙子和姑娘们对舞的热烈场面。

7. 讲解第一主题再现。

教师讲解第一主题再现，欢快的速度和宏伟的音响表现了人们喜庆狂欢、激情洋溢的群舞场面，营造了万民欢腾的热烈气氛。

【设计意图】聆听音乐，找出乐曲主题，在视唱法的基础上熟悉主题旋律，体会乐曲节奏、力度、情绪变化带来的丰富感受。

三、乐曲的完整感受

（播放视频）欣赏由彭家鹏在维也纳中国新春音乐会上指挥的《北京喜讯到边寨》视频。

【设计意图】在学生已有认知的基础上，提升学生的知识水平及音乐听赏能力。

《学写汉字：字与天象》教学设计

艺术与生活部　一年级　李 靖

教学目标

1. 能够较为美观地书写与天象有关的"日、月、夕"三个字。
2. 了解"日、月、夕"三个字的演变过程，欣赏古代书法家写的"日"字。
3. 激发学生对祖国传统文化的热爱，提高其文字修养。

教学重点、难点

了解"日、月、夕"三个字的演变过程，能够较为美观地书写"日、月、夕"三个字。

教学过程

一、导入

今天我们要讲的是字与天象。大家还记得我们一起看过的《学问猫教汉字》吗？其中有一集讲的就是和天象有关的汉字。让我们一起来回顾一下。

出示视频《学问猫教汉字》，了解"日"字。

看了刚才的视频，如果你还没想起来，也不要着急，一会儿再想。现在，我们先通过追根溯源来了解"日"这个字。

【设计意图】通过视频让学生初步了解"日"字的演变过程。

二、新授

（一）学习"日"字的演变

出示"日"字的字形演变图，引导学生观察。

出示"日"字的甲骨文、金文、篆书，教师引导学生观察并讲解。

甲骨文的"日"在表示天体的圆圈"〇"内加一点指事符号"●"，表示发光特性的天体。金文继承甲骨文，以圆形表现"日"字，更接近太阳的样子。篆书将金文字形中的指事符号"●"写成短横线"－"并连接了边缘的两侧，字形由此抽象化。

【设计意图】通过汉字的追根溯源，激发学生学习书法的兴趣，增进对汉字历史和文化的了解。

（二）学习"日"字的写法

引导学生欣赏古代书法家写的"日"字。分别出示王羲之、颜真卿、柳公权、欧阳询、赵孟頫写的"日"字。

播放教师示范书写"日"字的视频。

"日"：整体字形是长方形，竖画长，横画略短；左竖短，右竖长。书写时注意三横间距要均匀。

今天我尝试练习写篆书

【设计意图】通过直观的教学手段，指导学生理解汉字的笔画与结构，帮助学生提高书写能力。

（三）学习"月""夕"字的演变

出示视频《学问猫教汉字》，了解"月""夕"两个字。

【设计意图】通过视频让学生直观感受并初步了解"月""夕"两个字的演变过程，增强对祖国传统文化的热爱之情。

（四）学习"月""夕"字的写法

播放教师示范书写"月""夕"字的视频。

"月"：整体窄长，下面略宽。第一笔先竖后撇不宜过长，第二笔横短竖长，一定要长过竖撇；两个短横位置偏上，左侧贴撇右不粘竖，间距均匀，取势右上。

"夕"：首撇宜短，横短撇长，撇末出锋，最后一点由轻入重。整体上，"夕"字斜而不倒，重心平稳。

【设计意图】通过直观的教学手段，指导学生理解汉字的笔画与结构，帮助学生提高书写能力。

三、小结

同学们，还有一些和天象有关的字，如果你有兴趣，可以在家长的协助下，通过下面这些网站继续学习。

出示参考学习的网站。

【设计意图】鼓励学生利用老师推荐的网站进行自主学习，激发对祖国传统文化的热爱，提高其文字修养。

《我的小手会唱歌》教学设计

▍艺术与生活部　一年级　么蕴莹

教学目标

1. 让学生在轻松的氛围里掌握知识，感受歌谣带给他们的愉悦，并乐于参与音乐活动。

2. 通过听辨法、模唱法、记忆法、视频法来学习"柯尔文手势"。

3. 感受音的高低并能用"柯尔文手势"表示出来。

教学重点、难点

学习"柯尔文手势"，并用"柯尔文手势"表现歌谣。

教学过程

一、复习音阶

（一）出示图谱

1. 请同学们观察图中的小音符，你们都认识吗？

2. 请你找出我们的音符好朋友（"do""re""mi""fa""sol""la""si"）。

（二）听琴模唱音阶

1. 学生随琴模唱音阶。

2. 音乐小讲堂——小手唱音符。

【设计意图】复习音阶并演唱，引出"柯尔文手势"。

二、初听歌曲

学生随歌曲找到每个音符对应的手势，并聆听每个手势对应的歌谣。

【设计意图】观看视频，激发学生的学习兴趣，找一找手势好朋友。

三、复听歌曲

学生记忆每个手势的形状，并默记每个音符的歌谣。

【设计意图】聆听歌曲，记忆歌谣。

四、我是小小歌唱家

（一）教师介绍"柯尔文手势"

出示图片，教师配合讲解："do"变成拳头，"re"变成滑梯，"mi"变成小桥，"fa"变成蝌蚪，"sol"变成小门，"la"变成小伞，"si"指向天空。

（二）学习歌谣及手势动作

教师有感情地示范朗读歌谣；学生跟随教师一起朗读歌谣并记忆，学生边朗读歌谣边加上手势动作。

【设计意图】学习每一个手势动作及其对应的歌谣。

五、我的小手会唱歌

（一）播放视频，学生跟随视频再次学习

你的小手会唱歌了吗？请同学们边观看视频边用动作表现"柯尔文手势"，然后一边朗读歌谣一边用动作表现"柯尔文手势"。

（二）学生跟随视频完整地表现"柯尔文手势"

同学们，今天我们学习了"柯尔文手势"，让我们跟着视频完整地做一遍吧。

【设计意图】学生在轻松愉快的氛围中掌握"柯尔文手势"并用动作表现出来。

六、课后小结

同学们，这节课我们学习了"柯尔文手势"，以后再面对七个小音符，你不但可以唱出来，还可以用你的小手来表现。记住，我的小手会唱歌哦！

《走近音乐神童莫扎特》教学设计

▋艺术与生活部　五年级　秦　媛

教学目标

1. 通过了解莫扎特，增进学生主动学习古典音乐的意愿。

2. 采用视听、讲授、比较、联系等方法，以多维视角走近莫扎特的一生。

3. 了解莫扎特的生平、作品、成就，并认识古钢琴。

教学重点、难点

了解莫扎特的生平、作品及成就；激发学生深入了解莫扎特的兴趣。

教学过程

一、激趣导入

视频导入：学生观看钢琴家郎朗演奏《土耳其进行曲》的视频，请学生听辨曲名。

播放作品结构图，教师对《土耳其进行曲》进行介绍。

教师通过问题"这首乐曲流传至今已经多少年了"引导学生对曲作者莫扎特非凡音乐成就的关注。

【设计意图】从学生喜爱的作品入手，激发学生的学习兴趣，进一步揭示作品的流传背景，为了解莫扎特的非凡成就做铺垫。

二、深入了解

（一）初识莫扎特

1.（出示图片）简要介绍莫扎特。

2. 通过谱例与演奏同步呈现的视频，让学生感受莫扎特5岁时创作的首部音乐作品，引发学生对莫扎特的评价。

（二）了解莫扎特的音乐成就及后人评价

学生观看"人物讲坛"专题视频，了解后人对莫扎特的评价。

（三）了解莫扎特的成长背景

教师引出话题："莫扎特是如何练就的呢？"学生通过教师制作的讲解视频探究"音乐神童"的成长历程。

【设计意图】通过了解莫扎特的生平、音乐成就以及后人的评价，深入了解莫扎特。

三、外延拓展

（一）认识古钢琴

1. 观察、对比：学生观看古钢琴演奏家模仿莫扎特时代的奏法演奏《小星星变奏曲》。教师请学生观察古钢琴与现代钢琴存在哪些异同。

2. （出示图片）教师对比介绍古钢琴与现代钢琴在体积、音色、音量上的不同。

3. 学生观察图片，在教师的提问下思考古钢琴踏板的用法。

（二）了解小莫扎特感染天花病的逸事

1. 教师介绍天花病，并与传播途径相似的新冠肺炎建立联系。

2. 教师讲授莫扎特在染病休养期间培养人生兴趣的故事。

3. 鼓励学生在"停课不停学"期间培养自己的新爱好。

【设计意图】还原莫扎特时期的演奏状态，感受200多年前的音响效果，拉近学生与莫扎特的心理距离；通过莫扎特的事例，引导学生用积极的心态应对新冠疫情，合理安排"停课不停学"的居家学习时间。

《空山鸟语》教学设计

▋ 艺术与生活部　三年级　宋　敏

教学目标

1. 通过欣赏二胡独奏曲《空山鸟语》，学生能对民族乐器二胡产生兴趣，感受民族乐器独特的魅力。

2. 通过聆听作品，感受二胡的音色和音乐的意境，了解作曲家刘天华。

3. 熟悉二胡的音色和结构，能够理解作品所表现的意境。

教学重点、难点

二胡音色的记忆和各个部位的名称。加深对《空山鸟语》的感受与理解。

教学过程

一、导入

导语：今天的这段音乐来自大自然的春天，名字叫作《空山鸟语》，我们来听听音乐中表现了什么样的画面？

【设计意图】本课教学恰逢春季，以春天导入本课，学生更易于想象山谷中的回声和鸟儿清脆的歌声，为后面的学习做好铺垫。

二、了解作品，认识演奏乐器

创设情境，感受音乐形象。

作品描绘出一幅什么样的画面？听听是用什么乐器演奏的？

1. 音乐为我们呈现了一幅美丽的画卷：一个春天的早晨，走进静谧的山谷，树林中处处回荡着鸟儿婉转清脆的歌声。

2. 认识、了解乐器。

（1）作品是用二胡演奏的，中间还穿插扬琴伴奏。

（2）二胡属于中国民族乐器中的拉弦类乐器，已有1000多年的历史。其音色集中于中高音域的表现，情感表现力极为丰富，是中国人最喜欢也最熟悉的民族乐器之一。

（3）看视频，了解二胡各个部位的名称和功能。

【设计意图】整体上感受作品的意境，认识并了解二胡。

三、细致体会、感受作品

（一）感受引子部分的音乐情绪和音乐呈现出的画面

音乐速度缓慢，空旷的山谷中传来了鸟鸣声，时而还有鸟鸣的回声。乐谱中出现了装饰音和八度的大跳音程，来表现山谷的空旷和清脆的鸟鸣。

（二）感受作品一、二乐段音乐的变化和音乐呈现出的画面

音乐速度变快了，音符密集了，音乐的情绪比引子部分欢快了许多，仿佛看到群鸟飞翔、互相追逐嬉戏的情景。

（三）感受作品三、四、五乐段及尾声的变化和音乐呈现出的画面

音乐的速度由快到慢，力度忽强忽弱，让我们感受到一幅鸟声四起、争相飞鸣的热闹场面。

（四）观看电影《刘天华》二胡演奏片段

通过观看作曲家在山谷中与鸟儿对话式的演奏，学生了解了作曲家的创作灵感，从而更好地理解音乐的意境。

【设计意图】分段感受作品的意境，并从音乐要素上感受作品乐段之间的变化。

四、作曲家介绍

通过短片我们了解到，刘天华是我国著名的作曲家、民族乐器演奏家、音乐教育家。其代表作品有《良宵》《光明行》等。

【设计意图】了解作曲家。

五、拓展学习

（一）完整观看《空山鸟语》二胡演奏视频，并模仿二胡的演奏，进一步加深对二胡的印象

（二）结语

希望同学们通过今天的课程能够喜欢二胡，并喜欢中国民族音乐，成为我国民族音乐的小小传承人，把我国的民族音乐发扬光大！

【设计意图】通过观看视频，学生模仿演奏家的演奏，加深对二胡的认识并喜欢二胡。

《孙悟空与生活中的标志》教学设计

▍艺术与生活部　五年级　苏浩男

教学目标

1. 了解标志的种类、功能和特点。
2. 了解孙悟空造型的特点，学习运用变形和夸张的动物装饰方法。
3. 建立设计标志的思维路径，利用标志的设计方法进行主题创作。

教学重点、难点

认识标志在生活中的作用。建立设计标志的思维路径，将孙悟空与标志巧妙结合，设计主题性的标志。

一、导入新课

（一）情境创设

在有语言障碍的情况下，如何通过微信顺利、高效地进行简单的沟通？

（二）介绍绘文字

介绍绘文字的功能和由来。

（三）引出主题

现实生活中也有通过图形和文字传达含义、交流情感的记号，这就是生活中的标志。

【设计意图】通过创设情境，使学生感受标志带给生活的便利，初步了解标志的功能。

二、探究新知

（一）认识标志

了解书中关于标志功能的介绍。

标志作为一种特殊的图形符号，有着传达信息的功能。

（二）标志的分类及功能

一般按功能进行分类，可分为徽标、商标和公共标志。徽标代表着某个国家、某个政府或某个组织；商标代表的是品牌，是服务于商品的标记；公共标志是帮助和指导人们行为的标志。

（三）标志的设计

介绍中国银行、中国人民银行、中国农业银行标志的设计思路和方法。

（四）标志的特点

总结出标志的相同特点。

造型：简洁、概括。

色彩：单纯、醒目。

（五）孙悟空的造型特点

1. 寻找不同时代、不同载体的孙悟空造型特点。

（1）找出原著中孙悟空造型的文字描述。

（2）欣赏1986年拍摄的电视剧《西游记》和1961年拍摄的动画片《大闹天宫》，观察孙悟空造型。

2. 介绍《大闹天宫》中孙悟空的造型。

它借鉴了戏剧脸谱、皮影、版画和年画等传统艺术，通过动物装饰方法，从猴子造型转化为孙悟空造型。

【设计意图】了解标志的种类、功能和特点，掌握孙悟空的形象特点。

三、启发思考

（一）问题引导

孙悟空能否作为元素运用在标志的设计中呢？

（二）介绍设计思路

1. 分析形象寓意。《西游记》中孙悟空一个筋斗云能翻十万八千里，可以设计为快递的标志。

2. 结合标志设计的特点，选择参考形象。综合选择，更适合参考《大闹天宫》中孙悟空的造型。

3. 分析和选取设计元素。为符合标志设计简洁的特点，选取有代表性的元素进行设计（孙悟空的面部）。

【设计意图】进一步建立标志设计的思维路径，学习结合设计的特点选取设计元素的方法。

四、示范与实践

观看示范视频，明确标志设计的过程和步骤。

根据标志的特点和设计的思考路径，以孙悟空造型为元素，进行有主题的标志设计。

【设计意图】结合生活进行设计实践。

《解密汉字：趣味甲骨（二）》教学设计

▎艺术与生活部　二年级　孙　宁

教学目标

1. 了解甲骨文的发现地，以及文字学和书法艺术层面的一些常识。

2. 初步认知一些简单有趣的甲骨文的释读。

3. 通过本课学习，激发学生对传统文化的兴趣，喜欢学习甲骨文。

教学重点、难点

认识一些简单的甲骨文，初步尝试书写。理解甲骨文的由来。

教学过程

一、导入

出示图片，回顾旧知，了解甲骨文的由来和字形特征。

提问：同学们想不想知道甲骨文的由来呢？跟着老师一起学习吧。

【设计意图】回顾旧知，为学习新知做好铺垫。

二、甲骨文的由来

（一）什么是甲骨文

甲骨文是镌刻在龟甲或兽骨上的文字。

（二）甲骨文的发现地

甲骨文出土在河南小屯一带，因为这里曾是商代后期商王的都城，史称"殷"。商朝灭亡后，那里就成了废墟，后人便以"殷墟"名之。因此，甲骨文也称"殷墟文字"。

（三）甲骨文的字形特征

甲骨文是用刀契刻在坚硬的龟甲或兽骨上的文字，刻时多用直线，出现曲线的地方，也是由短的直线接刻而成。甲骨文的笔画大多数都比较均匀，由于起刀和收刀直落直起，所以多数线条呈现中间稍粗两端略细的特征，显得瘦劲坚实，挺拔爽利，并且富有立体感。甲骨文多以长方形为主，少数方形，具备了对称美或一字多形的变化美。接下来通过观看甲骨文小动画来了解甲骨文的由来。

【设计意图】通过观看小动画和出示甲骨残片的照片，使学生进一步了解甲骨文的由来，并对甲骨文产生兴趣。

三、甲骨文的"趣味学习"

（一）认知甲骨文

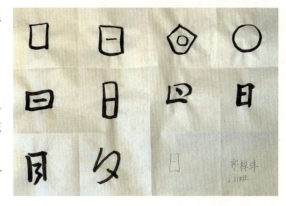

甲骨文是象形文字，每个汉字都有一定的寓意。甲骨文往往要竖着看，将头向右弯90度看，这源于古人结绳记事的传统——从上往下看。出示生肖"鼠"字的图片与甲骨文图片，引导学生进行对比，发现相似之处，再次激发学生的学习兴趣。出示剩下的11个生肖甲骨文的图片，让学生猜一猜分别是哪些生肖，在游戏中慢慢认识甲骨文。在认知过程中要及时对同学们的表现给予表扬与鼓励，引导学生试着书写自己感兴趣的甲骨文字。

（二）拓展学习甲骨文

当学生的学习兴趣浓厚时，教师出示一张用甲骨文书写的姓氏对照表，让同学们找出自己的姓氏，认一认、写一写。

【设计意图】通过学生熟悉的十二生肖和姓氏的相关内容，进一步引发学生对甲骨文学习的兴趣。

四、课后练习——"动画片"

播放甲骨文字小动画，看看你能发现片中出现了多少个甲骨文，它们分别对应了哪些汉字。可以上网查一查，了解这些甲骨文的详细含义和演变过程。自主学习并书写甲骨文，就会认知更多有趣的甲骨文字。

【设计意图】利用有意思的小动画，继续让学生猜这些象形的甲骨文，同时尽可能利用老师推荐的网站和书籍进行自主学习，提高对传统文化学习的积极性。

《溯源练笔：众志成城》教学设计

■ 艺术与生活部　五年级　王旭红

教学目标

1. 通过本课教学，使学生掌握集字书写斗方作品的能力。

2. 通过观察、讲解与练习临写"众志成城"四个字，使学生能够了解各种字体不同点画形态的书写特点。

3. 在学习中感受中国传统文化，激发学生学习书法的兴趣。

教学重点、难点

了解各种字体不同点画形态的书写特点。能够用颜体（《多宝塔碑》）书写出"众志成城"四字的斗方作品。

教学过程

一、探索字源

（一）谈话导入

师：同学们，大家好！在这个抗击新型冠状病毒肺炎疫情的特殊假期里，虽然我们无法面对面，但是，我们依然可以不受时空限制地学习交流。疫情当前，我们要众志成城，共渡难关。那么，我们的书法学习就从"众志成城"和"共渡难关"两个成语开始吧。

首先，我们来了解一下"众志成城"这个成语。

（二）追根溯源

老师播放 PPT，出示"众""志""成""城"四个字的甲骨文、金文、小篆、隶书、楷书等字体写法。

1. "众"字的甲骨文是个会意字，表现的是许多人在烈日下劳动的场面。《说文解字》："众，多也。"

2. "志"字的金文上半部分为"之"（前往），下半部分为"心"（思想），合起来表示心之所向、长远而大的打算。《说文解字》："志，意也。"

3. "成"字的甲骨文是个会意字，主体是古代的一种兵器——斧钺的形状，左下的"口"一般指城邑，合起来表示武力征服的意思。《说文解字》："成，就也。"

4. "城"是用于防守都邑民居的墙。外城称"郭",内城称"城"。《说文解字》："城,所以盛民也。"

（三）作品集字

师：成语"众志成城"的意思是：万众一心,像坚固的城堡一样坚不可摧。它比喻大家团结一致,力量就无比强大。书法作品是书法艺术的一种相对完整的表现形式。为便于书写,我为同学们集齐了颜真卿《多宝塔碑》中这四个字的不同书写。

PPT出示颜体《多宝塔碑》中的"众""志""成""城"四个字。

请仔细观察每个字的字形结构、部件搭配,以及笔画粗细、长短、方圆、曲直、角度等特点,用准备好的纸和硬笔进行双钩练习。

【设计意图】明确本课所学字的源流,感受传统文化,为书写做铺垫。

二、斗方作品书写指导

（一）了解斗方

师：请备好毛笔、墨汁,跟老师一起书写一幅小斗方作品。

"斗方"是中国书画装裱样式之一,接近正方形,指一尺或二尺见方的书画或诗幅页。小斗方作品是指尺幅较小,一般指25~50厘米见方的书画作品。

（二）书写斗方作品

播放书写"众""志""成""城"四个字的书写视频,学生边观看视频中的讲解边书写斗方作品。

【设计意图】通过观看视频,学生从整体上学习每个字的合理搭配,巩固所学,解决本课难点。

《思乡曲》教学设计

▍艺术与生活部　六年级　徐　力

教学目标

1. 通过欣赏，体验作品中游子表达的思乡之情，感受游子的爱国主义情怀。

2. 带领学生分析各乐段音乐形式与音乐情绪之间的关系，使学生进一步与作曲家共情。

3. 了解作品的创作背景、曲式结构，记忆作品的主题旋律，认识作品的主奏乐器——小提琴。

教学重点、难点

听辨、记忆作品主题，感受作品所表达的情绪。

教学过程

一、朗诵导入，介绍作品

教师朗诵余光中的作品《乡愁》，背景音乐播放《思乡曲》。

师：刚刚老师朗诵的这首诗是我国台湾诗人余光中先生写的，诗名叫《乡愁》，你们能够感受到诗中表达出的对故乡、对祖国恋恋不舍的一份情怀。而你们听到的音乐，则是我国著名作曲家、小提琴家马思聪先生所作的《思乡曲》。《思乡曲》是马思聪先生于1937年所写的《内蒙组曲》中的第二首，主题音乐来自绥远民歌《城墙上跑马》。

【设计意图】通过朗诵，引导学生感受诗人思乡之情的忧伤，带领学生进入情境。

二、分段欣赏，体验情感

（一）完整聆听，建立耳音

1. 听辨主奏乐器。

2. 为乐曲分段。

3. 听辨是否有重复的段落。

（二）聆听第一部分

1. 感受旋律色彩。

2. 联想画面。

师：同学们能够听到主奏乐器是小提琴。乐曲共分为三个部分，其中第一部分揭示了主题，旋律的色彩是黯淡柔和的，像是在诉说着对故乡的思念。

（三）视唱第一部分，记忆主题

1. 局部视谱唱主题（唱谱）。

2. 视谱唱主题（唱词）。

（四）聆听第二部分

1. 感受情绪的变化。

2. 听辨速度的变化。

3. 感知情绪与速度快慢变化之间的联系。

4. 联想画面。

师：第二部分速度加快，情绪是喜悦明朗的，好似沉浸在美好的回忆中，又好似游子梦回故里，憧憬着未来的美好生活。

（五）聆听第三部分

1. 听辨重复的再现部分。

2. 感知情绪与音区高低变化之间的联系。

师：第三部分是第一部分第一个主题的重复出现，我们叫它为再现部分，但再现的主题在音域上提高了八度，好似梦醒后回到现实，让结尾更加充满了茫茫的愁绪。

【设计意图】通过分段赏析作品，学生感受到每个部分所表达情绪的变化，了解音乐形式与情感的联系。

三、回顾作品，升华主题

师：同学们，音乐可以表现思想与情感，《思乡曲》哀婉、缠绵，小提琴如泣如诉的音色把远离故乡的作者对家乡的思念表现得淋漓尽致，也让我们感受到曲作者魂牵梦萦的相思和屡屡不断的忧伤。希望同学们以后无论走到天涯还是海角，都不要忘记我们的故乡和祖国，相信这份浓浓的乡情会永远伴随、牵引、激励着我们。

【设计意图】带领学生回顾作品所表达的情感，激发学生的爱国主义情怀。

《宅家日记画》教学设计

▎艺术与生活部　三年级　刘　栋

教学目标

1. 引导学生关注、观察自己的宅家生活，发现有趣的宅家故事。

2. 复习人体结构知识，探究人物动态画法，用绘画手法记录生活中的精彩瞬间。

3. 在宅家的日子里，感受绘画的乐趣，培养热爱生活的情感和积极向上的人生态度。

教学重点、难点

探究人体运动规律和人物动态画法，用绘画手段记录宅家生活的精彩瞬间。

教学过程

一、导入环节

（一）关注宅家生活

在宅家的日子里，有的同学不知道应该如何安排自己的生活，那么，除了上网课之外，还能做些什么有意义又有趣的事呢？看一看同学们各式各样的精彩生活瞬间吧，有些人沉浸在自己的兴趣爱好中，有些人当起了"大厨"，还有人和家人一起快乐地游戏……

（二）激发创作灵感

我们可以用画笔把这些美好的瞬间记录下来，就像绘画的日记一样。

【设计意图】通过观察自己的宅家生活，发现身边的美好瞬间，在日常生活的点滴中找到艺术创作的素材与灵感，激发表现欲望。

二、探究新知

（一）复习已有知识

在以往的美术课上，我们已经认识了人体是由头部、躯干和四肢组成的。

（二）观察人物动态规律

观察：将一天中精彩的活动拍摄下来，并观察照片，想一想人体是怎样活动起来的。

发现：通过图片我们看到，人物在运动时，膝盖、手肘等处的关节会发生弯曲变化，从而形成了动态。

（三）了解表现方法

通过绘画表现人物动态的方法很多，今天我们认识两种简单的方法：一是先画出肢体动态辅助线，再添加服饰和表情；二是先进行构思，然后直接画出人物动作。

（四）教师示范

教师示范以上两种画法，展示绘画步骤以及从起稿到上色的过程，在画面的空白位置添加日记文字，简单描述主人公身上发生的故事，形成一幅完整的宅家日记画作品。

【设计意图】通过观察、分析，结合以前学过的美术知识，引导学生初步了解人物动态的规律和表现方法，以生动的视频展示完整的绘画步骤；鼓励学生用绘画方式记录自己的宅家生活。

三、实践探索

（一）欣赏作品

欣赏同龄人创作的日记画，发现有趣的故事和生动的表现方法。

（二）自主实践

你的宅家生活是什么样子的呢？发生了哪些有趣的事情？请你也用日记画的方式记录一下吧。

【设计意图】引导学生运用所学知识自主实践，表现生活中的点点滴滴，体会创作的乐趣。

《金孔雀轻轻跳》教学设计

▍艺术与生活部　二年级　张梦娴

教学目标

1. 通过学习《金孔雀轻轻跳》，感受傣族独特的音乐特点，加深对民族音乐文化的了解与热爱。

2. 用听唱法学习歌曲的准确演唱，在不断的情境创设中感受傣族的风土人情。

3. 掌握歌曲演唱，并学习小节、小节线以及终止线等相关知识。

教学重点、难点

学唱歌曲《金孔雀轻轻跳》，以及"一字多音"的准确演唱。

教学过程

一、激趣导入

（一）谜语导入

1. 教师给出谜题"锦袍身上穿，花冠头上戴，尾巴像把扇，展开人人爱"，让学生打一动物。

2. 揭示谜底——"孔雀"，引出课题。

（二）初听全曲

歌曲中的孔雀有什么特点，生活在哪个少数民族？

（三）播放傣族风情视频，创设情境

学生观看视频，了解傣族风土人情以及孔雀对于傣族人民的意义。

【设计意图】通过猜谜语导入学习内容，激发学生的学习兴趣。通过聆听歌曲，初步感知学习内容，在视频讲解中了解傣族的风土人情。

二、学习新知

（一）体会、模仿、学唱第 1 段

1. 听歌曲，感受音乐情绪及内容。

2. 动作表现：跟随第一段音乐画旋律线，感受旋律起伏。

3. 观察并找出规律：音乐为 5 个乐句，第 4、第 5 乐句为相似乐句。

4. 模唱并找出难点：尝试填词，跟范唱演唱第 1 乐段，发现歌词演唱问题。

5. 规范演唱：跟随教师拍点，高音位念读歌词，注意提示口腔状态。

6. 学习新知：了解"一字多音"的演唱方法。

（1）聆听教师演唱第 1 乐句，对比感受连线唱法。

（2）讲解演唱时"归韵"的演唱方法。

（3）跟随老师慢速演唱第 1 乐句，感受"归韵"唱法。

7. 跟随钢琴伴奏完整演唱第 1 段。

（二）自主学习第 2 段

1. 熟悉歌词，讲解"小卜少""小卜冒"的含义。

2. 跟范唱自主学习第 2 段的演唱，熟悉歌词。

3. 跟随钢琴伴奏演唱第 2 段。

4. 借助"竹节""跑道"等生活常识，讲解小节、小节线以及终止线。

5. 学习律动，感受傣族音乐风格。

跟随视频，在歌曲聆听中学习傣族舞蹈的规律，跟随伴奏音乐完整加律动并演唱。

【设计意图】通过聆听、对比、观察等掌握歌曲的正确演唱方法。同时，借助生活经验学习相关音乐知识，了解傣族舞蹈、音乐的风格特点。

三、拓展视野

（一）聆听其他民族音乐

聆听藏族、蒙古族、维吾尔族歌曲片段（选用教材内歌曲），总结这三个民族音乐的不同风格与特征。

（二）小结

少数民族音乐各有特色。傣族音乐具有细腻柔美、娓娓动听的风格特点。

【设计意图】通过对比不同少数民族的音乐风格，感受傣族音乐细腻柔美的特点。

《叮叮咚咚马林巴》教学设计

▋ 艺术与生活部　三年级　赵亚杰

教学目标

1. 让学生认识键盘打击乐器"马林巴"，了解音乐与生活的关系。

2. 让学生对乐器的构造、演奏技法以及特点有充分的了解。

3. 欣赏用"马林巴"演奏的音乐作品，了解"马林巴"表现音乐情感的方式。

教学重点、难点

认识、了解乐器"马林巴"，了解"马林巴"如何表现音乐情感。

教学过程

一、激趣导入，引发兴趣

教师出示图片"大耳朵"，示意学生听音乐片段，并说出这是什么音乐。

（播放视频）"华为""苹果""小米"三个品牌的手机中用"马林巴"演奏的来电铃声，让学生观看它是如何演奏出来的。

【设计意图】学生通过聆听熟悉的手机铃声，产生探寻手机铃声是如何制作的想法。

二、了解乐器，深入学习

（一）乐器的起源与发展

1. 了解古老的"马林巴"，（出示图片）向学生介绍它最初的样子：最古老的"马林巴"只有几块音板，它是事先在地上挖个坑，把音板放在上面，演奏的人坐在地面上用两只槌子敲打音板。这种最初的"马林巴"虽有一定的音高，但不能演奏音乐，只能用来打节奏。

2. 用图片的方式展示"马林巴"发展演变的过程：人们用葫芦、果壳、木盒，再配上长短不一的琴板来进行演奏。经过不断的演变，形成了今天的管式马林巴。

（二）了解"马林巴"的构造及演奏方式

1. "马林巴"由琴架、木质音条、共鸣音筒组成。它的琴槌很有特点，锤头由毛线缠绕而成，这使敲击出的声音更加柔和、动听。

2. "马林巴"可以单手单槌，也可以单手双槌，还可以单手三槌。

【设计意图】通过学习，学生对乐器的外形、乐器特点、演奏方法有了充分的了解。

三、乐器比对，加深认识

（一）观察发现

观看、对比钢琴和"马林巴"，发现"马林巴"的音阶排列和钢琴是完全相同的，对"马林巴"有了进一步的了解。

（二）引发思考

视频展示学生用"马林巴"演奏的乐曲《小松树》，思考还能用它演奏什么乐曲。

【设计意图】将钢琴的键盘和"马林巴"的音板进行对比，用学生熟悉的乐器帮助了解所学乐器的特点。

四、欣赏作品，开阔视野

（一）欣赏优美抒情的作品

欣赏用四只琴槌演奏的中国民歌《茉莉花》，了解作品如何用四只琴槌演奏出音乐优美动听的旋律。

（二）欣赏快速、热烈的作品

欣赏用两只琴槌演奏的《野蜂飞舞》，了解作品如何用两只琴槌演奏速度很快的作品，来表现野蜂飞舞的音乐形象。

（三）欣赏情绪欢快的作品

欣赏用木琴和"马林巴"共同演奏的《吹口哨的人》，感受音乐的欢乐及两种乐器配合默契的演奏。

（四）小结

音乐来源于生活，表达着我们的情感，请你多多留意生活中多彩的音乐吧！

【设计意图】通过欣赏不同的作品，感受"马林巴"独特的演奏方式，了解乐器如何表现音乐的情感。

《色彩的魅力》教学设计

▌艺术与生活部 六年级 任巨成

教学目标

1. 学生在对色彩初步认知的基础上知道色彩具有象征性，了解色彩在生活中的象征意义。

2. 通过感受、探究，引导学生对作品中的色彩进行联想，感受色彩赋予的不同视觉体验。

3. 培养学生对色彩学习的兴趣，引导学生用喜欢的方式创作一幅有主题性质的色彩画作品。

教学重点、难点

了解色彩在生活中的象征意义，学习用色彩表达自己的情感。

教学过程

一、激趣导入

（一）激发学习兴趣

通过动画片《哪吒之魔童降世》中哪吒与敖丙的性格特征来激发学生探索色彩的兴趣。

问题思考：哪吒的服装配色以红色为主，敖丙则是以蓝色为主，造型师的用意是什么呢？

小结：暖色调的红色和冷色调的蓝色形成对比关系，搭配在一起形成视觉上的平衡感，暗示人物的性格特征。

（二）复习旧知

复习色彩的冷暖、色相、明度、纯度等知识。

【设计意图】通过学生喜欢的动漫形象，激发学生探究色彩的兴趣，复习色彩旧知，承上启下。

二、探究新知

（一）欣赏佳作

1. 欣赏吴冠中的油画《黄河》，介绍画家吴冠中。

2. 欣赏一段《黄河》的视频，感受母亲河的壮丽美景！

"黄河之水天上来，奔流到海不复回"。看到奔流不息的黄河水，你的心情是否跟画家一样被震撼到了呢？

3. 感受画家如何利用色彩的象征性表达自己的情感。

作品解读：作品使用大面积的黄土色表现黄河的无边无际，唯有白色浪花在画面漂流回转，表现了中华民族的博大胸怀与历史文化的源远流长，表达了作者炽烈的爱国情怀。

黄色是中华民族的象征，它与红色一起构成了中华民族的主色调。黄色象征着希望，是色相环上明度最高的色彩。它光芒四射、轻盈明快、生机勃勃，具有温暖、愉悦、提神的效果，常为积极向上、进步、文明、光明的象征。

4. 赏析凡·高的花卉作品，通过色彩联想感受画家的思想感情。

【设计意图】感受作品颜色的象征性。

（二）色彩的联想和象征意义

1. 色彩的联想可分具象的联想与抽象的联想。

结论：人物设计师运用色彩的象征意义，用红色和蓝色象征两个截然不同的人物性格，一个是暴躁易怒的魔童，另一个是温柔冷静的龙族希望。我们在感叹设计师聪明才智的同时，也发现了色彩的奥秘！

2. 看图感受生活中色彩联想的应用。

【设计意图】感受色彩联想的魅力。

三、教师示范

观看瓶花绘制过程的视频，体会色彩的巧妙运用。

简要介绍吉祥图案的相关知识，观看吉祥图案装饰花卉的画法。

【设计意图】启发学生发散思维，提供两种表现形式供学生选择。

四、实践要求

创作一幅有主题性质或吉祥图案的色彩画作品。

五、教学反思

本课以新课标为指导，以学生为主体，激发学生学习的兴趣。以学习色彩知识为重点，把《色彩的联想》《瓶花写生》和《吉祥图案》三课融合，通过两个示范视频演示，直观解决教学重点、难点，并给学生提供更多的创作思路。

科学探索

　　小学生对周围的世界具有很大的好奇心与求知欲。基于学生的这一年龄特征，在疫情期间，我们将科学探索课程定位在"引领他们学习与周围世界有关的科学知识"层面。同时将国家课程有机融合，对课程进行重组与再设计，研发了科学探索课程版块。课程内容的整体设计是在学校整体课程观的指引下，从人与环境保护、人与动物世界、人与物质世界、人与自然资源、人与植物世界五个方面进行了课程的整体研发。课程实施则是以学生动手操作为目标、教师"隔空"讲授指导为辅的方式展开。为了让学生在家中也能做实验，老师们深挖日常生活中各种用品的"新价值"，使其成为课程的实验材料。油盐酱醋、锅碗瓢盆、瓜果蔬菜、花卉学具都华丽变身为学生居家实验的小道具，这无疑让学生体会到了学习科学的乐趣与快乐。课程从科学的角度引领学生观察生活，解决生活中的问题，从而获取科学知识，培养科学素养，培育科学精神，最终达到与周围世界建立科学认知的教学目标。

《空气探秘》教学设计

■ 人文科技部　一年级　何美仪

教学目标

1. 知道空气是无色、透明、无气味、无味道、无固定形状、会流动的气体。

2. 能像观察水那样观察空气，并归纳出空气的性质；学会应用空气的流动性。

3. 对探究物质世界产生兴趣。

教学重点、难点

学会对比观察空气，描述空气的性质；培养学生对探究物质世界的兴趣。

教学过程

一、导入

出示谜语：奇妙奇妙真奇妙，看不见来摸不着。无孔不入变化多，动物、植物都需要。

学生猜谜底：空气。

【设计意图】引起学生的好奇心，激发学生的学习兴趣和求知欲望。

二、观察空气

师提问：空气是什么样子的呢？根据自己的经验说一说。

预设：我认为空气看不见、摸不着，就在我们周围……

师总结：今天我们就来研究一下空气。请同学们像上节课一样，用一个透明塑料袋收集一袋空气，装好后把袋子口系好（学生收集空气）。

师提问：大家都收集好了，可以怎样去观察空气？我们是如何观察水的？

预设：我们用眼睛、鼻子、舌头等感官来观察。知道了水是无色、透明、无气味、无味道的液体。

师总结：现在我们利用观察水的方法来观察一下空气，看看空气是什么样子的？请同学们一边观察一边填写泡泡图（学生自由观察）。

预设：用眼睛看，看到空气无色、透明；用鼻子闻，发现空气没气味；用舌头尝，空气没有味道……

师提问：把袋口系好用手捏一捏，观察一下它的形状，看看有什么发现？

学生回答：袋子的形状是变化的，说明空气没有固定形状。

出示不同形状气球图片。

师提问：大家看这些不同形状的气球，说明了什么？

预设：证明了空气没有固定形状。

师提问：试着把装满空气的塑料袋打开一个小口挤一挤，你看到了什么？这个现象说明了什么？

预设：我看到袋子变小了或者变扁了。空气可以从袋子里跑出去，说明空气会流动。

师总结：通过观察我们发现空气是无色、透明、无气味、无味道、无固定形状、会流动的气体。

【设计意图】用观察水的方法观察空气，培养学生观察、实验、对比的能力；学会边观察边用泡泡图记录，提高学习效率。

三、空气流动性的应用

师：根据视频，我们用正方形纸来制作一个有趣的气动小火箭。

播放视频教程。

师提问：这里有一根吸管，怎样可以让小火箭飞起来？

预设：把吸管插到小火箭下方，用嘴吹吸管的另一头。

师提问：试着吹一吹，并思考小火箭飞起来应用了空气的哪个性质（学生活动）。

预设：空气的流动性。

师总结：空气从我们的口中吹出来流动到外边，空气的流动使小火箭飞了起来。

【设计意图】通过游戏增加趣味性，使学生更加充分地感受和体会空气的流动性。

四、总结和拓展延伸

师：通过这节课的学习你有什么收获？

学生回答：通过观察，知道了空气的性质，学会了用空气的流动性使小火箭飞起来。

师：出示空气污染图片。看看现在我们周围的空气怎么了？应该怎么办？课下可以和家长们一起交流、讨论。

【设计意图】学生对一节课所学知识进行梳理，培养科学学习习惯，同时提出课后思考，为今后学习奠定基础。

《观云识天》教学设计

人文科技部 三年级 付莎莎

教学目标

1. 了解云的成因，学会做云形成的实验。

2. 知道从云量和云状两个方面进行云的观察，初步学会依据云量、典型云状判断天气情况。

3. 体会观测云的乐趣，培养上网查找谚语、判断谚语是否科学等自主学习能力。

教学重点、难点

知道从云量和云状两个方面进行云的观察；初步学会依据云量、典型云状判断天气情况。

教学过程

一、导入

导语：同学们，你们观察过天空中的云吗？

激发兴趣：播放各种云的视频。

导入新课：引导学生思考云的形成原因。

【设计意图】通过联系生活和播放云的视频，成功激发学生对云的兴趣，引导学生思考云的形成原因，引入本课主题。

二、新授

（一）云的形成原理

1. 我们通过学习云的形成实验来找找答案。（引导学生边看视频边完成制作云的实验）

2. 实验用到的热水、香、冰块分别为生成云提供了什么条件？

3. 总结云的形成条件。

（二）活动一：云的观测

1. 云量的观测。

引发思考：我们了解了云的形成原理，天气预报中的晴、多云和阴表示什么意思呢？

科学观测：气象学家把天空当作一个圆，将看到的云填充到圆里，按照云遮挡天空的多少判断晴天、少云、多云和阴天。

2. 云状的观测。

引发猜想：（出示三种云的图片）气象学家根据云的形状特点将云分为卷云、积云和层云。你能通过名字猜想这几种云的不同，并将其和对应的图片选一选、连一连吗？

观察分析：请你仔细观察，这三种云分别具有什么特征？区别在哪里？

归纳总结：卷云、积云、层云的形状特点。

知识拓展：介绍三种云的形成原因及其对应的天气状态。

3. 云的命名。

引发思考：说一说，在三种云的基础上，如何区分不同的云呢？（出示对比图片）

归纳总结：根据云的位置、是否带雨和形状特点可对云进一步分类并命名。

知识拓展：通过云分类流程图，了解世界气象组织（WMO）把云分成十种类型的方法。

（三）活动二：云的谚语

1. 谚语的判断。

引发思考：不同的云和天气之间有什么关系呢？你是如何判断的？根据谚语判断天气准确吗？

教师示范：可用观云识天图判断其类型，再用百度百科查找其形成原理判断对应的天气是否科学。

创新思维：你有哪些判断谚语是否科学的好方法呢？

2. 谚语的搜索。

课外拓展：上网搜索云与天气的谚语，将搜索内容和同学分享。

【设计意图】通过设置合适的问题情景，引发学生猜想、观察、思考，培养学生的分析、归纳、总结等思维能力，提升创新力。

三、总结

总结拓展：思考自己的收获，介绍观云识天网站和书籍。

【设计意图】总结所学知识，为对云感兴趣的同学自主学习提供资料。

《做个气温观测员》教学设计

▎人文科技部　三年级　郝雨阳

教学目标

1. 知道气温的概念，学会使用气温计测量气温，并记录数据。

2. 学会利用统计图分析气温数据，总结一天中气温的变化规律。

3. 了解气温升高带来的环境问题以及监测气温的重要性，重视保护地球家园。

教学重点、难点

学会使用气温计测量气温，并记录数据；学会利用统计图分析气温数据，总结出一天中气温的变化规律。

教学过程

一、导入

提问：（播放天气预报视频）通过刚才的天气预报，你们都获取到了哪些信息？我们为什么要对天气提前观测并预报呢？

小结：天气预报可对人类的生活和出行进行指导。

提问：（出示图片）对比这些图片，你们有什么发现吗？

小结：通过长期记录和分析气温数据，人类发现了气候变暖的环境问题，所以长期观测气温还能推断人类生存环境急需解决的问题。

【设计意图】通过观看天气预报视频，了解预报的基本内容。再通过观察我国长期温度变化，认识相应的环境问题，进而了解气温观测的重要性，激发学生学习的兴趣。

二、新授

提问：假设今天你们的任务是观测北京一天内气温的变化，你会如何观测呢？

（一）学会使用气温计

1. 我们用气温计来测量气温。气温是专门表示空气冷热程度的物理量，国际单位是摄氏度（℃）。

2. 测量时，将气温计放在离地 1.5 米高的阴凉、通风处，测量 2~3 分钟，不可暴晒或淋雨。气温计的液柱稳定时再读数。读数时，视线要与气温计的液柱平行。

（二）观测地点的选择

一般选择不受太阳直射的室外。

气象台是如何测温的？（出示百叶箱）为什么气温计要放到箱子里？原来是用来避免气温值出现误差。在家测量时，将气温计放在离地 1.5 米高的阴凉、通风处，不可暴晒或淋雨。

（三）观测时间

1. 将一天清晨、上午、中午、下午、傍晚五个时间段，每个时间段选取一个时间测量记录气温值。

2. 分析数据：出示 15 天气温数据图，学会用折线统计图的方式统计分析。

小结：总结观测气温的步骤。

【设计意图】通过具体的任务，使学生有目的地进行思考。再通过互动式讲解，使学生学会使用气温计测量气温，并记录数据；学会利用统计图分析气温数据，总结出一天气温的变化规律。

三、练习与巩固

请写出以下气温值。（出示 3 个温度计值，让学生练习读数）

请同学们选择一天记录北京的气温，分析一天中气温是如何变化的。

【设计意图】通过练习，学生初步掌握记录与分析气温的方法。

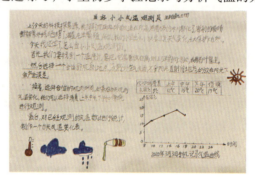

四、课堂拓展

观看视频，这是全球气温变暖后南极出现的问题，也是全人类要面临的挑战，如果南极冰川消融，带来灾难性后果。种种环境问题都是地球在给人类敲响的警钟，让我们从现在开始，善待大自然吧！

【设计意图】通过视频，让学生认识气温升高带来的环境问题以及监测气温的重要性，重视保护地球家园。

《制作扇子》教学设计

▌人文科技部 二年级 叶 楠

教学目标

1. 通过设计、思考，制作一把扇子。

2. 通过探究活动，初步培养学生的观察能力。学生通过动手操作，掌握基本实操技能。

3. 能够主动搜集、获取信息，进行有根据的推理，进而完成探究活动。

教学重点、难点

通过设计、思考，制作一把扇子。

教学过程

一、导入

提问：由北风呼啸的冬季，你脑中立刻想到了什么？由酷暑盛夏，你想到了什么？

谈话：面对夏季的高温，你最想得到什么？

小结：今天，我们就一起来做一把扇子。

【设计意图】通过提问，激发学生积极参与的热情。通过季节温度与穿衣的变化，引出主题——制作扇子。

二、新授

（一）设计扇子

提问：你想要一把什么样的扇子？

谈话：同学们或许想要不同形状、附有各种图案的扇子。但是，想一想扇子最基础的功能是什么？

扇子能让人们感受到凉爽，所以它最基础的功能是扇风。请试着设计一把能满足基础功能的扇子。

提问：我们常见的扇子叫什么名字，你知道吗？

知识扩展：古人将其称为团扇，赋予了团圆友善、如意吉祥之意。那么，所有团扇都是圆形的吗？你还见过其他形状的团扇吗？

【设计意图】在明确扇子最基础功能——扇风的基础上，对扇子进行设计。并简单介绍团扇，了解团扇的美好意义。

（二）制作扇子

提问：我们如何制作一把团扇？都需要制作哪些部分？

小结：团扇需要有用来扇风的扇面以及方便手握的扇柄。

提问：你需要用到哪些材料？

谈话：我们先来说说扇面，如果想让它可以扇风，而且风很大，平时我们写字的 A4 纸和硬卡纸相比，哪种材料更好呢？

扇柄怎么选呢？是选吸管还是小木棒更合适？

请同学们找出自己选择的材料，动手尝试一下！

【设计意图】清楚团扇的结构后，分析材料的优、缺点，选择适合的材料进行制作。

（三）改进扇子

提问：在制作时遇到了哪些困难吗？讨论遇到的困难与解决问题的方法。

小结：为了加大风力，我们可以加大扇面，但扇柄只有一根木棒，扇子总是晃，这时可以通过制作 Y 字形支架解决。

扩展：你们的扇子需要改进吗？快去做一做吧！

【设计意图】发现团扇制作中的问题，并根据问题提出解决办法，从而让学生清楚制作时需要注意的地方。

《乐享太阳能》教学设计

▌人文科技部　五年级　郝　瑞

教学目标

1. 初步了解太阳能的由来及优、缺点。
2. 了解人类对太阳能的利用方式及其最新进展。
3. 了解太阳能的转化方式有光热转换和光电转换。

教学重点、难点

太阳能的转化及利用。

教学过程

一、导入

提问：（出示太阳能热水器图片）大家见过楼顶安装的这个装置吗？它是什么，又有什么作用呢？

谈话：它是太阳能热水器，利用太阳能来加热水。随着科技的发展，太阳能这种新能源也被广泛利用起来，今天我们就一起来学习有关太阳能的知识。

【设计意图】以生活中常见的装置导入，引起学生的探究兴趣。

二、新授

（一）太阳能的优、缺点

提问：同学们，你们知道什么是太阳能吗？它是如何产生的呢？生活中我们可以利用的能源只有太阳能吗？

学生回答：还有煤和石油。

提问：那太阳能跟这些能源比起来有怎样的优势呢？

学生回答：太阳能干净，取之不尽、用之不竭。

小结：太阳能除了有清洁和长久的特点之外，它还有普遍的特点，并且太阳能是世界上可以开发的最大能源。

提问：为什么从古至今人类使用最多的是煤和石油，而不是太阳能呢？

讲解：首先是单位面积获得的太阳能不多；其次是不稳定；最后是现在对太阳能的利用存在效率低、成本高的问题。这些都是它没有被充分和长时间使用的重要原因。

提问：你们知道现在对太阳能利用到了什么程度吗？

（二）太阳能的利用

提问：同学们能想到哪些利用太阳能的地方呢？

小结：太阳能热水器、太阳能灶、晾晒粮食等都是对太阳能的直接利用。

谈话：除了这些，还有最常见的太阳能电池。大家能想到利用太阳能电池的地方有哪些呢？

小结：太阳能路灯、人造卫星、太阳能汽车等，都有太阳能电池板来保证它的正常运行。除了这些，特斯拉中国太阳能屋顶团队还准备打造太阳能屋顶。

提问：学习了太阳能的利用方式，同学们发现有什么规律吗？

学生回答：都发生了能量转换。

提问：同学们能从能量转换方面给它们分类吗？

小结：太阳能热水器、太阳能灶是将太阳的光能转化为热能，而后面的太阳能电池是将光能转化成电能。

谈话：既然太阳的光能可以转化为电能，而且太阳能又有清洁、长久的特点，所以建造太阳能发电站也成为热潮。大家知道如何来选择建立太阳能发电站的地址吗？（出示我国太阳能资源的分布图）

讲解：当然是选择太阳能资源丰富的地方。图中颜色越红的地方表示太阳能资源越丰富，所以我国的太阳能发电站就建在了全年日照时间长达 3300 小时左右的青海省。

【设计意图】通过让学生自己分析太阳能的优、缺点来进一步理解对太阳能的利用；介绍太阳能在不同方面的利用，让学生认识到利用新能源的好处。

《叶子知多少》教学设计

▌人文科技部 三年级 李鑫坤

教学目标

1. 知道叶的组成以及在我们生活中的应用。

2. 根据一定的依据，能够说出叶的特点。

3. 培养学生研究树叶的兴趣，以及与自然和谐相处的态度和意识。

教学重点、难点

认识、判断叶的各部分组成。

教学过程

一、导入

出示叶的图片并提问：叶由几部分组成？每个部分叫什么？

学生观看图片中的叶，尝试回答问题。老师出示正确答案，并对叶的各部分做简要讲解。

【设计意图】学生能够通过这一部分的学习了解叶的结构，纠正部分学生的错误认知。

二、叶的结构和特点

（一）托叶

谈话：托叶一般生长在叶柄与茎连接的地方。托叶通常先于叶片长出，早期起着保护幼叶和芽的作用。（早期托叶图）

学生活动：观察叶的图片，试着在图中找一找哪个部分是托叶。

出示答案并讲解。

（二）叶柄

谈话：图中红圈的部分是植物的叶柄（图片出示叶柄），有的连接着叶片的边缘，有的连接着叶片的中央，另一段连接着植物的茎。

学生活动：观看大白菜和狗尾草的图片，寻找它们的叶柄在哪？

出示答案并讲解。

（三）叶片

1. 叶脉。

谈话：叶片内分布着大小不同的叶脉。沿着叶片中央有一条最明显的叶脉，称为主脉，主脉分出的是侧脉，比侧脉更细小的称作细脉。

学生活动：观察南瓜叶的叶脉，说出叶脉的形状像什么。

谈话：南瓜叶上的叶脉形状与网十分相似，科学家们也发现了这个特征，所以给这种类型的叶脉取名为"网状叶脉"。

学生活动：观察几种叶的叶脉，看看它们的形状像什么。利用形似的方法给这些叶脉命名，并将结果记录下来。

出示叶脉形状的名字并小结。

2. 叶的颜色。

学生活动：查找资料，调查叶片颜色不同的原因。

出示调查结果并小结。

3. 叶的形状。

谈话：叶片不仅颜色不同，形状也是多种多样的。比如蓖麻叶，它的形状很像我们的手掌，所以将蓖麻叶分类为掌形。

学生活动：观察植物叶子的形状，根据叶子的形状进行分类。

出示分类答案，并讲解特殊形状的叶。

【设计意图】深入学习叶的各部分结构，以叶的结构为载体，培养学生的观察能力和想象力，以及总结概括能力和解决问题的能力。

三、叶的应用

举例说明叶的应用：泡茶、调味香料、食用、入药、堆肥。

【设计意图】将知识联系到学生的实际生活中。

四、拓展

关于叶，还有很多秘密，这节课我们只是了解了其中的一部分。你还了解叶的哪些秘密？欢迎与大家一起交流。

【设计意图】鼓励学生积极分享掌握的内容，培养交流与表达能力。

《找空气》教学设计

■ 人文科技部 一年级 马晨雪

教学目标

1. 知道我们的周围充满空气。

2. 能借助其他物体（塑料袋、气球、扇子、水等）直接观察空气。

3. 在观察空气的活动中，会利用提供的器材设计简单的实验，证明空气的存在。

教学重点、难点

能借助其他物体（塑料袋、气球、扇子、水等）直接观察空气。

教学过程

一、导入

（一）激发兴趣

提问：同学们，观察一下这个袋子里都有什么呢？

谈话：这个袋子里除了水、苹果，还有看不见摸不着的空气。空气容易被我们忽视，这是空气的一个特点。你有办法感受到空气吗？

小结：在空气袋上扎个孔，有凉凉的风的感觉，还有声音。把扎了孔的空气袋放进水里，看到有气泡冒出来。

（二）导入新课

谈话：原来看不见摸不着的空气，可以借助其他物体来感觉、观察到它。

提问：周围哪里有空气？我们利用材料找一找吧。

【设计意图】空气容易被我们忽视。通过多感官的参与，引导学生更加清晰地感受到空气的存在。

二、借助其他物体观察空气

（一）通过扇子、气球、塑料袋观察周围的空气

提问：同学们可以用扇子、气球、塑料袋找到周围的空气吗？

学生找到材料并进行实验。

小结：用扇子扇一扇，感觉到了风；对着气球吹气，能将气球吹大；用塑料袋在卧室里、厨房里、客厅里、柜子里都能找到空气。

（二）通过水找到物体当中的空气

提问：这块海绵里有空气吗？可以怎样证明？

小结：把海绵放进水里，看看有没有气泡冒出来。如果有气泡冒出来，证明海绵里有空气。

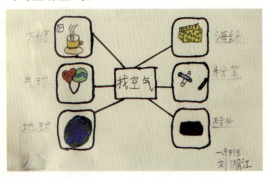

过渡：把物体放在水里，是用来检验物体有没有空气的一种方法。

提问：粉笔、橡皮、砖块、方糖里面有空气吗？

学生实验：分别将粉笔、橡皮、砖块、方糖轻轻地放入水中，观察有没有气泡从物体里冒出来。

小结：把粉笔、砖头、方糖放入水里，有气泡冒出来，这些物体里面都有空气。把橡皮放进水里，橡皮表面附着气泡，但并没有气泡冒出来，是因为橡皮里面没有空气，水中是有空气的。

【设计意图】用不同的材料找到周围的空气。通过亲自找空气，知道空气无处不在。

三、认识大气圈

提问：通过刚才的实验，我们在很多物体中找到了空气，你还能说一说、找一找哪些物体中有空气吗？

过渡：我们周围的空间充满了空气，空气无处不在。地球表面被一层厚厚的空气包围着，人们把它叫作大气层。下面，我们一起来欣赏一下地球的大气层。

小结：大气对于我们来说非常重要，它像一件"外衣"一样保护着地球。因为有大气的保护，我们的地球才生机勃勃、多姿多彩。

【设计意图】认识大气对于地球的重要性。

四、总结

小结：我们借助塑料袋、气球、扇子、水找到了周围的空气。可见，我们的周围充满了空气。

思考：泡腾片放入水中，会产生很多气泡。这个现象和今天讲的借助水找物体当中的空气有关系吗？

【设计意图】启发学生观察生活，认真思考，结合所学知识寻找答案。

《探索微观世界》教学设计

▌人文科技部 六年级 张文芳

教学目标

1. 了解微生物的大小、形态、分布及作用。

2. 认识微生物的利用就发生在我们的身边，尝试制作泡菜。

3. 通过对微生物有关知识的学习，培养学生感悟生命、关爱健康的情感。

教学重点、难点

通过实践活动，让学生体会人们对微生物的利用越来越广泛。

教学过程

一、激趣导入

导语：很早以前，人们认为世界上只有植物和动物这两类生物。电子显微镜发明后，人们看清了病毒等微生物的"庐山真面目"，从此神奇的微生物世界进入了人类的视野。

激趣：播放不同的微生物图片。

导入：细菌、病毒、霉菌、真菌、酵母菌等都是微生物。

【设计意图】激发学生对微生物的好奇心，调动学生学习微生物知识的积极性。

二、探究新知

（一）认识微生物

1. 提问：（出示图片）这些微生物的形状是什么样的？

微生物有各种各样的形状，有球状、杆状、螺旋状以及丝状等。

2. 介绍微生物大小（播放视频），并提问：微生物到底有多少呢？

目前人们已经发现的微生物有十几万种，数量也很多。有人做过粗略的计算，一克重的土壤中，微生物的数量可以达到几百万到几十亿个。

3. 提问：你们知道微生物都生存在什么地方吗？

微生物分布在自然界的各个角落，在人体的肠道中经常聚集着 100~400 种微生物。此外，在 1.4 万米高空的大气外层，1 万多米深的海底，水温达到 120 摄氏度的温泉中，以及在南极洲深 128 米和 427 米的岩层里，都发现了活着的微生物。

4. 介绍微生物生长和繁殖的速度（视频播放）。

5. 提问：微生物具有哪些特征？

体型微小，形态多样，种类多，繁殖速度快，分布广。

【设计意图】建立对微生物的感性认识，知道微生物有体型微小、形态各异、繁殖迅速、分布广泛等特点。

（二）微生物的应用

过渡：由于很多微生物对人类是有益的，因此，人们对微生物进行研究并加以利用。

提问：你们知道泡菜的历史吗？

泡菜在我国有悠久的历史，在北魏孙思勰的《齐民要术》一书中，就有制作泡菜的叙述，可见至少 1400 多年前，我国就已经制作泡菜了。

演示并讲解泡菜的制作过程。

【设计意图】通过学习泡菜的制作，体会泡菜制作中人们对微生物的利用。

三、课后实践

学习了泡菜的制作方法，尝试动手做泡菜。

【设计意图】通过制作泡菜提高学生的动手能力。

创意有佳

从寒假伊始，学校为学生布置了以"家务劳动"为主题的假期活动，并面向家长开展学生居家劳动的问卷调查。虽因疫情的原因，未能调查到常规状态下学生的家务劳动情况，但是96%的家长都支持每天15～30分钟的家务劳动。因此，在第一阶段"创意生活"课程尝试进行家务劳动指导的基础之上，确定了第二阶段"创意有佳"课程以日常生活劳动指导为主的内容。

日常生活劳动是指家庭成员在居家生活中必须从事的力所能及的劳动，以家庭为劳动教育的重要场所。根据学生的生活需要和发展需要开展劳动教育，要让学生亲历多样化的劳动。具体可以分为清洁、烹饪、收纳、家庭管理、照顾家人五大类。

在课程中，让学生亲身经历劳动实践过程，获得劳动感受，体验劳动的艰辛，分享劳动成果，体验劳动乐趣，养成劳动习惯，提高动手能力和发现问题、解决问题的能力。让学生能够在日常学习生活中以积极的态度和浓厚的兴趣投入劳动、开展劳动，形成正确的劳动观念，增强劳动教育的实效性以及作为家庭成员的责任感。

《巧手收纳》教学设计

▌ 课程资源部　一至六年级　　焦　晨

教学目标

1. 掌握收纳整理的基本原则和操作思路。

2. 能够根据使用习惯，利用收纳原则完成书桌区域的收纳整理。

3. 养成定期收纳、保持生活整洁的好习惯。

教学重点、难点

学习收纳整理的基本原则；完成书桌区域的收纳整理。

教学过程

一、问题导入

由于疫情的影响，居家自主学习成为同学们新的学习模式。有些同学反映在收拾书桌时遇到了以下几个问题：不知收纳整理该从何下手，不懂得收纳原则，收拾好的地方很快又乱了。根据同学们的问题，老师给大家准备了一节《巧手收纳》的课程。

【设计意图】通过创设情景，提出学习内容。

二、知识传授

（一）了解书桌结构和所需收纳整理的物品

1. 书桌一般可分为三个区域：书柜或书架、抽屉、桌面。

功能	类别	使用频率
书籍	教材类	最常用
	工具书	最常用
	课外书	次常用
	报刊杂志	不常用
文具	笔、尺、橡皮、胶棒	最常用
	纸张	最常用
	学具袋	次常用
	订书器、回形针等	次常用
其他	电子设备（台灯、电子表等）	最常用
	生活用品（抽纸、水杯等）	最常用

2. 所需整理的物品大体可以分为：书本、纸张、文具、电子设备、其他生活用品等。

（二）物品分类（以书柜为例）

列清单（以图表方式演示、讲解）。物品大致可按功能划分、按类别划分、按使用习惯和频率划分。

（三）空间安排（以书柜为例）

列图表（以图表方式演示、讲解）。根据物品清单，按照使用需求和频率，对空间位置进行规划。

（四）物品放置（以书柜为例）

根据实际情况和个人习惯，按照尺寸和颜色、已使用和未使用等不同分类方式进行放置。

（五）抽屉和桌面的收纳整理建议

1. 抽屉的收纳技巧补充。

抽屉的空间有限，所需放置的物品品种繁杂，所以有必要对空间进行分割。设置一个空抽屉，用来放置当天需要完成任务的相关用品，同时满足急需清空桌面的情况下，快速、合理收纳，避免遗失。

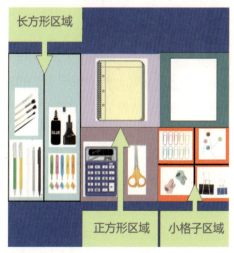

2. 桌面的收纳技巧补充。

收纳原则：摆放使用频率最小的用品，以减少学习过程中的干扰因素。

结合图片进行演示与讲解具体收纳思路，供学生参考。

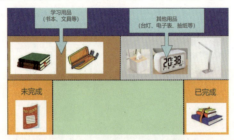

【设计意图】通过列举演示，让学生直观地了解收纳的基本原则及方法，了解具体操作思路及步骤。同时加设思考空间，强化学生的参与感，感悟日常劳动中蕴含的智慧，激发学生对劳动实践的兴趣，提高学生用劳动经营、创建美好生活的认知。

三、知识梳理

【设计意图】借助思维导图的形式，帮助学生在日常生活劳动过程中梳理思路，引导学生建立知识体系，掌握实操方法，提高学生的实践能力。

四、拓展实践

1. 分类方法的补充。

2. 空间利用方法的补充。

3. 收纳工具。

4. 自制收纳工具参考。

5. 书桌"作战"计划的邀请。

请同学们拍摄书桌收纳前后的两张照片，并记录下你的收纳心得。

【设计意图】在收纳实践活动中培养学生学以致用的能力。

《我为家人做早餐》教学设计

▍课程资源部　一至六年级　郝俊英

教学目标

1. 了解早餐的重要性，知道营养早餐的搭配原则。
2. 学习并制作糊塌子，学会关爱家人，愿意为家人做早餐。

教学重点、难点

了解营养早餐的搭配原则；掌握糊塌子的制作方法。

教学过程

一、导入

疫情期间的宅家生活，让我们走进厨房，开始家庭烹饪。你家的一日三餐都是谁做的？你有没有想过为家人制作一份营养早餐呢？

【设计意图】导入新课，激发兴趣。

二、早餐的重要性

美好的一天从营养早餐开始。早餐是一天中最重要的一餐，吃好早餐，可以保证我们的身体摄入充足的能量和营养，我们才能在一整天保持一个较好的状态。

【设计意图】了解早餐的重要性。

三、早餐营养合理搭配

早餐营养应包含碳水化合物、蛋白质、维生素等。平时我们吃的馒头、面包、粥等食物中含有大量的碳水化合物；鸡蛋、牛奶、肉、豆制品等食物中含有大量的蛋白质，水果、蔬菜中含有丰富的维生素和矿物质。

【设计意图】帮助学生了解早餐营养如何搭配更合理。

四、学习制作糊塌子

下面为大家介绍一种集蔬菜、鸡蛋、主食于一体的食物——糊塌子。

糊塌子是北京传统面食，营养又美味，老幼皆宜。

（一）准备食材、厨具

食材：西葫芦、鸡蛋、面粉。

辅料：盐、五香粉、大蒜、醋、香油、生抽等。

厨具：电饼铛或平底锅、擦丝器、勺子、铲子、筷子、盘子等。

（二）制作方法与步骤

1. 将西葫芦洗净并擦成丝。

小贴士：擦丝器很锋利，擦丝时速度要慢，避免伤到手。

2. 放入少量盐，搅拌均匀，静置片刻，腌至出汁。

3. 打入两个鸡蛋，搅拌均匀。

4. 倒入适量面粉，搅拌成像酸奶浓度一样的面糊。

5. 电饼铛内加入少量油，加热后，倒入适量面糊摊平、摊薄。

小贴士：注意用火、用电安全。

6. 盖好盖子，等大约 2 分钟，煎至表面凝固后翻面，再等大约 1 分钟半，两面金黄后即可出锅。

小贴士：不要用手触摸刚出锅的糊塌子，以防烫伤。

7. 小碗中加入蒜蓉、醋和香油（口味重可以加点盐或生抽），作为蘸汁儿。醋和蒜蓉按一般搭配即可。早上因外出，可不加蒜蓉，避免口中有异味，可以添加红油、老干妈等作为蘸汁。

【设计意图】学习糊塌子的制作方法。

五、学生实践创新

除了这种传统的糊塌子，我们还可以尝试着用其他蔬菜替换西葫芦，依据个人口味添加一些辅料，比如香葱、香菜、虾米皮、火腿等。糊塌子除了摊成圆饼，还可以利用模具做出其他的形状。没有模具的，可以利用现成的食材，比如在彩椒圈、葱头圈中填充面糊一起煎熟，也是很不错的。你还有什么好想法？快试一试吧。

【设计意图】培养学生依据需求有所创新的能力，从而更好地服务自己及家人，创造美好生活。

《关于蒜的那些事》教学设计

■ 课程资源部　四、五、六年级　鲍　彬

教学目标

1. 了解大蒜，掌握种植大蒜的基本方法。

2. 通过种植大蒜，培养学生观察、动手的能力，体验种植的乐趣。

3. 通过对大蒜的种植研究，培养学生进行科学研究的兴趣。

教学重点、难点

掌握种植大蒜的基本方法。

教学过程

一、观看视频，导入本课

出示"山东向湖北武汉等地组织捐赠 500 吨优质大蒜"的新闻报道。

观看视频，让学生思考：蒜除了生吃和当调味品做菜外，还可以怎样吃呢？大蒜是怎样长成蒜苗的？

【设计意图】帮助学生了解大蒜的营养价值，为在家种植做好铺垫。

二、种植大蒜

在家种植大蒜有很多种方法，最常见的就是土培和水培两种。

（一）土培法

1. 所需材料：蒜瓣、土、装土的器皿。

2. 演示种植步骤，并强调三点：一是蒜瓣要挑饱满一些的；二是插入土中不能太深，至少留 1/3 在土外面；不要浇水过勤。

（二）水培法

1. 所需材料：蒜、装水的器皿（碗、盘子等）、水。

2. 演示种植步骤，并强调：蒜不要码放太挤；刚开始不要换水，等四五天长出根以后，就可以每天换水了。

3. 种植说明。

不管采用哪种方法种植，后期一定要

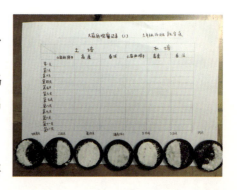

把蒜苗放到阳光充足的地方，确保光照。

【设计意图】讲解两种种植大蒜的方法，有助于学生实践操作。

三、种植研究

大蒜种下去后，可以用照片、观察日记的形式记录它们的生长过程，并填在表格中。

【设计意图】通过观察、记录的形式，培养学生的研究兴趣。

四、拓展提高

下面有一些研究主题，大家可以根据自己的实际情况，选择一个或几个来试一试。

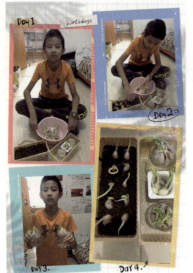

研究一：种蒜黄。在家里也可以种出蒜黄，比如把它放在一个泡沫箱子里，或者不见光的地方，或者将深色、不透光的纸袋套在蒜苗上，然后把你的研究发现记录下来。

研究二：我们吃的蒜、蒜苗、蒜薹分别是大蒜的哪一部分？你能画个示意图吗？

研究三：大蒜适合哪些人群食用？是不是所有人都适合吃大蒜呢？可以把家里做过的与大蒜相关的菜拍个视频或照片分享给大家。

研究四：大蒜有什么用途？可以从食用和药用的角度去思考，并把你的研究分享给家人。

研究五：吃大蒜的礼貌问题。很多人爱吃大蒜，可是吃完蒜以后会有很大的口气，所以早餐和午餐不建议吃蒜。你能不能介绍一个小窍门，告诉大家怎样可以减少吃完大蒜的口气呢？

今天我们学习了如何种植大蒜，在这个非常时期，你可以让自己换换心情，每天坚持养护，既收获了美又学到了知识。

【设计意图】在学习后，让学生进一步了解大蒜的用途、价值等。

《地面巧清洁》教学设计

■ 课程资源部　一、二、三年级　张欣欣

教学目标

1. 形成帮助父母分担家务劳动的意识。

2. 学会扫地和擦地的正确方法，培养参与家务劳动的习惯。

教学重点、难点

学会扫地和擦地的正确方法，培养参与家务劳动的习惯。

教学过程

一、导入

师：这段时间很多同学在家里帮助父母分担了家务劳动，其中最常见的就是扫地和擦地。今天我们就来学习扫地和擦地的正确方法，让你的劳动事半功倍。

【设计意图】通过展示学生在家参与家务劳动的图片，增加学生的代入感，激发其学习兴趣。

二、学习新知

（一）认识工具

1. 扫地——笤帚。

师：家里用的笤帚。分为"扫帚头"和"扫帚把"。根据清扫的地方不同，"扫帚头"有软有硬，要根据实际情况进行选择。比如家中铺了木地板，笤帚头过硬就很容易损伤地板。

2. 擦地——拖把。

师：拖把头也有不同的形状，擦地时覆盖的面积不一样。有些同学还习惯用抹布擦地，同学们也可以尝试一下，看看与拖把有什么不同。

（二）实践过程

1. 扫地。

师：我们使用笤帚的时候，大拇指向下，握住笤帚把。握高处还是握低处呢？请你试一试有什么区别。

师：扫地的时候，有些同学喜欢倒退着扫，有的同学习惯向前扫，哪种方法更好？扫地要前进着扫，这样不会把垃圾扫到自己的脚上。

师：我们需要将扫帚头压下去，和地面形成一个小夹角，在扫的过程中慢慢抬起，向身前扫。

师：每一下都要挨着扫，保证没有漏掉地方。从屋子最里面向门口扫，扫完一个房间，把垃圾扫到簸箕中。

师：头发或者其他垃圾容易缠到扫帚头里面，不好清理，我们可以先用塑料袋套住扫帚头，再开始扫地。

2. 擦地。

师：在擦地之前，拖把要在清水中洗涮、拧干，尽量不滴水。

师：为了解决拧拖把的问题，商家还研发了很多种新型墩布。可以尝试用抹布擦地。

师：我们看到，擦地是一边擦一边后退。这是为什么呢？什么时候前后擦好，什么时候左右擦好呢？它们各有什么样的优点呢？请大家在实践中自己体会。

师：从屋子最里面擦到门口，每擦完一个区域，将拖把涮干净，再擦下一个区域。

3. 清理与存放。

师：扫帚存放时，最好挂起来，以免将扫帚头压弯。拖把尽量放在有阳光、能通风的地方。放在阴暗潮湿的地方，容易滋生细菌。

【设计意图】在实践中掌握扫地和擦地的正确方法。

三、培养习惯

师：从小事做起，承担家务劳动中自己能承担的那一份，长期坚持，减轻父母负担。

【设计意图】引导学生承担家庭责任，培养热爱劳动的习惯。

《餐桌上的豆芽菜》 教学设计

■ 课程资源部　一、二、三年级　关　斌

教学目标

1. 学习怎样把发好的豆芽制作成菜。

2. 培养学生的劳动能力，并让其在劳动实践中体验科学原理，感悟人生哲理。

教学重点、难点

从生活中感悟人生哲理，从劳动实践中体验科学原理。

教学过程

一、引出问题，找到解决的方法

（一）引出问题

为什么自己发的豆芽和超市里卖的豆芽在外形上有很大的区别呢？

答案是：自己家里发的豆芽因为受环境、温度、湿度、光线和器皿的限制，生长得不那么茁壮。

（二）解决问题的小窍门

在豆芽长到 3 厘米左右时，在容器上面压个重物（水袋——装上水的塑料袋）。其原理是借助种子的力量——顶开头上的重物，就得让自己先变粗壮。

（三）压力教育

适当的压力可以让我们变得更强大。在我们的成长过程中，不要害怕压力，很多时候，压力可以催生出力量，让我们发现自己潜在的能量，更好地展现自己的才华。压力也可以转化成我们不断努力的动力。

【设计意图】引导学生发现问题并寻找解决问题的方法。

二、学习新本领

（一）豆芽菜肴的制作

豆芽营养丰富，而且在发芽过程中增加了很多维生素 C 含量，其中的部分蛋白质分解为人体所需要的各种氨基酸，更有利于人体吸收。豆芽还具有清热解毒的功效，利于肝气疏通、健脾和胃。

经过精心烹调和搭配，豆芽就成为餐桌上的美味佳肴。

1. 凉拌豆芽。

主要食材：绿豆芽、香葱。辅料：白糖、醋、盐、花椒、食用油。

小提示：

（1）在炸花椒油时，一定要注意安全，可以选用小巧轻便的炒锅。

（2）自己发的豆芽可能因为全程没有做到避光，制作出的菜品在口感上略带苦味，但不影响食用。

2. 爆炒豆芽。

主要食材：绿豆芽、青椒、彩椒。辅料：葱、食用油、醋、生抽、盐、鸡精。

（二）豆芽与调料的搭配

以上两道菜品中都加入了一种调味料：醋。为什么豆芽和醋是"好朋友"呢？这是因为，豆芽中富含蛋白质，烹调豆芽时放醋，能够使蛋白质更快、更容易溶解，使豆芽中的蛋白质更易被人体吸收。醋还能够很好地去除豆芽中的豆腥味和涩味，同时又能保持豆芽的爽脆和鲜嫩。

（三）厨房里的科学道理

在做菜的时候同时加入酒和醋（也可以用柠檬），会产生一种化学反应：酯化反应。它会让食物变得更美味。

【设计意图】从豆芽的实用功效入手，让学生们爱上豆芽菜。

三、课后实践

豆芽还可以搭配肉和其他食材，制作多种美味佳肴，而且不光有绿豆芽，常见的还有黄豆芽、黑豆芽。你家里平时还用豆芽做什么美食呢？你有什么做豆芽菜的经验与大家分享？

【设计意图】学生在实际操作中体会学习的快乐，让家务劳动成为学生生活的一部分。

《巧做米饭》教学设计

■ 课程资源部 一至六年级 韩丽丽

教学目标

1. 让学生了解米和水的比例关系。认识电饭锅，掌握电饭锅做米饭的步骤和方法。懂得安全、正确地使用电饭锅。

2. 联系实际生活，引导学生思考米与水的比例，激发学生的探究意识。

3. 培养学生热爱劳动、热爱生活的情感。培养学生的安全意识，提高动手实践的能力。

教学重点、难点

了解米和水的比例关系。认识电饭锅，掌握用电饭锅做米饭的步骤和方法，学会安全、正确地使用电饭锅。

教学过程

一、激趣导入

1. 展示疫情期间学生在家做饭的照片，使学生产生亲切感。

2. 提出学生做饭遇到的问题。

米饭的原材料就两样：米和水。有人做出的米饭软烂，有人做出来的干硬，都不好吃。你知道是为什么吗?

【设计意图】引导学生对软硬不同的米饭进行思考，引出学习内容。

二、探究学习

1. 米和水的比例关系1∶1.2比较合适。

确定比例关系的常用方法有：

（1）用吃饭的饭碗量米和水。

（2）利用量杯和水位刻度线。

（3）用手指测量，水高于米1~2厘米合适。

2. 介绍做米饭的小窍门——"斜度"做米饭法

用这种方法制作出的米饭软硬不同，可以满足家中不同人的口感。

3. 认识电饭锅，了解电饭锅做米饭的步骤和方法。

（1）阅读电饭锅说明书，了解电饭锅的相关配件及使用方法。

（2）学习电饭锅使用说明后，根据米和水的比例关系，尝试做米饭。

4. 了解电饭锅的使用安全注意事项，安全、正确地使用电饭锅。

【设计意图】知道米和水的比例关系对米饭口感有重要影响。学会掌握米与水的比例关系，学习用电饭锅做米饭，掌握一项烹饪技能。

三、拓展创新——用电饭锅巧做网红米饭

1. 视频：用电饭锅巧做网红米饭。

2. 用电饭锅做米饭时，还可以同时加入一些蔬菜等，做出健康无油、美味又营养的米饭。

【设计意图】拓展思维，学习做米饭的新方法，课后创新实践。

四、课后实践

同学们学会了用电饭锅做米饭，还可以和家长一起研究学习煮粥、蒸热、炖汤、预约等电饭锅其他功能的使用方法，多进行课后动手实践。

今天我们学习了做米饭，知道了两碗米＋两碗半水＝四碗饭。如果想要熬粥，两碗米应该加多少水呢？米和水的比例将会发生哪些变化？你试着做一做。

【设计意图】培养学生热爱劳动、热爱生活的情感，养成热爱劳动的习惯。引导学生积极思考，解决生活中出现的问题，激发学生的探究意识。

《手洗小衣物》教学设计

▋ 课程资源部 一、二、三年级 赵 晶

教学目标

1. 知道贴身衣物随换随洗，养成讲卫生的习惯。
2. 学习手洗袜子，树立"自己的事情自己做"的劳动观念。

教学重点、难点

手洗袜子的步骤，以及袜子较脏部位的清洗方法。

教学过程

同学们，你们每天穿的干净整洁的衣服是自己洗的吗？随着你们逐渐长大，要学会自己的事情自己做了。

一、知道内外衣分开洗的原则

同学们留心观察过家长是如何洗衣服的吗？他们在洗衣前会把内衣挑出来单独手洗，这是因为外衣上有很多细菌，如果和内衣混洗，内衣也会沾上细菌。同时，洗衣机长期使用后筒壁上也会滋生很多细菌，把内衣放入这样的洗衣机清洗，能洗干净吗？

所以，内衣、袜子等小件衣服要手洗。不仅如此，还应做到随换随洗，不要积攒。

【设计意图】知道内衣要手洗，随换随洗。

二、手洗袜子（教师演示）

如何才能把贴身小件衣物洗得干净呢？我们以洗袜子为例，向大家介绍一种比较常规的手洗方法。

浸泡：用少量清水浸湿袜子。

打肥皂：等袜子全部浸湿后开始打肥皂，边打肥皂边观察，袜子上泡沫比较丰富即可。

搓洗：两手拿住袜子，中间留有一段距离，前后搓洗。袜子的脚跟、脚趾部位较脏，要优先、重点、用力清洗。如果泡沫减少，可以再打一遍肥皂。

要注意：袜子要离开水面，不要在水面或水里搓洗，避免将水溅得到处都是；搓洗的过程是衣服之间的相互摩擦，而不是两只手相互搓。

冲洗：搓洗干净后，将袜子放到流水下冲洗干净。冲洗时要将袜子展开，充分冲洗。

晾晒：将洗净的袜子放在阳光下晾晒。

【设计意图】在教师的演示下学生学习手洗袜子的方法，知道手洗衣服的基本步骤。

三、认识水洗标志，选择洗涤方法

家中的厚重大衣服，人们更多的使用洗衣机洗涤。在使用洗衣机洗涤时，也有一些需要注意的事项。

丝巾、毛衣、黑色T恤，这些衣物能放入洗衣机洗涤吗？

丝绸面料强度差，不能机洗；羊毛面料机洗易缩水变形；深色衣服和其他衣服混洗易染色。所以，洗衣时要根据面料特性选择正确的方法。

认识水洗标志：在衣服内侧标有正确的洗涤方法，根据水洗标的要求，正确洗涤衣服。

水洗　　手洗　　水温<30℃　不可水洗　悬挂凉干　　平铺晾干　　熨烫　　不可熨烫

四、制订洗衣计划

家庭洗衣计划		
衣物种类	清洗时间（天、周、月）	洗涤方式

【设计意图】通过制订并完成洗衣计划，掌握机洗、手洗技能，养成定期清洗、坚持劳动的好习惯。

第三章

城乡一体化课程

生态教育

防控疫情，延期开学，这一切恰恰是一本生动而鲜活的教科书。每一个人面对疫情的考验，都会观察思考：为什么会出现病毒，如何预防，怎样做才能避免类似的事情再次发生？每一个孩子都是未来世界的建设者，通过这场疫情，他们学会观察，学会思考，学会应对；他们需要从当下学习知识、汲取教训、积累经验、锻炼品格、提升能力的过程中成长。

学校把立德树人作为教育的根本任务，坚持"生活中的教育，美好生活的教育"办学思想，从学生成长实际出发，把生态、生活、生命主题教育活动融入居家疫情防控和自主学习、锻炼及家庭生活当中，通过初步认知、家庭践行、价值引领的过程，让学生在这场与疫情的战斗中深刻理解生态、生活、生命的内在联系；懂得尊重生命、敬畏生命，学会人与自然和谐共生的重要意义；做一个有责任有担当的人，懂得对自己负责，就是对家庭负责、对国家负责、对未来负责。

《一日生活我做主》教学设计

■ 延庆区第二小学 一年级 安 敏

教学目标

1. 借助"一日计划表"的安排与实施，指导学生科学合理地规划一日生活。

2. 通过个人践行、小组互评、家长监督的评价方式，培养孩子的自我管理能力，努力实现"我的生活我做主"。

教学重点、难点

指导学生科学合理地规划一日生活；培养孩子的自我管理能力。

教学过程

一、心理小游戏：说说我的心里话

导入：新学年开始了，与以前相比，你们觉得自己有了哪些变化？

身体长高了，衣服变小了；会做一些简单的家务了；自己的事情自己做了；更懂事了……

提问：在居家生活和学习中你们做得怎么样呢？

小调查：老师读问卷，学生答。任务做到了，打"√"；没有做到空下来，做到后再打"√"。

小结：生活中，每个人能做的和愿意做的各不相同。作为小学生，有些事情是我们该做的，有些事情坚决不能做。如何让自己的一天过得充实而有意义呢？自己做主，安排一日生活。

【设计意图】借助小调查了解孩子居家生活的情况，帮助孩子了解自己一天的真实生活。

二、我的生活我做主

（一）展示、交流"我的一日生活计划表"

1. 小组内交流事先完成的计划表，每组择优推选一名同学在全班展示。

2. 学生介绍自己的计划表，谈谈感受。

3. 与其他同学交流，重点说哪些事安排得最恰当？为什么？（如学习后要做眼保健操）

小结：做事有计划，先后有顺序，才能把想做的事情做完做好。

4. 其他同学谈感受：一日的生活内容安排要劳逸结合、动静结合。

5. 教师结合劳动教育补充：做力所能及的家务，特别是做好垃圾分类。

小结：合理安排自己的时间，不仅能够今日事今日毕，还可以享受到完成任务后的快乐。

（二）修改、完善"我的一日生活计划表"

修改计划表：独立修改；两两一组，互相补充；在全班展示修改后的计划表。

小结：你们的一日计划设计得很好，体现出了动静结合、劳逸结合，更加科学合理了，这样的一天一定充实而有意义。

【设计意图】让孩子们在交流中学会科学合理地分配时间，做好一日的生活安排，享受"我的生活我做主"的快乐。

三、养成自律好习惯

过渡：听一个小故事《等一会儿》。

提问：听了这个故事，你们有什么想说的？

做事不着急；遇到喜欢的，就把计划抛到脑后，到最后什么也做不成。

总结：任何计划，一旦制订，就要做到，不能因为其他原因轻易改变或耽搁，否则什么也做不成。

过渡：制订好的计划，如何才能更好地实施呢？

1. 借助评价细则表做好自评，做到了在表中打"√"。

2. 小组互评。利用小组合作的方式进行交流，同学之间互评、鼓励。

3. 家长做好评价表的监督，确保真实有效，并签字为证。

小结：别人的督促和帮助，可以让我们更好地实施自己的计划。逐渐离开别人的监督，学着自己管理和监督自己的行为，才能让好习惯真正伴你成长。

【设计意图】通过多种评价方式，让孩子提升自律意识，并在实践中养成自律的好习惯。

《保护动物 尊重生命》教学设计

■ 延庆区第二小学 三年级 时 秒

教学目标

1. 借助图片和视频资料，了解部分灭绝的野生动物，激发学生对野生动物的热爱之情。

2. 通过研讨交流，提升学生自觉保护野生动物的意识，学会保护动物，尊重生命。

教学重点、难点

提升学生自觉保护野生动物的意识，学会保护动物，尊重生命。

教学过程

一、情境导入，激发兴趣

亲爱的同学们，今天老师带领大家认识一些可爱的动物朋友！

图片展示：人与动物和谐相处的美好画面。

总结：人和动物同在地球，它们是我们的朋友。

【设计意图】通过简单的对话拉近师生距离，为本次活动做好铺垫。

二、创设情境，认识动物

1. 视频播放：再来认识一些与众不同的动物。这是非洲，瞧，多热闹！那边的草原上有几匹黑白条纹相间的斑驴正在嬉戏。继续沿着草原往前走，那边又走来一群朋友，它们是原牛。

同学们说说它们的什么特征给你留下了深刻的印象。

斑驴：前半身像斑马、后半身像驴，所以人们把它叫作"斑驴"。教师补充：因为它们跑得快，人们又称它为"草原骑士"。

原牛：色彩独特，体型巨大，有两米多高，还有一双长长的非常坚实的犄角。教师补充：它奔跑时速度超群，不管面对人还是面对兽，它都不示弱，无法被驯化。

2. 过渡：因为人类的猎食，斑驴已走向灭绝。在追杀中取乐，以及以拥有众多原牛角为荣耀的欧洲人，让原牛在 1627 年也灭绝了。

提问：听到这些，你们有什么想说的？

小结：动物也有生命，它们有在地球生活的权利。人类的肆意捕杀、食用，让这些动物失去生命。（出示更多灭绝的野生动物图片）

提问：此时此刻你们又有什么感受？

总结：正是人类的不珍惜、不爱护，让这些可爱的动物朋友永远地离开了我们。

【设计意图】通过视频观看，激发学生对野生动物的热爱之情，了解野生动物灭绝的真正原因。

三、结合疫情，总结教训

1. 出示：埃博拉病毒危害非洲的照片和"非典"疫情照片。

介绍：在过去的几十年里，几次瘟疫的暴发都和人类食用野生动物有关。2003 年，人们食用了果子狸导致"非典"的暴发。非洲埃博拉病毒由果蝠携带，而果蝠被非洲人认为是人间美味，导致疫情在 2014 年全面暴发。2020 年的新冠肺炎，使全球确诊病例达到几百万人，其中几十万人死亡。专家研究发现，这场疫情也与蝙蝠有一定的关系。

提问：看到这些，你有什么想说的？

总结：是人类的贪婪、越界，掀动了"病毒"的翅膀，引发了动物们的"反抗"。

2. 回忆：在生活中你看到过哪些不对的事情？我们能做些什么？

总结：随意抓捕野生动物、用各种网罩鸟等都是不对的，看到这些行为，我们要想办法阻止他们的行为。大家应该从我做起，杜绝食用野生动物，不要让野生动物都变成我们的回忆，尊重生命，敬畏自然。

【设计意图】联想生活实际，发现生活中人类的错误行为，引发对生命的思考。

3. 拓展：要做一个宣传小使者，告诉身边的人，保护动物，尊重生命，敬畏自然。

要求：认真思考人与动物到底该如何相处？可以把你的想法通过画画、小视频或者语音宣传等方式告诉老师！

【设计意图】提升学生对野生动物的保护意识，引导学生心怀对生命的敬畏之情。

《丰富多彩的居家生活》教学设计

▌延庆区第二小学　五年级　高岩华

教学目标

1. 通过观看视频，学生感受最美"逆行者"舍小家为大家的担当精神，学会感恩，学会付出。

2. 了解身边人在疫情期间的辛苦付出，认识到每个人都有自己的责任与担当。

3. 激发学生的爱国情怀，树立正确的人生观、价值观，培养青少年的责任与担当。

教学重点、难点

感受英雄的责任与担当，并内化为前进的动力，培养学生自强自立、健康生活的良好习惯。

教学过程

一、我眼中的英雄

（PPT课件）提问：武汉遭遇疫情，很多人纷纷逃离武汉，可广大的医护人员为什么要逆行武汉？难道他们不怕死吗？从他们身上你看到了什么精神？

你身边的人在疫情期间是怎么做的？你有怎样的感受？

小结："白衣天使"不顾生命安危，奔赴一线，展现了他们的责任与担当。还有许多人虽不能奔赴武汉，但同样默默坚守岗位，在抗疫中发挥着重要的作用。他们守护着我们的健康，是我们心中的英雄。让我们一起聆听世园小使者王昱迪创编的歌曲《听我说谢谢你》，用歌声向英雄表达感恩之情！

【设计意图】重温英雄事迹，引导学生认识每个人都有自己的使命和责任，学会感恩。

二、我的生活我做主

小讨论：面对疫情，个别同学这样看（出示漫画图片）："我觉得使命与担当都是大人的事，我们什么也不用做。"对于这个同学的说法，你有什么见解？

小结：身为小学生，我们也有自己的使命和担当。疫情期间，不出门，好好学习并锻炼身体，学习之余主动帮父母分担力所能及的家务，不让父母、老师操心，不给祖国添乱，同样也能体现我们的责任与担当。

小调查：疫情期间，有多少人因父母坚守一线，自己一个人在家生活学习的？

追问：1. 居家生活学习期间，你是如何进行自我规划、培养自主学习习惯的？

2. 居家生活，你是如何锻炼身体的？每天坚持多长时间？

3. 说一说，你帮父母做了哪些家务？

小结：延期开学期间，你们不仅养成了良好的学习习惯，而且学会了很多生活技能。在前期的"三生教育"主题班会中，相信你们对"生态、生活、生命"有了新的认识与理解。通过此次经历，你们成长了很多，其实经历就是人生最宝贵的财富。

【设计意图】引导学生认识到自己的责任与担当，培养自主学习、健康生活的良好习惯。

三、创作"丰富多彩的居家生活"

过渡语：通过刚才的调查老师知道，虽然疫情让你们不能出门，但你们自强自立，不仅合理规划了自己的学习和生活，还学会了很多本领，每天过得丰富多彩。

创作：把你的一日生活或个人学习规划用绘画、日记、手抄报或歌谣的形式表现出来。

讨论：和你的同学说一说，你准备表现什么内容？采取什么表现形式？

过渡语：疫情期间，许多人舍小家为大家，为我们的生命安全保驾护航，希望将来你们也要向他们学习，努力学好本领，报效祖国。下面让我们在王昱迪的《听我说谢谢你》的歌声中完成创作吧！

【设计意图】用绘画、手抄报、歌谣等多种形式进行创作，展现自己丰富多彩的居家学习和生活，促进学生养成自主学习、健康生活的良好习惯。

《争做抗疫小先锋》教学设计

▌延庆区第二小学　六年级　吴亚松

教学目标

1. 通过学习抗疫英雄事迹，感受身边的抗疫故事，领悟做疫情防控的小先锋。

2. 了解破坏生态环境给人类带来的灾难，懂得生态对人类的重要意义，树立保护生态环境的意识。

3. 结合日常防疫活动，增强敬畏生命的意识，懂得保护野生动物。

教学过程

一、了解时事，引发思考

突如其来的疫情，打破了我们平静的生活，牵动着每个同学的心。在这场没有硝烟的战疫中，涌现出了大批的英雄，他们的事迹让我们有所思、有所想。

提问：结合自己了解的情况，说说有哪些英雄人物让你印象深刻。

有的同学想到了最可敬的人——钟南山爷爷，有的同学想到了与病毒做斗争的李文亮医生，有的同学想到了去支援武汉的亲人。

提问：面对疫情，英雄们选择"逆行"，他们为了什么？我们能做些什么呢？

小结并出示课题：舍小家为大家，他们就是守护我们平安的"白衣战士"。让我们向他们致敬！作为一名少先队员，我们力所能及地做点什么呢？让我们一起来交流"如何争做抗疫小先锋"。

【设计意图】引导学生学习抗疫英雄，触发"如何争做抗疫小先锋"的思考。

二、正确面对，提高认识

提问：我们的身边有很多令人感动的抗疫事迹，说一说你身边的抗疫英雄，在分享故事的同时感受榜样的力量。

有的同学讲社区工作者的坚持与奉献；有的同学说自己的爸爸妈妈是医务工作者，他们夜以继日地忙碌着；有的同学说检查站的工作人员严防死守，做好进出口区域的人员排查，确保一方平安。

提问：听了这些平凡又伟大人物的事迹，你有什么感受？现在又有什么想法与大家分享呢？

小结：疫情无情，但人们用无私的付出做着有温度的事，谱写出一曲曲动人的抗疫之歌。你们要正确面对疫情，以身边的英雄为榜样，争做抗疫小先锋。

提问：我们可以做些什么呢？

小结：坚持居家隔离，不出门，不聚集，不去人员密集的地方，出门戴口罩，勤洗手，严格落实国家防控要求；做好自我管理，不让身处防疫一线的父母担心；通过绘画、歌曲、新媒体等，向身边的亲朋好友宣传防疫知识。这些都是我们力所能及的事，我们要尽自己所能为防疫出力，作出应有的贡献。

【设计意图】寻找身边的榜样，学习榜样，争做抗疫小先锋。

三、直面案例，引发思考

提问：面对疫情，我们努力争做一名抗疫小先锋。同时，我们也要思考为什么会出现这些灾害呢？出示印度洋海啸、美国西部黑风暴、巴基斯坦和印度蝗灾、澳大利亚丛林大火等图片。

过渡：生态环境的破坏带来了一次次的灾难，人类肆意杀害野生动物带来了一次次的疫情，面对这些，我们应该思考些什么呢？

教师补充：注重环保，做好垃圾分类，也是新时期人类刻不容缓要做的事。

小结：生态环境是人类赖以生存的家园，野生动物是人类的朋友。我们应该从我做起，爱护野生动物，保护好生态环境。

【设计意图】加强学生敬畏生命、保护生态的意识，思考我们如何做才能不让灾难再次发生。

《我的健康我做主》教学设计

■ 延庆区第二小学　六年级　韩　刚

教学目标

1. 通过学习掌握人体每日正常所需的热量，懂得通过锻炼能够提高身体免疫力，抵抗疫情。

2. 自主制订并执行每日膳食、每日锻炼计划。

3. 提高健康饮食、强身健体的意识，激发热爱生活的情感。

教学重点、难点

每日膳食、每日锻炼计划的制订与实施。

教学过程

一、健康生活从我做起

在国内外疫情形势下，同学们的校园学习生活被迫改为居家学习生活。居家期间因种种原因，同学们在身高增长的同时体重也增加不少。

师：你们知道影响体重的因素有哪些吗？

小结：影响体重的因素很多，最主要的是摄入、消耗、存储的卡路里，这三者要平衡，否则会影响健康。

【设计意图】引导学生关注自身体重，提高合理饮食、适当锻炼的意识。

二、我是"小小膳食家"

师：你们知道人体每天所需的热量是怎样摄入的吗？

出示各种食品的热量图，估算自己的一日三餐到底有多少热量。

师：摄入这么多的热量，合理吗？如果不合理，又该怎样去消耗呢？

学生：因为疫情，我们的生活学习从学校变成了家里，以前都是学校的营养配餐，现在变为喜欢吃什么就吃什么，每天摄入的热量无形中增加了很多，但运动量比以前减少了。

师：（出示因为肥胖影响生活的图片）肥胖对我们的生活有如此大的影响，那么人体每天正常的热量摄入到底是多少呢？让我们一起来看看合理饮食的正常摄入量图表。

小结：学生根据图表，自己制订每日膳食计划，并根据计划自我约束。

【设计意图】引导学生健康饮食，减少高热量食品摄入。

三、我是"运动小达人"

师：如果每天摄入过多的高热量食品，我们就必须把它消耗掉，以保证健康的身体状态。那么，如何消耗热量？

小结：通过适当的运动，消耗体内多余的卡路里。

师：出示运动明星图片，激发学生的锻炼意识。

小结：学生通过观赏图片，感受到运动可以减少脂肪堆积，预防肥胖，保证身体健康。

师：结合国家中小学生体质健康测试项目，出示运动热量消耗表。

小结：学生根据消耗表，自己制订每日运动计划，根据计划坚持自主锻炼。

师：出示国家中小学生体质健康测试考核表。

根据考核表对自己的运动成绩进行自我评价，保证在现有基础上有所提高。

【设计意图】激发学生的运动兴趣，通过锻炼，提高自身免疫力，养成自觉主动锻炼的习惯。

"心"赏课程

史家小学通州分校的课程以"欣赏教育"的办学思想为引领，一方面教育者时时、处处、事事发现受教育者的优点，引导其认识自我、肯定自我、承认差异，将自己的个性和潜能发挥到极致，即自然发展；另一方面，以尊重生命为出发点，人与人、人与环境之间相互影响，从而实现师生共同享受教育的过程，体现生命价值。依据"欣赏教育"的内涵，将课程确定为"心"赏课程。所谓"心"赏课程，就是以欣赏教育为核心思想，顺应学生心理，多元构建课程体系，让学生的心灵在课程的学习中坚实、丰实、绽放，从而享受教育的幸福。

"心"赏课程共分为三大类，即坚实心灵类课程、丰实心灵类课程、绽放心灵类课程。疫情期间，学校主要以"丰实心灵类"课程为依托，侧重提升学生的综合素养，以学科实践活动课程、"云讲坛""社会大讲堂"、专题教育等形式推进。

为了践行"欣赏教育"的办学理念，落实"首缘"服务制，学校"丰实心灵类"课程的研究也在不断深入。通过"心"赏课程，充分发挥"家校共育"的作用，让学生爱起来、学起来、动起来、唱起来、画起来、干起来……引导学生发现美、欣赏美、分享美、表现美、创造美，最大限度地实现"家校协同"教育指导下的"德智体美劳"五育并举，促进学生身心健康发展。在这个特殊的过程中，每一个史家人因为特有文化的滋养而得到发展。

《小垃圾大学问》教学设计

■ 史家小学通州分校　三年级　孙　祎

教学目标

1. 了解生活垃圾的产生、危害和处理情况，认识垃圾分类对于国家和环境的重要性。

2. 学习垃圾分类的方法，培养垃圾分类的好习惯。

3. 通过垃圾分类实践，培养学生参与城市管理、城市建设的意识。

教学重点、难点

认识垃圾分类的重要性，学习垃圾分类的方法，培养垃圾分类的好习惯。

教学过程

一、生活垃圾知多少

生活中的垃圾包括学校产生的垃圾和家里产生的垃圾。全体学生利用疫情期间居家学习的时间调查身边的生活垃圾，明确生活垃圾的概念和数量。

提问：每天，我们看到小区门口排放的几十个装得满满垃圾的垃圾桶等着垃圾车，一个小区一天这么多，那么全北京市有多少个小区，全中国有多少小区，一年365天，又会产生多少垃圾？

小结：每个人随手扔掉的垃圾可能没多少，但是积少成多，累积在一起，数量是惊人的。垃圾对环境造成的影响是非常严峻的，开展垃圾分类刻不容缓。

【设计意图】引导学生关注生活中产生的垃圾数量，感受垃圾分类的重要性。

二、垃圾"大军"去哪儿了

出示：播放视频《奔跑吧兄弟》。观看节目中的成员体验垃圾处理的判断，分享感受。

小结：通过视频，同学们明白了这么多的垃圾处理起来要花费大量的人力、物力，而且还随时危害环卫工人的身体健康，认识到从源头进行垃圾分类的重要性。

提问：这只是全国众多垃圾处理场中的一个，处理的垃圾只是冰山一角，全国垃圾处理的现状如何呢？

出示：列出目前我国常用的垃圾处理方式，进一步介绍为了进行垃圾无害化处理，国家需要投入上千亿元的资金。随着生活垃圾数量的持续增加，国家处理垃圾的负担将会越来越重，而从源头进行垃圾分类是降低处理成本最有效的方法。

小结：学生认识到垃圾分类对于国家经济发展、绿色发展的重要性，促使他们在生活中进行垃圾分类，为国家处理垃圾贡献自己的一份力量，减少国家负担，激发爱国情感。

过渡：看来进行垃圾分类，改变垃圾处理现状迫在眉睫。

小结：提高学生对于从源头上进行垃圾分类的重视，让学生认识到自己也是国家大家庭的一分子，也应该为自己的国家做一些事情，从而增强责任感和爱国情，进一步提高学生和学生家庭垃圾分类的意识。

【设计意图】培养学生参与城市管理、城市建设的意识，同时树立学生热爱环境、为绿色发展和可持续发展作贡献的信念。

三、垃圾分类我最行

过渡：作为一名少先队员，我们也应该响应国家的号召，在平时的生活中主动进行垃圾分类，为国家贡献自己的一份力量。下面我们通过一段视频来学习一下如何进行垃圾分类。

出示：垃圾分类的学习视频。

小结：我们学习了垃圾分类的方法，要积极行动起来。我们也知道这在实际生活中存在一些困难，但是我们相信在未来的城市建设中一定会将垃圾分类进行得更加顺畅。

为了更好地推进垃圾分类，请你和你的家长在你生活的社区宣传垃圾分类的意义，并主动进行垃圾分类。可以通过绘制宣传海报、随时提醒周边人的方式宣传垃圾分类。

【设计意图】学习垃圾分类的方法，培养垃圾分类的好习惯。

《做时间的小主人》教学设计

▌史家小学通州分校　三年级　张　辉

教学目标

1. 知道时间是宝贵的，时间一去不复返。
2. 能够结合生活实际，制订一份疫情期间居家学习、生活的小计划。
3. 激发学生珍惜时间、勤奋学习、热爱生活的情感。

教学重点、难点

能够结合生活实际，制订一份疫情期间居家学习、生活的小计划。

教学过程

一、一年之计在于春

2020 年突发的新冠肺炎疫情打乱了我们所有人的计划和脚步。但全国人民团结一心，共抗疫情，打响了这场对新冠肺炎的"阻击战"。

提问：你了解哪些抗击疫情的感人事迹？

小结：疫情就是命令，防控就是责任。钟南山爷爷、李兰娟奶奶冲在前线；31 支医疗队，42000 多人驰援武汉；雷神山医院、火神山医院、方舱医院火速建成……这一切都让我们深切感受到中国力量。

提问：由于疫情，这个春天我们延期开学。在延期开学的日子里你都做了些什么呢？

有的同学预习了新知识，有的同学读了课外书，有的同学解锁了劳动新技能……看来，这个春天，大家都有所收获。

【设计意图】引导学生关注疫情：时间紧、任务重，无数"逆行者"为我们的岁月静好负重前行。

二、一日之计在于晨

一日之计在于晨，时间如此宝贵，我们要学会珍惜。

提问：面对每天的 24 小时，你是如何分配的呢？

小结：我们每天除去吃饭、睡觉，还要完成学习任务、锻炼身体。别忘了，还要做一些力所能及的家务劳动。

提问：我们应该如何有效地规划时间，合理安排我们的居家学习与生活呢？

分享一位同学的《居家学习计划表》。

小结：一份《居家学习计划表》，可以让我们一目了然每天要做的事情。

【设计意图】引导学生设计《居家学习计划表》，有效地规划时间，合理安排我们的居家学习与生活。

三、做时间的小主人

有人说，人的一生有三天：昨天、今天、明天。这三天组成了人生的三部曲。但我说：人的一生是由无数的今天构成的。因为不会珍惜今天的人，既不会感怀昨天，也不会憧憬明天。珍惜时间的人，不仅延长了生命，而且使生命富有意义；浪费时间的人只有徒伤悲、空叹息。

让我们都成为自己时间的主人吧。请大家把每天的学习、生活规划一下，制订一份属于自己的计划表。

分享同学们的《居家学习计划表》。

小结：聪明的人，今天会做明天的事；懒惰的人，今天会做昨天的事；愚蠢的人，会把今天的事推给明天。聪明的孩子，学会做时间的主人，珍惜眼前的一分一秒。同学们，假如你想成为科学家，假如你想成为文学家，假如你想成为企业家……那么，请你珍惜时间，做时间的主人吧！

【设计意图】引导学生结合生活实际制订《居家学习计划表》，学会管理时间。

《杯中云海》教学设计

▌史家小学通州分校　四、五、六年级　田常亮

教学目标

1. 了解世界上不同时期的传染病对人类的影响。
2. 自己能够探索完成"杯中云海"的实验，并认清实验原理。
3. 激发学生的探究热情，让他们用自己的智慧解决生活中遇到的实际问题。

教学重点、难点

人类同各种疾病的斗争是持续不断的，但人类通过不懈努力最终将会战胜疾病。学生通过不同方式理解"杯中云海"的原理，并加以尝试。

教学过程

一、了解人类同各种传染病做斗争的历史

随着新型冠状病毒肺炎肆虐全球，病毒作为人类杀手再度被人们所熟知。

提问：病毒对人类的伤害只有这些吗？你还知道历史上有哪些瘟疫对人类的生存造成了重大影响，结果又如何呢？

小结：自人类文明开始，世界上暴发了无数次大大小小的瘟疫，这些瘟疫轻则让城市成为死城，重则毁灭一个帝国或文明。在人与病毒的抗争过程中，人们逐渐认清了病毒的一些特点，最终取得了胜利。

【设计意图】引导学生认识病毒对人类的危害并不只是现在有，过去也有，将来还会继续发生。我们要有不断探索的精神和能力，随时迎接生活带给我们的挑战。

二、探秘"杯中云海"

出示：观看"杯中云海"的成品视频，看到杯中的烟雾从杯口缓缓倾倒下来。

提问：杯中的烟雾为什么能缓缓地从杯口倒下来？

有同学认为烟雾重，所以才能像水一样倒下来；有些同学认为杯中装的是二氧化碳气体，因为二氧化碳比空气重；有些同学认为里面装的应该是二氧化碳和烟的混合气体，因为二氧化碳是无色透明的。

小结：同学们猜测到杯中的烟雾比较重，可能是二氧化碳和烟的混合物。这

个猜测有理有据，我们一起来验证。

出示：白醋，纯碱，三角烧瓶，普通大肚高脚酒杯，卫生香，火柴。

实践：学生借助白醋、纯碱和三角烧瓶制造二氧化碳，将二氧化碳倾倒在高脚杯中；再借助卫生香和火柴制造烟雾，将点燃的卫生香深入到装有二氧化碳的高脚杯中，让烟雾与二氧化碳进行混合。

展示：出示装有"烟雾"的高脚杯，然后将其慢慢倾斜，观察里面的烟雾是否能像云海一样倾倒下来。

小结：通过同学们的理性分析和动手实验，我们最终成功制作出自己的"杯中云海"。看来只要我们认清事物的特点，就能够找到解决问题的方法。

【设计意图】通过观察，发现事物的特点，结合自己的已知探究事物现象的成因。

三、改进方案，快速制造"杯中云海"

过渡：有没有快速制造"杯中云海"的方法呢？

有同学认为只要用高脚杯收集含有二氧化碳的烟雾就能够快速制作"杯中云海"。

提问：我们刚才的材料中有没有能直接制造含有二氧化碳烟雾的物体呢？

学生提出卫生香在燃烧的过程中不仅产生烟雾，还会产生二氧化碳，卫生香的烟雾就是二氧化碳和烟的混合物。

实践展示：学生用高脚杯直接收集多支点燃的卫生香的烟雾，实现了"杯中云海"现象。

小结：通过不断地深入分析，我们找到了更加快捷的方法，而这些是我们不断总结实践的收获。面对新冠病毒，我们也在不断地总结实践，寻找最优解法方法，相信我们最终会战胜疫情。

【设计意图】让学生体验、感受人们不断总结实践带来的好处。

《日行一善　我能行》教学设计

▌史家小学通州分校　三年级　王　伟

教学目标

1. 懂得善待他人的道理，树立为善的观念。
2. 在疫情下"日行一善"，体现善良之美。
3. 在活动中以好人为榜样，每天坚持做一件好事，培养善良的品质。

教学重点、难点

每天坚持做一件好事，在《微善手册》上记录下自己的善行。

教学过程

一、日行一善：知善

善是一份关爱：传承中华之传统，长者关心幼者，学生敬爱老师，晚辈尊敬长辈，人人关爱社会。善是一次帮助：伸出我们的双手，来帮助在这次疫情中需要帮助的人，自律在家，做好防护，勤洗手，出门戴口罩。善是一肩责任：人人做好自己的工作，人人担起肩上的责任，做好小我，成就大我。

歌谣表演《善良之歌》。

学生分享自己查阅的"何为日行一善"。

【设计意图】"勿以善小而不为"。作为社会主义的接班人，我们要与人为善，成人之美，事事常怀感恩之心。

二、日行一善：行善

2020 年，新冠肺炎疫情暴发，全国人民团结一心，一起抗击疫情，一起帮助身边的人，一起负重前行，一起渡过难关。

（一）演善

情景 1：新冠病毒，我们不怕你。

情景 2：疫情下的社区"小保安"。

情景 3：那些和新冠病毒"战斗"的"白衣天使"们。

（二）言善

配乐播放班内同学在疫情期间的微善照片和视频，随后老师给同学们颁发"微善"奖状。

（三）写善

我们拥有善心，我们实践善行，让别人因我们的存在而感到幸福。我们通过"日行一善"的体验，养成"日行一善"的好习惯，当文明学生，创文明班级，建文明校园。把你想要做的善事写到卡片上，制作成自己的《微善手册》。

【设计意图】将"善"落实在每个人的行动中，让"善"留在每个人的心里，强化学生的行为。

三、日行一善：扬善

草木为了感激春的到来吐露新芽，鲜花为了感激夏的到来竞相开放，硕果为了感激秋的到来挂满枝头，雪花为了感激冬的到来把大地母亲银装素裹。同学们，让我们以"日行一善"来回报父母的慈爱、老师的大爱、同学的友爱和党的关爱。

（一）欣赏手语舞《明天会更好》

（二）牢记《日行一善班级公约》

（三）小结

积德行善，日行一善，行善一生。让我们以实际行动迎接明天，迎接美好的未来！

班内继续开展"日行一善　我能行"活动。每周评选一次微善之星，每月评选一次校级微善之星。

时间	姓名	事例	感受

【设计意图】让所有小学生感受"日行一善"的温暖，大家手拉手，明天会更好！

《宅家"玩"音乐》教学设计

■ 史家小学通州分校　一至六年级　曾亚丽

教学目标

1. 通过音乐节奏的游戏，让学生复习巩固八分音符、四分音符的时值并准确运用。

2. 通过为歌曲《祖国的花朵》敲击节奏进行歌曲伴奏，低段学生能够准确地跟着歌曲的节奏进行敲击，中段学生能够记下并写出敲击的节奏型，高段学生能够创编自己喜欢的伴奏型及不同的演奏形式。各学段学生通过游戏体会音乐与节奏的关系，感受音乐带给自己的快乐，使学生积极地面对疫情、面对生活、面对学习。

教学重点、难点

使学生熟练掌握两种节奏的时值和长短，并能与音乐相结合，通过快乐的游戏自如地运用。

教学过程

一、请来音符做"玩伴"

亲爱的同学们，今天老师邀请两个音符和我们一起玩游戏，看看它们是谁。你们说对了，两个八分音符和一个四分音符。除此之外，我们还需要准备游戏工具——四个盘子或者碗，两根筷子或者勺子，若干小果蔬。

【设计意图】采用游戏的形式引导学生回顾、复习学过的音符与节奏。

二、叮叮当当敲起小音符

请跟着老师的速度进行敲击："ta ta ta ta"（2 遍）、"ta ta titi ta"（2 遍）、"titi ta titi ta"（2 遍）、"titi titi titi ta"（2 遍）。你们会了吗？你们能听出我敲击了几个节奏型并记写下来吗？你们真棒，它们就是屏幕下方这几个节奏型。

【设计意图】通过敲击节奏的练习，让低段学生巩固并熟练掌握节奏，中高段学生能够记写节奏型，为更好地运用做好准备。

三、为歌曲《祖国的花朵》伴奏

我们就用其中的一种节奏型为一首好听的歌曲伴奏吧，这首歌曲的名字就叫《祖国的花朵》。我们先来听一听，感受一下歌曲的速度和情绪。

你可以先用拍手的形式对歌曲进行伴奏，选择屏幕下方自己喜欢的节奏型试着敲击。现在请同学们拿起手中的乐器，选择自己喜欢的节奏型来为歌曲伴奏吧。

课下实践活动，一、二年级学生可以分别或者穿插着集中节奏型并邀请爸爸妈妈为完整的歌曲敲击伴奏，表演给小伙伴们；三至六年级的同学可以运用学过的节奏型为歌曲创编不同的伴奏，也可以创作更多的伴奏乐器或使用自己喜欢的乐器进行伴奏。

【设计意图】通过为歌曲伴奏，使学生喜欢这种"玩"中学的居家学习音乐的形式，并乐于参与音乐活动。中高段学生能够模仿这种形式进行自己的创编。